Enquête sur la loi du 3 janvier 1973

« Alors que d'anciens États libéraient les esclaves pour dette, comment diable un État moderne comme la France peut-il se mettre volontairement en situation d'esclave par le biais de la loi du 3 janvier 1973 ? »

Pierre-Yves Rougeyron

Enquête sur la loi du 3 janvier 1973

Le jardin des Livres
Paris

Retrouvez des extraits de ces livres sur
www.lejardindeslivres.fr
1700 pages en ligne

Éditions Le jardin des Livres ®
243 bis, Boulevard Pereire — Paris 75017

« Depuis 1990, 34 pays ont renoncé à la souveraineté sur leur banque centrale, ce dispositif (loi du 3 janvier 1973) sera repris par l'article 123 du *Traité de Lisbonne*, dans sa partie financière rédigée par le groupe d'Amato où la France était représentée par Dominique Strauss-Kahn »

« Il est aujourd'hui pour le moins paradoxal de constater que, pendant des siècles, l'Ancien Régime avait préservé jalousement le droit de l'État de battre monnaie et le privilège exclusif d'en garder le bénéfice, la République démocratique a abandonné pour une grande part ce droit et ce privilège à des intérêts privés »

Maurice Allais

Remerciements

Alain Rohou, ce livre qui est autant le mien que le sien.
Philippe Lafoscade, pour son temps, son travail et son amitié.
Philippe Murer, pour son amitié et son aide.
JLS,
CH pour leurs combats.
Norman Palma pour son génie.
Jean-Claude Werrebrouck pour ses lumières.
Morad El Hattab pour son courage.
Jacques Nikonoff,
Jacques Sapir,
Jean-Luc Gréau.
Hervé Juvin en hommage de ma génération.
Roland Hureaux pour ses idées.
Henri Fouquereau, notre compagnon.
Jean Serisé pour sa franchise.
Marie-France Garaud pour ses mystères.
Pierre Jovanovic pour sa ténacité, sa patience et son humour.
Gabriel Robin pour ses souvenirs.
Jacques Calvet pour ses souvenirs.
Henri Bourguignat pour sa gentillesse.
André Jacques Holbecq pour nous avoir mis sur la voie.
Jean-Pierre Gérard pour sa bienveillance.
Claude Pierre-Brossolette
Romain,
Jean-Max,
Tim,
FX,
Gauthier,
Melusine,
Alex,
GH,
Dimitri,
Philippe,
Madeleine pour notre fraternité.
André à qui je dois tout sauf le jour.
Aux miens avec affection.

Introduction

« Voilà ce qui va se passer : les difficultés monétaires et financières qui seront considérables vont amener les successeurs à céder aux Américains. Certes, on leur mettra des "tapis rouges sous les pieds", mais ils passeront par la volonté des Anglo-saxons et, les difficultés financières servant d'excuse, toute l'indépendance française va disparaître... »

Charles de Gaulle, 24 avril 1969[1]

En 1973, chaque Français (homme, femme, enfant) était endetté à hauteur de 808 euros par personne. En 2012 cette dette était déjà d'environ 26.108 euros par personne, soit 32 fois plus.[2]

Que s'est-il passé ? Avons-nous été comme le disent certains un pays-cigale qui jette son argent par les fenêtres ?

Pendant la campagne présidentielle de 2012, quatre candidats (Jacques Cheminade, Nicolas Dupont-Aignan, Marine Le Pen et Jean-Luc Mélenchon) totalisant 30% des suffrages exprimés ont avancé une explication : l'État français pouvait pour réaliser ses grands travaux, utiliser sa monnaie à travers sa Banque Centrale, mais il aurait perdu cette possibilité par une loi votée le 3 janvier 1973.

À partir de là, l'État se serait endetté auprès de banques privées, payant des intérêts pharaoniques qui laisseraient aujourd'hui nos finances exsangues, et cela menacerait le patrimoine des Français et

[1] Cité par Michel Debré *Entretien avec le général de Gaulle* 1961-1969, Albin Michel, page 186.

[2] Bien sûr les Français ont également un patrimoine national privé qui reste supérieur à cette dette.

son indépendance. La courbe de l'évolution de la dette publique de la France et de ses intérêts cumulés qu'André-Jacques Holbecq a rendue publique, a eu un immense retentissement.

Nous avons pris l'initiative de retrouver les témoins et participants encore vivants de l'élaboration de cette loi pour comprendre leurs motivations. Nous avons aussi voulu vérifier si cette loi a bien eu les effets qu'on lui prête.

À travers cette enquête nous avons constaté que les élites règlent toujours les grandes questions dans la pénombre des cabinets ministériels mais jamais au grand jour devant les citoyens. À partir de textes et de documents, dont certains sont livrés au public pour la première fois, nous avons retracé la naissance, les sources et les développements d'une loi messagère d'un nouvel ordre international qui signera le retour de l'hégémonie des banques, de la finance, et des marchés sur nos vies (comme avant la crise de 1929).

C'est l'histoire d'une extraordinaire prise de contrôle des États et des Nations à partir de la confiscation de la monnaie. Dans un contexte de crise financière et européenne aggravée, écrire sur cette loi a été pour nous comme si nous avions dû écrire sur les accords de Munich au milieu de la Seconde Guerre mondiale. La réalité nous rattrape à grands pas par une souffrance sociale et une violence à venir. Si nous interrogeons nos parents, ils ont connu l'emploi, le progrès puis la crise, mais personne ne leur a jamais parlé de la dette. Comment en sommes-nous arrivés à devoir entendre tous les matins : « *Tu paieras la dette* ».

Qui en a débattu ?

Quand l'avons-nous contractée, et auprès de qui ?

Pourquoi ont-ils tout caché ?

Les Français ont le droit de savoir qui les a ruinés, par quels mécanismes et au profit de qui.

En enquêtant sur ces questions, nous avons découvert que nous étions des pions sur un gigantesque jeu de Monopoly devenu aujourd'hui planétaire. Un jeu où les gangsters ne braquent pas la banque, mais où les banques privées sont les gangsters qui braquent les Banques Centrales des États. Et l'État, c'est vous et nous !

Quand on parle de dette de l'État vis-à-vis des banques ou quand on parle de crise bancaire, on s'imagine que cela met face à face le visage financier de l'État, le Trésor[3] et les banques.

En réalité entre l'État et les puissances d'argent depuis deux siècles, il y a la Banque de la Nation, la Banque Centrale. Cette dernière est l'élément le plus influent du système bancaire. Elle est la clé de voûte de tout le système monétaire et financier. Dans chaque crise bancaire son intervention est décisive car, en théorie, elle maîtrise la monnaie (son cours et son émission), elle peut orienter l'épargne, agir sur la dette et le crédit de chacun comme nous le verrons. On parle parfois d'elle comme « *prêteur en dernier ressort* » ; cela sonne comme un appel au secours, et en effet la Banque Centrale peut être le dernier recours.

Elle est également un lieu de confrontation et de rapports de force entre les puissances d'argent (les marchés et les banques) et l'État. Quand elle penchera d'un côté ou d'un autre, elle traduira le rapport de force dans la société.

Imaginez maintenant qu'une telle puissance soit privatisée, petit à petit désarmée, et qu'une structure aussi fondamentale soit retournée contre nous, ceux qu'elle protégeait au nom du doux principe d'indépendance (le sens profond : je ne dépends plus du peuple), que cette nouvelle structure finisse par se trahir et nous trahir. C'est ce qui est arrivé. En persuadant l'État de renoncer à sa Banque Centrale, on a mis les Etats dans la main des banques et des marchés. Si ces mains tiennent des chaînes, se sont bien celles de la dette. Et qu'elle est la première loi depuis la Seconde Guerre Mondiale qui ouvre la voie de l'indépendance de la Banque Centrale : **la loi 73-7 du 3 janvier 1973 sur la Direction et l'Administration de la Banque de France.**

---

[3] D'où le célèbre « *Oh mon Trésor public* » de Pierre Desproges qui lui écrivait des lettres enflammées.

À travers le texte de la loi du 3 janvier 1973, nous sommes remontés à ses sources au fil d'une enquête qui nous a menés du cœur de l'État français et aux vraies raisons qui nous ont conduits dans le cycle infernal de la dette.

De la City de Londres, au décrochage du dollar et de l'or en passant par les obscurs couloirs de l'Union Européenne, nous avons vu ce grand retournement des années 1970-1980. Nous avons suivi ses conséquences jusqu'à l'euro et la crise de la dette.

Nous verrons également si nous pouvons nous en sortir, et éventuellement comment. À chaque pas, nous avons évolué dans une atmosphère d'ombres et entendu les chuchotements, senti les dagues d'une guerre sourde et invisible sans une seule goutte de sang, sans bruit et sans morts apparents. Une guerre méticuleusement menée contre la démocratie, contre la France, contre le peuple, faite pas après pas et dont nous avons ressenti les effets mortels uniquement lorsqu'il fût trop tard.

C'est aussi l'histoire d'une perte d'indépendance, la nôtre, face aux banques, celle de l'État face aux banques, et bien sûr celle de la France face aux autres puissances étrangères.

C'est l'histoire d'un hold-up de légende comme personne n'aurait pu vous la raconter où les voleurs ont soutiré, rien que pour la France, 1.400 milliards d'euros si l'on ne s'en tient qu'aux seuls intérêts de la dette. Comme si on avait engagé chaque Français ou Française à payer immédiatement 25.000 euros à des étrangers avec le revolver sur la tempe. Ni Oudini avec ses lapins, ni Spaggiari avec ses tunnels, ni les Dalton n'auraient imaginé faire mieux.

Quand on pense aux années 1970, on voit des révolutionnaires en chemise hawaïenne, les chevelus, les guitares et l'amour libre. Une petite révolution pour une jeunesse occidentale qui s'ennuyait. La vraie révolution, elle, est venue d'hommes déterminés qui l'ont déclenchée touche après touche, avec un véritable plan à géométrie variable, organisé, clair, mais qui a toujours été appliqué sans débats publics et uniquement dans le secret des cabinets.

En 1973 était sorti le film *L'Anarque*[4] et, 39 ans plus tard, nous n'en sommes toujours pas sortis.

[4] Le duo Paul Newman et Robert Redford.

Partie I

La préparation de la tragédie

« La dette publique, en d'autres termes l'aliénation de l'État, qu'il soit despotique, constitutionnel ou républicain, marque de son empreinte l'ère capitaliste.

(...)

Comme par un coup de baguette magique, elle confère à l'argent improductif un talent procréateur qui le transforme en capital, sans qu'il ait besoin de s'exposer au dérangement et aux risques des investisseurs industriels et même des placements usuraires »

Karl Marx
Das Kapital

~ 1 ~
La Banque Centrale de la France, socle principal de son indépendance

« Il y a trois grandes inventions
depuis la nuit des temps :
le feu, la roue et la Banque Centrale »

Will Rodgers

~ Une banque conçue au service de la France

La Banque de France est née le 18 janvier 1800 de la volonté de Bonaparte de doter le pays d'un instrument de puissance financier qui soit comparable à la Banque d'Angleterre. Mais Napoléon ne conçut pas la Banque de France comme la Bank of England (créée en 1694) qui, elle, fut d'abord imaginée pour interdire au roi la gestion de la dette publique au profit des grands propriétaires ! ! ! Ainsi, la Banque de France sera dès sa naissance une entité privée mais soumise à l'État, d'où l'expression ambiguë de Bonaparte : « *La Banque de France doit être entre les mains du gouvernement et n'y être pas trop* ». Entité étrange, au statut peu ordinaire, puisque simple association de droit privé, rapidement encadrée par une loi qui fixe dans le détail, les gestes des actionnaires, et va jusqu'à préciser les rémunérations de ces derniers[5]. L'État donna à la Banque de France la charge d'émettre la monnaie nationale pendant 15 ans.

Tout au long du XIXe siècle et jusqu'à la loi de nationalisation de 1945, les droits des actionnaires seront de plus en plus réduits au

[5] 14 Avril 1803.

profit de l'État. Dès le début par exemple, c'est l'Empereur en personne qui désigne le gouverneur et ses suppléants[6].

Après la catastrophe militaire de 1870 (la défaite de la France à Sedan face à Bismarck), la Banque sera déjà durement sollicitée, et les lois vont se multiplier, pour « *autoriser des avances faites à l'État* » avec un rituel juridique qui va se faire de plus en plus précis : le ministre des finances signe **une convention** avec le gouverneur, convention autorisée par une loi. Déjà, à la fin du siècle, le gouverneur devient un personnage de simple représentation, et on voit mal comment il pourrait refuser de signer des conventions. Le gouverneur de la Banque de France est un serviteur de l'État. Quand celui-ci rembourse les avances, c'est sans intérêts[7].

Mais pourquoi ? Tous les particuliers payent des intérêts, pourquoi l'État n'a-t-il pas à en payer ? Parce que il donne la confiance qui permet à la monnaie d'exister. Si vous allez chez votre boucher au coin de votre rue et que vous lui tendez un billet de monopoly, pourquoi ne l'accepte-t-il pas ? Il vous connaît, vous lui êtes fidèle, vous avez l'air honnête, alors pourquoi ? Facile : le billet du jeu de Monopoly n'est que du papier, il ne vaut rien ! ! ! Et le billet de 5 euros me direz-vous ? C'est du papier aussi. Alors pourquoi vaut-il plus que celui de Monopoly. Parce que votre boucher peut l'échanger contre des biens matériels et d'autres pièces et billets. Oui, mais qui garantit ces pièces et billets ? Les banques ? Non, l'État. Avant, les pièces avaient une valeur en elles-même, elles étaient en or ou en argent. Maintenant, c'est l'État qui leur donne leur valeur. On peut alors comprendre que l'État n'ait pas à payer pour la création de billets et de pièces qu'il garantit lui-même.

D'une certaine façon, la loi de nationalisation du 2 décembre 1945 apporte de la clarification : la Banque de France était de fait publique depuis sa naissance, elle le devient en droit le 1er janvier 1946. Les anciens propriétaires étaient de fait expropriés dès la naissance de la banque. Le peuple souverain devient propriétaire de sa Banque Centrale.

---

[6] Loi du 22 Avril 1806.

[7] Article 6 de la loi du 17 novembre 1897.

Au cours de cette période, la Banque de France devient l'une des pièces maîtresses de la politique économique, entre autres par son rôle dans la constitution des « champions nationaux ». C'est ainsi que le décret du 13 juin 1962 l'autorise à effectuer des avances sur les obligations, les bons et les parts de production émis avec la garantie de l'État, au profit d'EDF, GDF et Charbonnages de France. Il faut souligner que la Banque de France ne peut pas faire de profit, une large partie de l'argent qu'elle perçoit (environ 85%) va à l'État. Donc en 1960 pour vous constituer une petite retraite, vous achetez un petit bout d'EDF que vous payez 100 francs par obligation d'État. Ces 100 francs, l'État va les prendre pour EDF (construction, amélioration du circuit d'électricité). Tous les ans vous allez toucher une partie de ces 100 francs et un petit intérêt sur les bénéfices d'EDF. Le citoyen et l'État étaient deux fois gagnants : les grands travaux étaient payés et les Français pouvaient se faire de petits bas-de-laine qui, sans être faramineux, arrondissaient les fins de mois. On peut ajouter que l'épargnant français voulait des placements qui lui apportent de la sécurité, «*Je retrouve mon argent* », d'où le succès des obligations d'État et le sentiment de bâtisseurs qu'éprouvaient les Français de l'époque.

~ Le secret des « *Trente Glorieuses* » : le Circuit du Trésor

On peut se demander comment un système tel que celui des Trente Glorieuses (1945-1975), avec ces grands travaux, la reconstruction, les autoroutes, le nucléaire, etc., pouvait être financé. L'une des réponses est le **Circuit du Trésor**. Il s'agit d'un ensemble de règles qui permit au Trésor, entre la fin de la Seconde Guerre mondiale et la fin des années 60, de jouer un rôle essentiel dans le financement de l'économie.

La Banque Centrale peut faire des avances à l'État sans intérêt, nous l'avons vu. L'État émet donc de la dette[8] qui sera échangée contre de l'argent par la Banque de France. L'État rembourse cette dette en capital, mais sans intérêts. On dit alors que l'État « monétise sa dette ».[9] À ce mécanisme s'ajoute l'émission d'obligations et de bons du Trésor, souscrits par les banques publiques ou privées (il y en a peu). C'est une technique inspirée de la technique anglo-saxonne nommée *Open Market* : l'État fait appel aux banques ou bien à la bourse pour son financement.

[8] Cette dette est symbolisée par des reconnaissances de dettes, des bons du Trésor.

Cette technique est utilisée à petites doses. Elle implique que les banques peuvent ou sont obligées d'acheter de la dette d'État. Elle sera donc reconnue par la loi organique de 1936. Mais elle sert surtout à rassurer la haute bourgeoisie sur le fait que l'État ne fait pas tourner la planche à billets.

Mais ce n'est pas tout.

L'État encadre la création de la monnaie par les banques et c'est la Banque Centrale qui régule le volume global des prêts accordés, donc de l'ensemble de la création monétaire privée. Par exemple, une banque pouvait n'avoir le droit de prêter qu'un million de francs. Si elle n'en utilisait que 800.000, elle pouvait éventuellement revendre à une autre banque 200.000 francs d'autorisation d'émission de crédits. L'État pouvait orienter ces crédits selon les secteurs d'activités que le Plan avait déterminés comme prioritaires ou vers de grands projets industriels.

L'État peut donc financer les grands travaux (autoroutes...) par des prêts automatiques des banques représentant au maximum, un quart de la création monétaire privée[10], par les avances de la Banque de France, par les grands emprunts auprès du peuple[11], et tout cela sans impôts ! C'est la raison pour laquelle l'État a pu gérer la plus grande transformation que la France ait connue depuis le début de son histoire (accès à l'eau, l'électricité, téléphone) en moins de 40 ans.

À partir de 1961, l'État décidera de capter de moins en moins de monnaie privée pour éviter une surchauffe de l'économie, et à partir de 1967 il n'y aura même plus de recours. Cela ne signifiait pas qu'il voulût y renoncer, mais que les recettes étaient devenues suffisantes. La France pouvait émettre la monnaie dont elle avait besoin et orienter ainsi l'épargne des Français vers les grands projets et travaux,

---

9 On doit distinguer la monétisation directe (la dette de l'État est achetée par la Banque de France) et la monétisation indirecte (comme on le fait aujourd'hui c'est-à-dire la dette est achetée par les banques et les marchés financiers). On distingue une création de monnaie sans remboursement par l'État (monétisation hétérodoxe) et la création de monnaie avec remboursement par l'État (orthodoxe). Le principe de la loi de 73 est d'interdire la monétisation directe (par la Banque de France) et de promouvoir la monétisation indirecte (par les banques puis les marchés).

10 Un quart des sommes versées à titre de prêt servait à épargner dans les bons du Trésor et les bons des « champions nationaux » genre EDF, SNCF, GDF, etc.

11 Tout cela en plus de l'impôt.

faisant des Français, au sens propre, les copropriétaires de leurs autoroutes, ponts, etc.

On peut trouver ce système un peu complexe, mais il rendait une crise bancaire (comme celle d'aujourd'hui) impossible, et les enfants pouvaient naître sans avoir déjà le prix d'une grosse berline à donner aux banquiers du monde entier.

Les banques et les entreprises se trouvaient encadrées dans des circuits complexes de financements et se plaignaient des lourdeurs de l'État qui en résultaient, l'accusant de capter l'épargne des Français alors que celle-ci aurait pu servir aux entreprises[12]. Nous le verrons plus loins, les banques et les grandes entreprises françaises regardaient déjà vers l'Angleterre car elles s'estimaient maltraitées par l'État français à cause de ce Circuit du Trésor. **L'épargne des Français ne devait pas servir pour le bien commun mais uniquement pour les banques et les grandes entreprises.**

Dans les années 1960, la tentation était forte parmi les hauts fonctionnaires de réformer ce système de financement (malgré les services rendus et le succès) afin de « *faciliter l'essor nécessaire des entreprises* », face à l'ouverture du Marché Commun (six pays mais sans l'Angleterre). Avec l'ouverture des frontières, l'idée s'imposait comme une nécessité de normaliser la France, et son modèle, ne serait-ce que pour mettre les entreprises françaises sur un pied d'égalité avec leur concurrentes internationales. La haute fonction publique entendit normaliser la France et son modèle estimée comme « *archaïque* ». Penser moderne dans ces années 1960 et 1970, c'était « *penser américain* ». La haute fonction publique n'échappa pas à ce mouvement et le tournant libéral la toucha via l'école des Sciences Politiques[13], en particulier sous l'influence d'Edmond Malinvaud[14]. Ces gens expliquaient qu'il nous fallait de plus grandes banques pour faire face au marché mondial.

---

[12] C'est ce que les avocats des banques et grand patronat ont théorisé mais jamais démontré sous le nom de « *Effet d'éviction* ».

[13] Comme l'écrit François Denord : « *Le climat général avait changé ; l'enseignement à Sciences Po avait changé...* ».

[14] Economiste et haut fonctionnaire du ministère des finances, professeur à l'université de Chicago et de Berkeley.

Et comment se doter de plus grandes banques pour que Paris redevienne la grande place financière d'avant la guerre de 1914 ?

En faisant de l'État leur client, c'est-à-dire obliger la Banque de France à emprunter auprès des banques privées !

D'autre part, depuis 1900, les hauts fonctionnaires étaient habitués à gouverner seuls. Ils administrèrent le pays pendant toute la fin de la IIIe République, ensuite sous Vichy, et surtout sous la IVe République. Il faut se rappeler que sous les IIIe et IVe Républiques, les gouvernements pouvaient tomber à tout moment et durer en moyenne deux mois. C'était donc eux qui géraient le quotidien.

Devoir obéir aux politiques devint difficilement supportable, fût-il le général de Gaulle. La haute fonction publique estima avoir reconstruit la France et être fatiguée de l'administrer. Ensuite, les hauts fonctionnaires au pouvoir dans les années 1960 et surtout 1970 n'étaient plus les mêmes que ceux de l'après-guerre, qui étaient sortis de la Résistance et qui avaient vécu la crise de 1929 et ses conséquences. Les « anciens » pensaient que l'État avait un rôle dans l'économie alors que les « jeunes » estimaient qu'ils avaient reconstruit la France et qu'elle pouvait maintenant se débrouiller seule[15]. De plus, le monde de l'État et le monde des affaires étaient séparés de manière parfaitement étanche. Un haut fonctionnaire (énarque) comme Bloch-Lainé, qui justement mit en place le Circuit du Trésor, n'aurait jamais quitté le service de l'État pour entrer dans une grande entreprise privée. Il se trouve que le premier acte de Valéry Giscard d'Estaing en tant que président de la République a été de « placardiser » M. Bloch-Lainé.

Mais dans les années 70, la nouvelle vague des énarques et inspecteurs des finances qui arriva dans les ministères était déjà moins étanche... En effet, l'essor économique sans précédent permit au secteur privé de donner des salaires bien plus élevés que ceux de l'État ; du coup les élites administratives allaient quitter leur fonction en masse pour aller dans le privé. Par exemple, aujourd'hui, sur 400 personnes ayant choisi de devenir inspecteurs des finances, il ne reste que 60 travaillent réellement pour l'Inspection Générale des Finances. Les

[15] Entretien avec Jean-Jacques Bonnot, ancien commissaire au Plan.

340 autres ont quitté la fonction publique (ou sont en « détachement ») pour travailler (dans la très grande majorité) dans la banque et l'assurance. C'est ainsi que l'ENA deviendra le point central de cette nouvelle élite qui, déjà dans les années 70, avait perdu le sens du service. La phrase « *on fera l'ENA et ensuite on fera du fric* » résume le plan de carrière type actuel. Et c'est justement dans cette nouvelle génération d'énarques et d'inspecteurs des finances que va naître la fameuse loi du 3 janvier 1973.

~ 2 ~
Que s'est-il vraiment passé le 3 janvier 1973 ?

« *Tel qui trahit se perd et les autres avec lui* »

La chanson de Roland

Automne 1972 : la future loi qui va tuer la Banque de France commence à être préparée. Georges Pompidou est à l'Élysée, Pierre Messmer (tenant de la ligne gaulliste) occupe le poste de Premier ministre et Valéry Giscard d'Estaing est son Ministre des Finances. Et justement Pompidou, ancien directeur de la Banque Rothschild, entend faire évoluer les institutions économiques et financières de la France dans un sens libéral. En observant ceux qui occupaient les postes du « *Circuit des avances* » de la Banque de France à l'État, on déduit logiquement les noms de ces haut fonctionnaires qui ont donné leur accord au texte de la loi du 3 janvier 1973, en particulier le directeur du Trésor, le gouverneur de la Banque de France, le Ministre des Finances et bien sûr le Premier Ministre. On est même étonné par la concordance de vues des différents protagonistes :

– Le directeur du Trésor était **Claude Pierre-Brossolette**. Il deviendra ensuite secrétaire général de l'Elysée (en 1974 pour Valéry Giscard d'Estaing) avant de prendre la direction du Crédit Lyonnais de 1976 à 1982. Puis il présidera la Banque Stern. Son sous-directeur **Michel Camdessus** deviendra dès 1974 directeur adjoint du Trésor, puis directeur-général du FMI.

– Le gouverneur de la Banque de France était **Olivier Wormser** initiateur du fameux *Rapport Marjolin-Sadrin-Wormser* préconisant le financement de la France par les banques privées et les marchés. Nous reviendrons sur l'importance de ce rapport.

– Les deux vice-gouverneurs de la Banque de France étaient **Bernard Clappier**[16] et **André de Lattre**. Clappier était l'un des hommes de confiance de Jean Monnet (directeur de cabinet de Robert Schuman en 1947) et servait d'intermédiaire entre les deux hommes. Il a été également le représentant et négociateur français à la Commission Européenne lors du rapport Werner[17]. André de Lattre sera célèbre à l'école des Sciences Politiques pour ses apologies de la finance privée soutenant l'État dans ses cours de finances publiques[18].

– Dans le conseil de la Banque de France on trouvait également **Jean-Yves Haberer** (conseiller suppléant qui vanta les mérites de la finance privée à Michel Debré), Claude Pierre-Brossolette, **Raymond Barre**, **Jacques Delors** (dont nous verrons le rôle plus loin), Bernard Clappier et **Edmond Malinvaud**.

– Parmi les membres du cabinet de Valéry Giscard d'Estaing on peut noter la présence comme conseiller technique de **Michel Pébereau** qui présidera plus tard la banque BNP-Paribas.

– **Edouard Balladur** se trouvait au cabinet de Georges Pompidou, Président de la République, dont il était l'un des protégés avec Jacques Chirac.

---

16 Voir le sous-chapitre sur le rapport Werner.

17 Nous reviendrons également sur ce rapport.

18 Témoignage de Roland Hureaux, ancien conseiller à la Cour des Comptes.

Valéry Giscard d'Estaing, le père de la loi du 3 janvier, a voulu « moderniser » la Banque de France sur le modèle américain (la Fed) pour, à terme, la rendre indépendante. Contrairement à la Fed qui aujourd'hui utilise TOUJOURS la planche à billets à plein régime, la France a les pieds et poings liés dans le dos.

DR.

Michel Rocard fut le porte-parole du Parti Socialiste à l'Assemblée Nationale sur le dossier de la loi du 3 janvier. Il n'émettra qu'une vague opposition de principe.

DR.

Olivier Wormser, nommé par le général de Gaulle, est gouverneur de la Banque de France depuis avril 1969.Il fut l'un des initiateurs de la loi du 3 janvier 1973 avec Valéry Giscard d'Estaing. Wormser ne pensait pas que cette loi irait aussi loin. Wormser et Giscard d'Estaing finiront par se détester.

DR.

En 1972, Michel Camdessus était sous-directeur du Trésor sous les ordres de Claude Pierre-Brossolette.

DR.

Le texte de la loi du 3 janvier est passé par le bureau du Président de la République. En 1972, Edouard Balladur se trouve au cabinet de Georges Pompidou, en charge, entre autres, de certaines questions économiques. Il se distinguera en 1986 par la privatisation massive des grandes entreprises françaises stratégiques, ouvrant la voie
au libéralisme sauvage.

DR.

Claude Pierre-Brossolette est le directeur du Trésor en 1972. Il a validé le texte qui affaiblissait lourdement son « Circuit du Trésor ». Partisan d'importer en France des nouvelles méthodes de financement et économies.

DR.

Raymond Barre siégeait au Conseil de la Banque de France en 1972 ; le dossier et le texte de la loi du 3 janvier sont obligatoirement passés sur son bureau.

DR.

Comme Raymond Barre, Jacques Delors se trouvait aussi au Conseil de la Banque de France. Il participe au Traité de Maastricht dans lequel sera intégré la loi du 3 janvier 1973.

DR.

~ La procédure du vote de la loi

Chose rare, le texte de réforme est d'abord introduit au Sénat, ce qui est exceptionnel dans le domaine financier. Notons toutefois qu'il est discuté dans un contexte de fin de législature, à l'approche des élections sénatoriales. Le Sénat de l'époque dispose d'une Commission des Finances tenue par les giscardiens. Le texte est présenté comme une loi de « *rationalisation administrative* », c'est-à-dire reprendre toutes les lois et ordonnances votées précédemment sur le sujet et les annuler pour disposer d'un texte unique et (en théorie) plus clair.

On devrait toujours être sur ses gardes quand un politique emploie le mot « *modernisation* ». Le texte voulait modifier les statuts de la Banque de France, mais, notez-le bien, sans en « *bouleverser le fonctionnement*[19]». Olivier Wormser, gouverneur, voulait une plus grande indépendance de la Banque de France ce que Giscard n'acceptera pas, plus en raison d'une inimitié personnelle entre les deux hommes qu'en raison d'une divergence idéologique[20].

Le texte original est voté d'abord au Sénat, puis modifié par les députés de l'Assemblée et renvoyé au Sénat pour le vote définitif. La fameuse phrase « *Le Trésor public ne peut être présentateur de ses propres effets à l'escompte du Trésor* » ne se trouvait même pas dans le texte d'origine. Elle sera amenée par la Commission des Finances lors de la seconde lecture au Sénat le 2 novembre 1972 par le rapporteur général de la Commission des Finances, Yvon Coudé du Foresto, vieux sénateur giscardien (qui se suicidera en 1980). Mais cet homme n'a pas eu cette idée tout seul, d'autant que c'est un spécialiste de... l'agro-alimentaire.

Quand cette phrase est introduite, elle constitue l'amendement numéro 6 de la future loi du 3 janvier, qui deviendra dans les différentes versions du texte d'abord l'article 29, puis l'article 25 suite à

[19] Au moyen d'un compromis entre le Trésor et la Banque de France. Valéry Giscard d'Estaing, décembre 1972.

[20] Wormser jugeait Giscard « *laxiste* » et « *atlantiste* » par voie de presse, ce qui a marqué une rupture dans le rôle de gouverneur de la Banque de France depuis la guerre, voir les Annexes. Cette haine s'explique par le fait que, bien qu'européiste, Wormser fut un gaulliste de juin 40, la trahison de Giscard est pour lui (proche de Couve de Murville) patente.

l'intervention du député Jean Capelle), est introduit par la Commission des Finances en deuxième lecture. Le représentant du gouvernement Jean Taittinger (Secrétaire d'État au budget) souligne que cet amendement n'a rien à faire dans ce projet sur la Banque de France. Il déclare :

> « *Cet amendement énonce une règle relative à la politique de gestion de la trésorerie publique. Or, il s'agit d'un projet de loi sur la Banque de France* ».

Toutefois dans une attitude de conciliation, il accepte l'amendement, même si celui-ci sous-entend une certaine malhonnêteté de la Banque de France : « *L'amendement laisserait par ailleurs supposer que la banque pourrait accepter de se prêter à la pratique que l'on condamne, ce qui n'est pas flatteur pour elle* ». En 1972, les débats sur la future loi du 3 janvier 1973 sont donc des débats techniques. Toutefois trois positions se dégagent :

– Celle des députés et sénateurs giscardiens qui appuient le texte.

– Celle des socialistes, représentés par **Michel Rocard**[21] dont l'opposition au texte est mesurée. Certaines de ses observations méritent d'être soulignées, comme nous le montre cet extrait du Journal Officiel du Sénat :

> « *Le projet de loi qui nous est soumis correspond, par ses omissions, par ses imprécisions, par ses ambiguïtés et par ses trop rares dispositions précises – je pense au conseil général de la banque – à une nouvelle étape dans le démantèlement des moyens d'intervention sur l'économie dont dispose, en France, la puissance publique.* ***Ce texte s'inscrit dans la logique d'une soumission croissante de l'intérêt général aux perspectives***

[21] Il faut rappeler que Michel Rocard était à cette époque patron du PSU. Ses déclarations d'aujourd'hui soulignent l'évolution. Michel Rocard : « *les souverainetés nationales ont dépassé leur stade d'efficacité et elles entrent maintenant dans la période de la nuisance ! ... Le seul milieu humain qui connaisse quelque chose au monde extérieur, ce n'est pas vraiment les journalistes, ce n'est pas les politiques, ils ne se réfèrent qu'à leurs seules traditions, ce n'est pas le monde salarial et ses syndicats, ce n'est pas beaucoup nos intellectuels, trop sensibilisés par leur langue et leurs cultures, c'est vous les patrons !* ». Université d'été du Medef 2 septembre 2010.

des groupes financiers dominants. *En outre, il est inamendable car il y faudrait un amendement par article* ».

– Celle des communistes qui y voient une privatisation rampante de la Banque de France : « *Le but de ce projet est de* ***rendre la politique monétaire plus dépendante des exigences de la haute finance*** » dira Paul Cermolacce, représentant du PC au Sénat.

Ces critiques portent sur l'ensemble du texte et pas seulement sur l'article 25 qui dit que « *Le Trésor public ne peut être présentateur de ses propres effets à l'escompte du Trésor* », phrase alambiquée s'il en est. Malgré tout, la loi sera finalement votée en l'état le 3 janvier et publiée au Journal Officiel le 4 janvier. Le décret d'application sera pris le 30 janvier 1973. Il va de soi qu'il n'y avait pas un chat le 3 janvier 1973 à l'Assemblée. De plus, personne ne comprenait rien à ce texte, volontairement abscons. Il est passé « *comme une lettre à la Poste* ». Le 3 et 4 janvier, les journaux et radios n'ont parlé que des négociations entre Américains et Nord-Viêtnamiens à Gif-sur-Yvette. Ce jour là, techniquement, il ne s'est rien passé.

~ 3 ~
Les folles conséquences de la loi du 3 janvier 1973

> « *Une révolution est toujours inaugurée par des naïfs, poursuivie par des intrigants, consommée par des scélérats* »
>
> Paul Bourget

Ce texte est une loi de « *modernisation administrative* », mais il recèle des sous-entendus qui font de lui LE PREMIER MAILLON LÉGAL DE LA CHAÎNE, et qui, à son tour, nous mènera droit à la monnaie unique de l'euro, à la dette abyssale et à la mise en esclavage des Français par la dette (rappelons qu'en 1973 la France n'a quasiment pas de dette). Selon la Commission des Finances du Sénat, c'est une « *sage précaution* » pour éviter que le Trésor ne puisse « *tourner la législation sur les émissions de monnaie ou de quasi monnaie (...) par le biais de présentation de bons du Trésor au réescompte de l'institut d'émission* ». Elle fait référence ici à un texte de 1936 (article 13 de la loi du 24 juillet 1936) :

> « *Tous les effets de la dette flottante du Trésor émis par le Trésor public et venant à échéance dans un délais de trois mois au maximum sont admis sans limitation au réescompte de l'Institut d'Émission, sauf au profit du Trésor public* »

La loi de 1936 n'était cependant qu'une déclaration d'intention car les gouvernements postérieurs ne se pas priveront pas d'utiliser la planche à billets (comme les Américains aujourd'hui). En effet, le texte de 1936 « *officialise et systématise le recours à la Banque, même si, de manière assez hypocrite, l'achat direct de bons du Trésor est interdit*[22] ». Les autres changements apportés par la loi du 3 janvier ne sont pas mineurs dans leurs objectifs. Si la composition du Conseil Monétaire de la Banque de France, ou d'autres points, peuvent paraître anecdotiques, selon Valéry Giscard d'Estaing lui-même, l'objectif de la loi c'est :

> « *D'abord de consolider son autonomie* (de la Banque de France). *C'est ensuite, à cet effet, de préciser par la loi ses relations avec le Ministère des Finances,* ***car nous ne voulons pas asservir la Banque de France, fût-ce à un ministère, fût-ce à l'État*** »

Giscard d'Estaing a utilisé le verbe « *asservir* » pour surtout NE PAS DIRE « *indépendance de la Banque Centrale* ». D'où cette modernisation du financement de l'État par les banques puis les marchés financiers. Selon Giscard lui-même, à nouveau, cette loi ne change rien car les recours aux banques « *constituent actuellement, par leur volume, le mode d'intervention essentiel de l'institut d'émission* ». Il a raison sur ce point. Mais cette évolution était récente, datant seulement de 1971.

Il a inscrit dans le marbre ce qu'il avait commencé en tant que Ministre des Finances du 18 janvier 1962 au 8 janvier 1966, et surtout du 20 juin 1969 au 27 mai 1974. Notons que de 1962 à 1966, il a obéi aux ordres du général de Gaulle, mais qu'à partir de 1969, il a alors commencé à augmenter progressivement la participation des banques dans le financement de l'État.

D'autres points sont troublants. L'article 19 de la loi du 3 janvier 1973 précise : « *Les conditions dans lesquelles l'État peut obtenir de la Banque de France des avances et des prêts sont fixées par des conventions passées entre le ministre de l'économie et des finances et le gouverneur, autorisé par délibération du conseil général. Ces conventions doivent être approuvées par le Parlement* ». Les avances à l'État ont toujours, en régime républicain, fait l'objet de conventions avec le Parlement.

---

[22] Article « *Dette publique et marchés de capitaux au XXe siècle* » de Laure Quennouëlle-Corre, chargée de recherche au CNRS, à l'occasion de la publication par le Comité pour l'histoire économique et financière de la France des actes « *des journées du Centre de Recherches Historique* » des 26, 27 et 28 novembre 2001. NBB n°320 (12 janvier 2007).

Or, la deuxième partie de la loi du 3 janvier se joue avec la convention qui lui est associée. En effet, **la convention du 17 septembre 1973, approuvée par la loi du 21 décembre 1973, limitera la possibilité des avances à 20,5 milliards de francs, dont 10,5 milliards ne donnant pas lieu à rémunération (les 10 autres milliards sont donc soumis à intérêts)**. Vous voyez l'astuce ? D'abord ils ont dit que cela ne changeait rien, mais discrètement ils ont ajouté une limite aux montants que l'État pouvait s'emprunter à lui-même (via la Banque de France). Et le reste..., à qui allait-on l'emprunter à votre avis ? Aux banques privées !

Le tour a été joué en toute discrétion et personne ne s'en est rendu compte. Le lien entre la loi du 3 janvier et la convention est d'autant plus ténu que le texte réunit les quatre lignes comptables des « *concours* », c'est-à-dire les possibilités d'interventions de la Banque de France. Ces quatre lignes sont :

1) Les obligations cautionnées.

2) Les prêts spéciaux à la construction mobilisés par la Caisse des Dépôts et Consignations.

3) La ligne spéciale « Prêts à l'État » (concours exceptionnels accordés pendant la Seconde Guerre mondiale et l'immédiat après-guerre).

4) La ligne des « *bons sans intérêts* » correspondants à la première dévaluation du dollar (décembre 1971).

Réunies dans les « *concours de trésorerie apportés au Trésor public* », ces différentes actions vont être fixées à un maximum de 20,5 milliards de francs, soit environ 10% du budget de l'État, dont 10,5 milliards sans intérêts.

L'article 2 de la convention de 1973 (approuvé le 21 décembre 1973 par les Assemblées) va interdire pour l'avenir de faire plus, sauf à renégocier la convention entre la Banque de France et le gouvernement.

L'article 2 de la convention de 1973 est rédigé comme suit :

« *Les concours de trésorerie apportés par la Banque au Trésor public s'élèvent à un montant maximum de 20,5 milliards de francs.*

Dans la limite de 10,5 milliards de francs, ces concours ne sont pas rémunérés.

À concurrence de 10 milliards de francs, ils sont rémunérés au taux le plus bas pratiqué par la Banque... ».

Cette convention ne fut jamais modifiée. **Les 20,5 milliards de francs étaient un solde de tout compte entre la Banque de France et l'État. Le financement de l'État par la Banque Centrale était rompu.**

Il s'agissait donc de limiter la monétisation directe, c'est-à-dire la possibilité pour la Banque de France d'acheter directement de la dette de l'État. Le reste de la dette du Trésor devra être acheté par les banques. La Banque Centrale pourra ensuite les racheter en cas de besoin, mais plus cher, compte tenu des marges prises par les banques.

La pompe à aspirer les finances de l'État a été enclenchée.

Valéry Giscard d'Estaing souligne que cette réforme offre à la Banque la possibilité de « *participation à des accords monétaires internationaux* ». Ici, il marque surtout le lien potentiel de la Banque de France avec la construction européenne. En effet, suite au rapport Werner[23] fut créé en 1972 le fameux Serpent Monétaire[24].

---

23 Suivant les « mémorandums » Marjolin et Barre.

24 Un système convergence des monnaies pour arriver à les immobiliser. Les monnaies ne doivent plus bouger les unes par rapport aux autres. Les concepteurs auraient voulu que les monnaies dites faibles (le franc, la lire) se consolide et les monnaies dites fortes s'affaiblissent. Ici les mots sont particulièrement trompeurs. Ce n'est pas fort ou faible au sens où le fort surpasse le faible, il y a des pays qui vivent mieux avec des monnaies faibles (pays latins) et d'autres avec des monnaies fortes (Allemagne). Ce qui forcera le Franc à en sortir d'abord en janvier 1974 puis en mars 1976 (après une tentative de retour infructueuse à partir de juillet 1975). Ce système rigide qui ne permettait pas la reprise de souffle de la dévaluation, il contraignait la France à racheter sa propre monnaie avec des réserves en dollars. Le dollar ayant pris la place de l'or cela oblige la Banque de France à vider ses réserves en dollar et donc à s'affaiblir.

Nous verrons l'importance de ces éléments au fil de l'enquête dans ce livre. Une nouvelle phase de la construction monétaire européenne peut dès lors commencer. Elle nécessitait la limitation du pouvoir de création monétaire de l'État par la Banque de France. Aussitôt l'endettement de la France auprès des banques a commencé à monter en flèche :

> *« Ainsi, en 1975, la hausse du déficit public (+36 milliards de francs) est couverte par l'augmentation des postes de la dette à court terme :*
>
> *La part des bons en compte courant (appel au système bancaire) est multipliée par 10 entre 1974 (1,8%) et 1975 (18,49%)*[25]*».*

Cette hausse aura un prix : le coût des intérêts payés aux marchés et aux banques.

À la longue, la ligne budgétaire de ce qu'on appelle « *le service de la dette* » va dépasser (! ! !) la Défense Nationale, la Santé et même l'Éducation Nationale pour être aujourd'hui première de la classe ! ! ! De qui s'occupent d'abord nos députés aujourd'hui ? Des banquiers... Le numéro de téléphone le plus demandé aujourd'hui à l'Assemblée Nationale par les parlementaires ambitieux est celui du référant des banques auprès des députés.

Certains politiques, journalistes et économistes affirment « *qu'il ne s'est rien passé en 1973* ». Ils ont tort autant que ceux qui disent « *que tout a changé* ». L'amendement 25 (« *ne peut pas présenter ses effets etc.* ») de cette loi n'est pas le plus important. Jean-Louis Haberer, au conseil de la Banque de France à l'époque, disait que c'était « *enfantin* » d'avoir fait passer cet amendement justement parce qu'il n'a pas d'effet immédiat ; les avances ne seront que « limitées » et la Banque de France peut racheter les dettes de l'État pour l'instant.

C'est pour cela que nous parlerons du « **Processus de 1973** ». Car le pire est à venir.

---

[25] Article de Laure Quennouëlle-Corre op.c.

Le sens caché de la loi du 3 janvier, noyé par le jargon technique, est la marche « *vers l'indépendance de la Banque Centrale* ». En un sens, le sénateur giscardien Yvon Coudé du Foresto nous a rendu un grand service : il a mis la charrue avant les bœufs et a dévoilé le sens de la loi voulue par Valéry Giscard d'Estaing. Il est certain que sans cet article, personne n'aurait fait le rapprochement entre notre situation d'endettement total actuel et la loi du 3 janvier 1973. Voici deux graphiques[26] pour montrer le financement l'État :

Situation « avant » la mise en place du processus de 1973 :

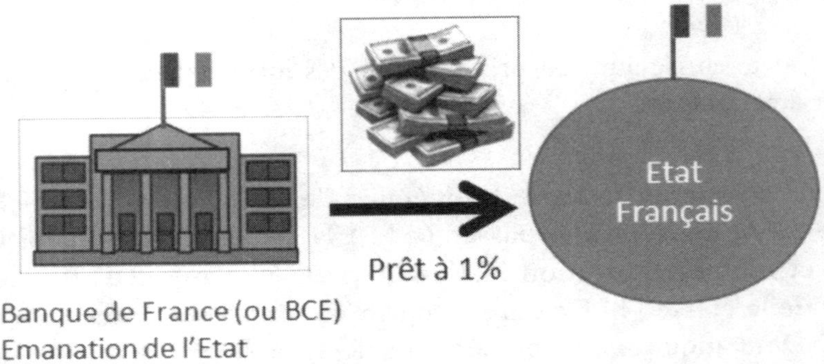

Situation après le processus de 1973 :

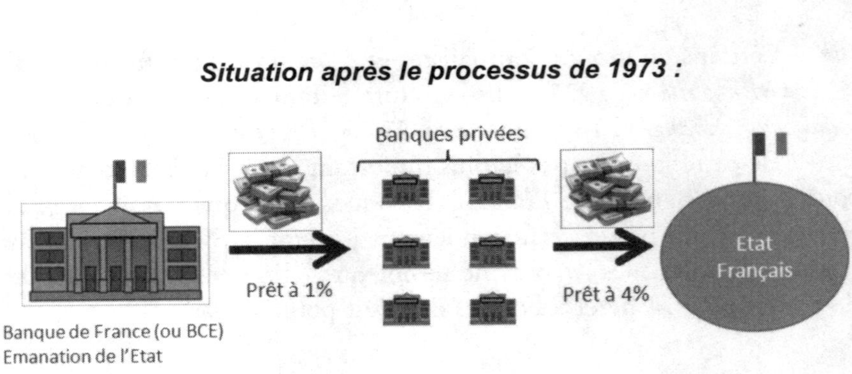

26 Illustrations de Philippe Murer.

Avant 1973, lorsque l'État empruntait 100 millions de francs sur 1 an à la Banque de France, il remboursait 101 millions à la Banque de France. Les excédents (un million de francs) de la Banque revenaient à la Nation, au Peuple. Il n'y avait pas de frais autres que le fonctionnement de la Banque Centrale.

Après 1973, lorsque l'État empruntait 100 millions de francs sur 1 an au Crédit Lyonnais, il lui remboursait 104 millions. Les excédents, les 3 millions de francs, revenaient plus ou moins aux actionnaires privés de cet établissement. Mais dans la réalité très pratique, les Français ont été délestés de 3 millions de francs qui seront pris sur leurs impôts.

~ Savaient-ils vraiment ce qu'ils faisaient ?

Très peu des parlementaires ayant voté ce texte en ont compris la portée. Comme on l'a vu, beaucoup n'y ont vu qu'une marque de modernisation de l'État. Certains protagonistes comme Guy Sabatier, rapporteur du texte à l'Assemblée, étaient de grands serviteurs de la France. De plus, les banques étaient publiques, en conséquence de quoi tout le monde a vu cette loi comme de la dette d'État... cela ne changeait pas grand chose. Personne ne pouvait imaginer qu'Edouard Balladur, déjà au sommet du pouvoir, Secrétaire Général de la Présidence de la République, songeait à privatiser les banques.

Il faut rappeler ensuite que nous sommes en fin de législature (les élections approchaient). Le texte était complexe et sans la convention qui viendra s'y ajouter presque un an plus tard, il leur manquait une vue d'ensemble du dispositif qui allait se mettre en place. Pour beaucoup d'entre-eux (de droite), la mise en place du « *Programme Commun* » de la gauche, et les négociations pour le désistement mutuel, devenaient une vraie menace.

Sous le général de Gaulle, le Parti Communiste refusait les alliances avec les socialistes. Là, sans parler d'alliance, le PC et le PS (créé en 1971) décident que si l'un ou l'autre arrive en tête, le second se désistera pour battre la droite. Cela arrivera lors des municipales de 1967. De plus, la gauche est arrivée à produire en juin 1972 le « *Programme Commun* » qui sera la base de la future victoire de François Mitterrand en 1981. Et les parlementaires les plus proches des milieux d'affaires, ou des grandes familles, sont terrorisés par l'arrivé des « rouges ».

On a du mal imaginer cela quand on voit le Parti Socialiste actuel. Mais ce fut le cas. Le PS était vu à l'époque comme inféodé à Moscou. En fait les socialistes étaient sincèrement de gauche (sauf les rocardiens) alors qu'aujourd'hui le PS n'est plus de « gauche » mais simplement à gauche... de la banque. Donc, c'est un peu pour « exorciser » cette peur des socialo-communistes que cet amendement a été voté. Si les « rouges » prenaient le pouvoir alors ils ne pourraient pas faire « de la planche à billets », du moins en théorie. Toutefois certains acteurs de cette loi en posent les enjeux. Dans sa réponse à André-Jacques Holbecq, parue sur son blog, Valéry Giscard d'Estaing souligne que la loi du 3 janvier est :

> « *Une réforme moderne qui a transposé en France la pratique en vigueur dans tous les grands pays : il s'agissait à l'époque de constituer un véritable marché des titres à court, moyen et long terme, qu'il soit émis par une entité privée ou publique*[27] ».

Il souligne les raisons mais en omettant la raison européenne :

> « *La possibilité du prêt direct de la Banque de France au Trésor Public a généré partout où il fut* ***appliqué une situation d'inflation monétaire permanente*** ».

Bien sûr, il ne faudrait pas y revenir de peur « *d'ouvrir les bras au retour de l'inflation des années 1950* » alors que le taux d'inflation moyen dans les années 60 était de 3,5% par an. Nous verrons plus loin d'où vient et que signifie cette peur de l'inflation. Il importe déjà de revenir sur les faits.

Ce graphique prouve, si besoin était, que nous n'étions pas, à l'époque, dans une phase de méga-inflation. Il s'agit d'un mensonge pur et simple. Hélas, c'est toujours une idée très répandue dans la haute fonction publique.

[27] Voir le blog de Valéry Giscard d'Estaing : vge-europe.eu/indes.php ?post/2008/07/25/Reponse-de-VGE.

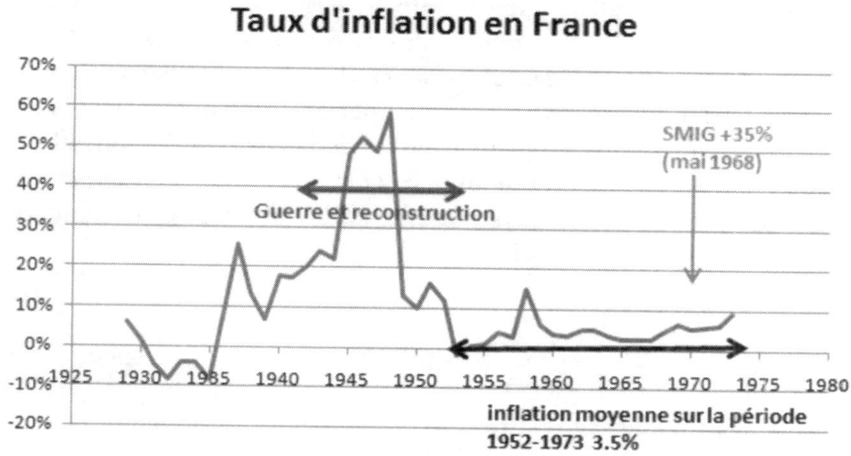

~ Les souvenirs du directeur du Trésor

Pour en savoir plus, nous avons rencontré le père de Sylvie Pierre-Brossolette, la journaliste du *Point*, Claude Pierre-Brossolette, lui même fils du grand chef de la Résistance Pierre Brossolette, pour lui demander comment il avait vécu la loi du 3 janvier puisqu'il avait été directeur du Trésor en 1973.

Comme Valéry Giscard d'Estaing, il a pointé du doigt « *l'inflation galopante en France depuis 1950 jusqu'à nos jours* »[28]. Lors de notre entretien, il nous a précisé que pour lui tout « *ce cirque sur la loi du 3 janvier* » n'est pas sérieux. En effet, si l'enchaînement entre la loi de 1973 et l'euro est évident, la perte de souveraineté des Français sur leur monnaie n'a aucune importance :

> « *De toute façon, les Français n'ont rien compris à la modernité de l'économie anglo-saxonne* »...

Il nous explique que le financement de l'État par les banques privées, technique moderne, aurait dû être généralisé plus vite, et que la France a toujours été en retard sur les pays réellement développés. Pour lui, la loi du 3 janvier est « *une farce*[29]» de « *parlementaires qui ont voulu faire du zèle* ».

---

[28] Entretien avec l'auteur.

[29] *Ibid.*

En réalité, il fallait impérativement « *réformer* » un système devenu « *archaïque, coûteux et inutile* » où « *la Banque de France s'était toujours couchée devant la volonté des ministres* ». En clair, il fallait se débarrasser de la Banque de France et la donner en gestion aux seuls banquiers privés. C'était exactement l'inverse de la position du général de Gaulle, qui a toujours voulu que le gouverneur de la Banque de France soit aux ordres du pays et **défende les intérêts des Français par rapport aux autres nations**.

~ Les souvenirs de Jean Serisé

Après Claude Pierre-Brosselette, nous devions obligatoirement rencontrer le conseiller le plus influent de Valéry Giscard d'Estaing (à l'époque comme encore aujourd'hui), Jean Serisé. Avec Philippe Murer, nous nous sommes retrouvés au deuxième étage d'un immeuble luxueux du boulevard Saint-Germain, chez *France-Démocratie*, nom de l'actuel cabinet de Valéry Giscard d'Estaing. Jean Serisé, aussi distant que cordial, nous accueille dans son grand bureau dépouillé, hormis une bibliothèque où siège la totalité des œuvres de l'ancien président.

Cet ancien collaborateur de Pierre Mendès-France a des difficultés à comprendre pourquoi quelqu'un (nous) veut exhumer cette histoire vieille de presque 40 ans. Au bout de deux questions sur le 3 janvier, il se referme comme une huître disant « *ne pas être la bonne personne* » pour s'exprimer sur le sujet. Philippe réussit alors à lui donner l'envie d'être plus bavard en lui rappelant tout ce que la France lui doit, et combien il a été un grand financier, « *un enfant chéri de l'administration française* ». La France retiendra au final une taxe qui porte son nom, dite « *La Serisette* »[30]. Progressivement, il devint alors plus bavard, voire intarissable. L'entretien prévu pour durer 45 minutes passera ainsi à 1h30.

Le plus marquant dans ses souvenirs et confidences est le jugement d'échec qu'il porte sur les Français, « *peuple incapable* » qui « *n'y comprend rien* » et dont le talent est bien peu de choses par rapport à celui des Allemands. À eux le théâtre, la musique et la philosophie, à nous le bistro et les paysans. Philippe et moi eûmes du mal à recon-

---

30 Lire à son sujet l'article du Point www.lepoint.fr/grands-entretiens/jean-serise-l-homme-est-un-accident-27-01-2011-132509_326.php

naître la France des années 60 et 70, telle qu'il nous l'a expliquée, un État soviétique, détruit par 1968 et « *qui ne pouvait pas continuer* ».

Jean Serisé, le conseiller le plus proche de Valéry Giscard d'Estaing depuis plus de 40 ans. À l'époque de la loi du 3 janvier, il avait été détaché auprès d'une banque publique tout en restant le « monsieur économie » du ministère piloté en 1972 et en 1973 par le futur président. AFP

Il nous a expliqué froidement, mais de manière bienveillante, que si la France est notre mère, alors elle est morte depuis longtemps, et qu'il n'y avait plus de raisons de la pleurer. Et lui, qui faisait partie de ses enfants prodiges, personne ne peut lui en vouloir d'avoir « accéléré » la mort de la France, même si on l'avait chargé de la protéger. Il s'était donné le droit, avec d'autres, d'y mettre un terme (les médecins appellent ça « euthanasie »), fût-ce à l'insu de cette France et de ces Français « *en situation d'échec* ». Échec ? Faut-il le rappeler, en 1973, la France comptait seulement 200.000 chômeurs, pour la plupart des invalides de guerre, etc. Était-ce cela un pays en « *situation d'échec* » ?

> « *Oui, mais le système allait se bloquer* (...)
>
> *Et on nous le faisait payer* (...)
>
> *Nous n'étions pas un petit pays comme l'Italie, nous recevions des pressions...* ».

Qui « on » ? ? ?

Qui mettait des pressions sur la France ?

Pas de réponse de Jean Serisé.

Étaient-elles supérieures à celles que supportait de Gaulle ? De toute évidence non, mais le Général au moins pouvait les endurer.

Au-delà des détails de la loi et de ses justifications, c'est, au détour d'une phrase, l'aveu que « *la démocratie devenant un problème* », le peuple n'étant pas digne de gérer la monnaie, il valait mieux laisser ce soin aux banques, à des professionnels, dont nous mesurons aujourd'hui la compétence. À ce moment, on comprend que le décalage entre sa génération et la nôtre n'est pas qu'une affaire d'âge. Son discours sur la France où les Français n'ont plus leur place nous apparaît comme un sous-ensemble de la question financière. Leur choix, ou plutôt le choix de leur système financier est : ne pas léguer, ne pas transmettre le pays, l'héritage, aux générations futures. C'est un choix de civilisation. Ils avaient choisi un système de transmission de capital de minorité en minorité (les fameux 1%) contre une économie de travail et de partage social.

Pour Jean Serisé, le système d'avant 1973 « *faisait de la fausse monnaie* ». Cela devait cesser car « *à partir du moment où on peut le faire en démocratie, on le fait parce que les gouvernements sont faibles* (...) *Il faut avoir cela* (la rigueur de gestion) *dans les gènes, comme les Allemands* ». Plus important : il fallait « *ne pas pénaliser ceux qui faisaient du commerce international* », ne pas pénaliser nos importateurs en manipulant notre monnaie (l'émettre ou la dévaluer) car ce sont « *des pratiques à limite de la politesse* ». Ce système avait comme « *avantage fantastique* » d'apparaître « *aux Français, qui n'y comprennent rien, comme une fatalité, comme quelque chose d'incompréhensible* ». Il était « *beaucoup plus facile à accepter socialement que le chômage* ».

Avant d'aller plus loin, notez qu'à l'époque, comme aujourd'hui, la Banque Centrale américaine utilise TOUJOURS la planche à billets (trois en 4 ans depuis 2008) tout comme la Bank of England et la Bank of Japan. Et qu'en 1971, l'économie mondiale avait été perturbée par le défaut de paiement en or des Américains. Cela n'a manifestement pas dérangé Jean Serisé, ni Valéry Giscard d'Estaing, qu'à partir de 1971, la Fed ait toujours utilisé la planche à billets pour imprimer de la « *fausse monnaie* »...

En clair, le système mis en place par Valéry Giscard d'Estaing **a favorisé uniquement le système financier anglo-saxon** qui payait ses achats en Europe avec une photocopieuse. Contradiction phénoménale de Jean Serisé... Quand la France utilisait le Circuit des Avances, il y avait du tangible, du concret, par exemple les ponts, les autoroutes, le nucléaire, la recherche, etc. Mais pour lui c'est de la fausse monnaie ! ! !

En réalité, Jean Serisé voit de la fausse monnaie là où il y a de la vraie monnaie, et de la vraie monnaie là où il y a de la fausse monnaie. Ici surgit d'ailleurs un point primordial peu visible avant. Si, comme il le souligne, « *chaque société a besoin de soupapes ; dans le temps c'était la monnaie, mais aujourd'hui c'est l'emploi* »..., alors les choix de cette époque apparaissent clairement comme un « *changement de paradigme* » avec l'abandon de la monnaie en tant que bien public au profit de l'emploi comme « *nouvelle variable d'ajustement* ». Autrement dit, **c'est le choix du chômage** qui a été fait en 1972. À terme, le chômage deviendra même une politique institutionnelle, autrement dit, « *le taux de chômage minimum* » qui doit être maintenu pour « *garantir l'absence de l'inflation* »[31]. Cette théorie a été formalisée par James Tobin d'après les recherches de Franco Modigliani et Lucas Papademos qui deviendra, bien plus tard, le Premier Ministre grec, après être passé par la banque Goldman Sachs.

Exposant avec calme et le petit sourire de celui qui en sait plus que les autres, Jean Serisé finit par se rendre compte que nous avions du mal à être aussi satisfaits que lui du résultat. Voyant nos figures déconfites, il tenta de se rattraper en ajoutant que « *finalement, c'était ce que le général de Gaulle avait voulu* ». Il nous a soutenu que le Général utilisait moins les facilités de la Banque de France que ses prédécesseurs, oubliant qu'il n'en avait pas besoin vu que les caisses étaient pleines... Une fois que vous avez payé toutes vos dépenses et factures du mois, vous n'allez pas retirer de l'argent à la banque juste pour le plaisir de toucher des billets. Il existe une différence fondamentale entre ne pas utiliser sa perceuse chaque matin et s'interdire de l'utiliser dans l'avenir.

Jean Serisé se ravise alors. Accuser de Gaulle n'était pas une bonne idée, surtout après avoir attribué les dispositifs de la loi de 1973 aux seuls mérites de son ami « *Valéry* », alors que même « *Georges Pompidou se satisfaisait du système ancien*[32]». Il a bien souligné que Pompidou n'avait rien à voir avec la loi du 3 janvier : tout le mérite revenant uniquement à son « *ami Valéry* ». Et il ne dira rien de plus. Devant la porte, il nous a quand même gratifiés d'une dernière confidence :

---

31 C'est le « NAIRU », le taux de chômage minimum à avoir pour neutraliser l'inflation, une théorie économique officielle.

32 Entretien avec les auteurs.

« Vous savez, je suis un financier. Pas besoin de gens intelligents pour faire de la finance.

On a mis l'économie mondiale par terre... J'ai honte ! ».

Nous lui demandons alors s'il ne voyait pas le lien entre « *Donner le pouvoir aux banques* » et la crise actuelle ?

Hélas, hormis un sourire contrit, nous n'aurons pas de réponse de sa part. Pas plus que nous ne saurons d'où venait « *la pression extérieure sur la France* » dont il nous avait parlé. Néanmoins, il n'y a pas besoin de sortir de Saint-Cyr pour comprendre que cela venait des États-Unis, pays VRAIMENT ravagé en 1972 par la méga-inflation à la suite de leur défaut de paiement en or annoncé quelques mois avant (le 15 août 1971) par Richard Nixon.

~ 4 ~
Georges Pompidou a « laissé faire »

« Le centrisme, c'est le vichysme du temps de paix »
Alexandre Sanguinetti

En effet, dans la liste des responsables de la loi du 3 janvier, il importe de disculper d'une certaine manière Georges Pompidou, à qui on l'attribue souvent sous le terme « *loi Pompidou-Rothschild* ». Dès les années 1960, dans la presse proche du Parti Communiste, Pompidou est avant tout « *le directeur de la Banque Rothschild* ». Celle-ci est à l'époque une banque d'investissement qui n'a pas d'intérêt direct dans le financement de la dette souveraine. Cette loi offre une rente permanente au secteur bancaire au sens le plus général, et entre dans les intérêts à long terme de toutes les banques dont la Banque Rothschild. Rien ne permet d'affirmer son implication dans la loi. De plus, Pompidou, fondamentalement un paysan dans l'âme, veut certes développer la France de manière libérale, mais, prudent, ne veut pas la brusquer. Mais contrairement au général de Gaulle, il fait confiance aux forces du marché :

> « *Quand on a choisi le libéralisme international, il faut opter aussi pour le libéralisme intérieur.*
>
> *L'État doit donc diminuer son emprise sur l'économie au lieu de chercher perpétuellement à la diriger et à la corriger*[33] »

Si Pompidou reste un libéral, son côté « *fils d'instituteur de campagne* » et « *paysan auvergnat économe* » l'empêche de se reposer totalement sur le secteur privé. Il sait que le temps peut tourner, et que l'État doit être prêt à réagir. Ajoutons qu'en 1972, le président Pompidou était déjà atteint de leucémie, sans que l'on ait pu évaluer la

[33] Déclaration de Georges Pompidou, rapportée par Eric Roussel.

perte de ses facultés en raison du secret qui entoure la santé du chef de l'État. On peut clairement affirmer qu'il n'était plus totalement aux manettes à cette époque et que c'étaient les ministres et les conseillers qui expédiaient les affaires courantes. Il mourra moins de deux ans plus tard.

Georges Pompidou, lors de l'une de ses interventions télévisées devant les Français. Malade, affaibli et isolé à la suite du « scandale Marcovic » et de sa participation à l'éviction du général de Gaulle, il n'aura pas les moyens de s'opposer à son jeune et ambitieux Ministre des Finances, Valéry Giscard d'Estaing, président du parti politique « Les Républicains Indépendants ». DR.

Toutefois, c'est bien en 1972 que le processus d'abandon de la maîtrise de la monnaie par l'État[34] a été lancé pratiquement. Il va se poursuivre inexorablement jusqu'à nos jours. La loi du 3 janvier 73, donc la loi Giscard, est juste un élément, le point d'arrimage d'un processus lent et complexe. L'enquête ne fait que commencer.

Mais d'où vient cette loi ?

Quelles sont ses causes et effets réels ?

Et pourquoi en 1972 et pas avant ou après ?

34 Au sens de la « *vrai monnaie* » la monnaie émise par les banques centrales. Pour voir cette différence voir les œuvres d'André-Jacques Holbecq, Philippe Derruder, Bernard Maris et bien sûr Maurice Allais, seul prix Nobel d'économie français.

~ 5 ~
Aux sources de la loi : le rapport « *Marjolin-Sadrin-Wormser* », un vrai *Coup d'État* passé inaperçu

« L'abdication d'une démocratie peut prendre deux formes,
soit le recours à une dictature intérieure par la remise
de tous les pouvoirs à un homme providentiel,
soit la délégation de ces pouvoirs à une autorité extérieure,
laquelle au nom de la technique,
exercera en réalité la puissance publique »

Pierre Mendès-France

Nous l'avons vu, l'excuse officielle de l'inflation ne tient pas la route. Le prétexte politique, pour réel qu'il fût vis-à-vis de certains, ne suffit pas à mettre en péril une institution comme la Banque de France. Il s'agit de quelque chose de beaucoup plus vaste.

Nous partons du principe que la loi de 1973 doit forcément avoir des documents préparatoires. Quand on connaît le fonctionnement de l'administration, on sait qu'une idée peut traîner dans les couloirs pendant des années, voire des décennies, avant d'être appliquée. En cherchant dans la biographie du gouverneur de la Banque de France Olivier Wormser, on découvre qu'il est l'un des auteurs d'un rapport qui avait fait grand bruit à l'époque. Des générations d'étudiants ont entendu parler du « *Marjolin-Sadrin-Wormser* » sur la modernisation financière de la France. Paradoxe : ces milliers de jeunes gens ne l'ont jamais eu entre les mains ! ! ! Il n'en existe plus aucun exemplaire en circulation depuis longtemps. Mais nous avons réussi à en retrouver un. Par miracle...

Il importe de revenir sur l'histoire de ce document qui fut établi à la demande de Maurice Couve de Murville, Premier Ministre quand le général de Gaulle quitte le pouvoir. Le rapport fut achevé le 8 avril 1969 mais ne sera remis à Matignon qu'au mois de juin, soit **après le départ du Général**. Les deux principaux auteurs sont Robert Marjolin, instigateur du mémorandum de 1962 de la Commission Européenne (nous le verrons plus loin) et Olivier Wormser, qui deviendra gouverneur de la Banque de France (grâce à ce document).

Robert Marjolin, l'intellectuel du groupe de Jean Monnet, qui finira par réaliser que les peuples européens ne voudront pas se fondre et disparaître dans une Union Européenne forcée.

Il finira par écrire en 1974 pour que le fédéralisme est impossible sans violences exercées sur les populations et que par conséquent, tout fédéraliste qu'il soit, il se retirait de tous les projets.

Le clan de Jean Monnet ne lui pardonnera pas et c'est à cause de cela que dans la liste des « *Pères de l'Europe* », son nom a été effacé, pour ne laisser que ceux de Jean Monnet et de Robert Schuman.

DR.

Précisions qu'il s'agit là de l'un des principaux collaborateurs de Jean Monnet et de Georges Pompidou. Plusieurs mesures concernant le financement du Trésor sont préconisées et ses recommandations sont la source de la loi du 3 janvier 1973 :

> 15) *L'émission de bons en compte courant, réservée aux banques et institutions financières, devrait être le* ***principal*** *moyen qu'utiliserait le Trésor pour se procurer des fonds.*
>
> ***L'émission par adjudication devrait être un jour la règle.***
>
> *On sait* ***qu'il n'en est pas ainsi en ce moment****, puisqu'une forte proportion des bons détenus par la Caisse des Dépôts et Consignations et une partie de ceux portés par la Caisse Nationale de Crédit Agricole, sont souscrits directement.*

16) La souscription des bons du Trésor par les banques a lieu par le débit de leur compte à la Banque de France.

Elle entraîne toujours une diminution de leurs avoirs en monnaie « Banque de France ».

Compte du Trésor dans les banques : les besoins des banques en cette monnaie pourraient être réduits et la souscription des bons rendue plus aisée si le Trésor ***avait la faculté d'ouvrir des comptes dans les différentes banques et d'effectuer par ce moyen une partie de ces opérations.***

Une telle réforme permettrait en outre et surtout d'atténuer certains à-coups qui affectent la liquidité bancaire lorsque, par exemple, le Trésor appelle le produit d'un emprunt ou d'une souscription de bons du Trésor, ou encore lors d'une échéance fiscale.

Deux principes du futur financement de l'État auprès des banques privées et des marchés figurent ci-dessus en toutes lettres. Voici les mêmes textes rendus « compréhensibles » :

Adjudication des bons du Trésor avec comme intermédiaire les banques et institutions financières, qui amènera beaucoup plus tard l'Agence France Trésor.

Instituer un compte du Trésor dans les banques appelle le Trésor à devenir un client des banques, comme les autres, en compétition avec les entreprises. Ce n'est plus le circuit de financement de l'État dont fait partie la Banque de France qui doit financer le Trésor : le Trésor empruntera aux banques de l'argent par adjudication de bons.

Ce rapport sera la source de toutes les réformes qui suivront. Se fondant sur les textes européens, Olivier Wormser pourra commencer à le mettre en œuvre personnellement en tant que gouverneur de la Banque de France.

Il ne pouvait pas être mieux placé !

Comme justification de ses conseils, son rapport met en avant les « *eurodollars* » (dollars circulant en dehors des USA) et leur « *rôle néfaste pour l'économie française* ».

Ces révélations, ainsi que les déclarations de Valéry Giscard d'Estaing, nous mènent vers les vrais motifs cachés (*the hidden agenda* comme disent les Américains) de la loi du 3 janvier 1973 : l'américanisation des circuits financiers français (et des autres pays), autrement dit une captation à la source des richesses produites par la France.

~ 6 ~
La grande escroquerie des Anglais

« Pour ce qui est des dispositions naturelles,
l'homme de finance s'apparente au délinquant,
tout comme l'homme d'industrie se compare
au paresseux sans chemise et bon enfant »

Veblen
Théorie de la classe de loisir

Dans les raisons invoquées pour le vote de la loi du 3 janvier 73, on trouve donc le problème posé par les « *eurodollars* ». Un eurodollar n'est évidemment pas l'euro (qui n'existe pas encore), juste un dollar qui circule « *en dehors des États-Unis* », comme on l'a vu. Pour comprendre cet eurodollar, il importe de se replonger dans le règlement de la Crise de 1929 par Franklin Roosevelt. D'un côté, il régulera l'économie réelle et de l'autre, il réglera son compte au lobby financier qu'il a jugé responsable de la crise. Rien de plus efficace en effet que « *de juger et de pendre les responsables* », selon le Dr Nouriel Roubini.

Ainsi Roosevelt va séparer les banques de dépôts des banques d'affaires par le *Glass-Steagall Act* de 1933, et surtout créer en 1934 un organe de régulation, le Security Exchange Commission, qu'il confiera à Joseph Patrick Kennedy, l'un des grands requins de Wall Street. À ses conseillers dubitatifs, il répondit : « *Il faut un voleur pour arrêter des voleurs* ». Enfin il va organiser la *Commission Pecora,* pas une assemblée « *petits fours* » à la française, mais bien une commission américaine musclée avec actions en justice pour punir les crimes les plus graves. Cette commission durera deux ans et fera tomber plusieurs grands personnages de la finance de l'époque.

~ La guerre entre l'Angleterre et « sa » City

Pour le monde financier anglo-saxon, les actions de Roosevelt (copiées dans le reste du monde) resteront un traumatisme, raison pour laquelle il va alors se replier sur la plus ancienne place du globe, la City de Londres où il va se réorganiser et d'où il pourra agir sur tout ce qui lui est interdit sur le territoire américain à cause de la loi Glass-Steagall.

Avec l'effritement de l'Empire britannique et l'affaiblissement de la livre sterling, la City avait perdu son pré-carré. Pour rester mondiale, elle se devait de travailler avec le dollar, le vrai vainqueur de 1945, d'autant que l'Angleterre est sortie de la guerre en vassal des États-Unis[35]. En échange de leur aide par exemple, les Américains leur avaient imposé, dès 1941, de pouvoir commercer librement avec toutes leurs colonies (ou « *le libre échange comme arme de conquête* »). Par la City donc, les Anglais pouvaient rendre en partie des coups aux Américains. Mais pour cela, il leur fallait inventer de nouveaux produits financiers. Pour ne pas sombrer, elle se devait de bouger, se redéployer et continuer à attirer les capitaux, plus seulement ceux du Commonwealth mais aussi ceux du monde entier. Problème : la City se heurtait aux idées d'un certain Keynes très « anti-finance » et « pro-industrie ».

En effet, les buts des théories keynésienne étaient « *l'euthanasie des rentiers* » et de mener le combat contre les « *capitalistes sans travail* ». En 1950, la Banque d'Angleterre a même été nationalisée par Hugh Dalton[36], Ministre des Finances travailliste et keynésien convaincu, et qui voulut imposer sa loi à la City. L'une des racines de la loi du 3 janvier s'y trouve déjà : Dalton voulut que le gouverneur de la Banque d'Angleterre lui obéisse exactement comme le gouverneur de la Banque de France obéissait à l'exécutif français. Les Anglais ne le surent pas, mais il y eut une autre guerre, violente, entre les financiers de la City et les politiques anglais. Lorsque le Premier Ministre Macmillan entendit rétablir le contrôle des changes pour empêcher les capitaux de quitter le royaume, le gouverneur de la Banque d'Angleterre[37] Lord Cobbold refusa catégoriquement et déclara qu'il augmentera alors les taux d'intérêt et « *que si cela devait détruire le pays,*

[35] Validé par la conférence de Bretton Woods où Keynes voulut éviter la création du dollar-or pour essayer de donner un rôle à la livre sterling.

[36] Un document du Trésor Britannique de 1956 rapporte que la nationalisation de la Banque d'Angleterre n'a provoqué « ni rupture, ni changement majeur ».

eh bien soit ». Macmillan fut obligé de céder face au chantage de la City et il sauva son honneur en obtenant une limitation des prêts octroyés par les banques anglaises à l'étranger !

En résumé, un marché simple fut conclu. La City abandonna toute idée de spéculation sur la livre sterling (pendant un temps) en échange de la liberté totale d'importer des capitaux en dollars et de les utiliser librement à Londres pour leurs échanges internationaux. En 1957, la livre sterling représentait certes encore 40% du commerce mondial, mais c'était avant tout une monnaie de dette (pour 1 livre présente sur le marché international en actif, on compte 4 livres de dettes). Les banques britanniques ont alors substitué, entre 60% et 80%, le dollar à la livre sterling dans leurs échanges internationaux. La City devint alors le centre de la « paix bancaire » de la Guerre froide, là où les Américains et Russes (ayant des besoins cruciaux en dollars) pouvaient commercer via la banque Narodny de Moscou. On se demande ce qu'en auraient pensé Karl Marx, Jean-Paul Sartre ou Georges Marchais ?

~ Le « far-west » bancaire ou la naissance des Eurodollars

Une fois son indépendance totale obtenue, la City allait se donner tous les moyens pour retrouver sa puissance internationale d'avant 1914. Et pour cela, elle se devait de ne pas être regardante sur les capitaux et encore moins sur les régulations concernant le dollar américain. En un mot comme en cent, ce qui a attiré presque tous les capitaux de la planète à Londres, c'était l'absence de... lois ! Cette absence allait bien entendu donner lieu à des fraudes monumentales.

Selon le journaliste financier Nicholas Shaxson[38], l'une des premières fraudes a éclaté au grand jour en 1955 avec l'affaire de la Midland Bank (aujourd'hui filiale de la HSBC) dans une obscure infraction au contrôle des changes. Celui-ci pouvait être contourné grâce aux poussières de l'Empire, les îles Caïman, les îles Vierges, Moustique, Jersey, île de Man, etc., transformées en paradis fiscaux adaptés aux évasion de capitaux.

---

[37] Il faut rappeler que la Banque d'Angleterre est, selon l'expression de Nicholas Shaxson « *la garde prétorienne* » de la City.

[38] Voir son ouvrage très bien documenté *Les Paradis fiscaux,* André Versaille éditeurs, 2012.

À partir du début des années 1960, l'action des milieux financiers depuis Londres engendrera une menace grandissante sur les économies de l'Europe (coupée en deux par la guerre froide) car des milliards de capitaux en dollars américains circulaient en dehors du territoire américain. C'est la naissance et la consécration de l'eurodollar, des capitaux sans domicile fixe et qui échappaient à tous les gouvernements par la seule grâce de la City de Londres ! Même les Américains ne pouvaient rien faire... Deux historiens de l'impérialisme britannique, Cain et Hopkins, en ont conclu :

> « *Quand cette bonne vieille livre sterling a sombré, la City s'est ruée à bord d'un jeune navire tenant mieux la mer : l'eurodollar.*
>
> *Tandis que disparaissait l'empire qui avait fondé sa puissance, la City a survécu en se transformant en « île off-shore » au service des activités générées par l'essor industriel et commercial de partenaires plus dynamiques* ».

~ Le début de la finance « off-shore »

En refusant de réglementer l'utilisation[39] des dollars à partir de son territoire, la Banque d'Angleterre a créé le marché des eurodollars et des eurodevises (toutes devises en dehors de leur pays d'origine) : l'euromarket, c'est-à-dire le début de la finance dite « off-shore » dans les paradis fiscaux. Avec hypocrisie, la Banque d'Angleterre a considéré ces opérations comme « *ne relevant pas de son autorité* » car effectuées « *en devises étrangères* ».

En 1963, les États-Unis entendent diminuer la possibilité pour les étrangers d'emprunter de la dette américaine en instaurant une taxe de 15% à la source sur les intérêts perçus (*Interest Equalization Tax*). Cela va faire grossir l'euromarket. Il grossira également lors de l'adoption de la *Législation Q* aux États-Unis, plafonnant les bénéfices que les banques peuvent tirer des dépôts qui leurs sont faits. À partir de ce moment, l'euromarket s'étendra à partir des îles Caïman (qui deviendront les hébergeurs de 80% des *hedges funds*) et des Bermudes (qui accueilleront les ordres des grandes banques et des grandes compagnies d'assurances).

---

[39] L'un des grands artisans de cette non-action est l'un des hauts représentants de la Banque d'Angleterre George Bolton qui fera une grande carrière financière... en quittant la Banque.

Le marché se renforcera très vite : de 200 millions de dollars fin 1959, il passa à 1.000 milliards fin 1960 alors que le PIB de l'Angleterre n'était que de... 70 milliards de dollars ! ! ! La gangrène va s'étendre.

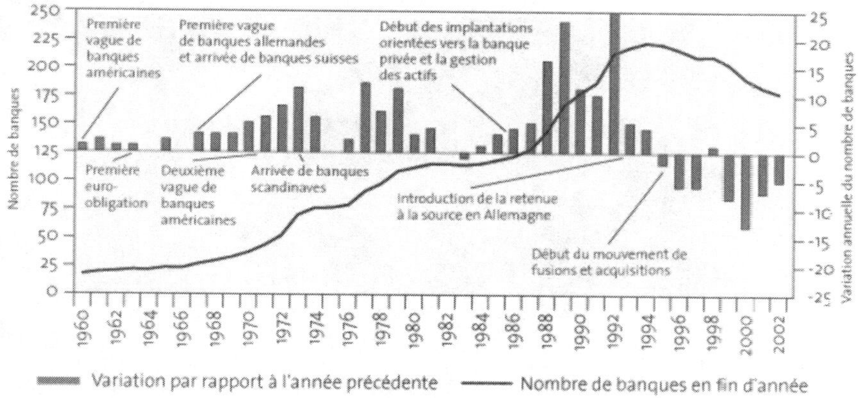

Conséquence : les places financières vont se multiplier car certains États comme le Luxembourg, la Suisse, l'Andorre, Hong-Kong, etc. vont imiter la City. À chaque fois qu'un État souverain tentera de réguler l'afflux de dollars américains sur son territoire, ses banques ouvriront des succursales dans ces pays[40].

À partir de là, ces dollars « *sans maître* »[41] tourneront au-dessus de l'Europe comme des vautours, et pouvant être utilisés à n'importe quel moment pour déstabiliser les économies européennes. Des millions de dollars vont être drainés des États-Unis vers ces marchés naissants, participant de la fin du dollar-or (le dollar est toujours adossé à l'or même en pleine Guerre du Viêtnam) et renforçant les partisans du projet de « *monnaie unique européenne* ». Les banquiers et politiques européens pensaient que si l'Europe disposait d'une monnaie commune, eh bien elle serait plus forte et ne pourrait pas être déstabilisée. Mais le prix à payer sera l'abandon de la souveraineté sur les Banques Centrales.

[40] www.portrait.public.lu/fr/structures_economiques/structure/coups_de_projecteur/secteur_financier/developpement/graphe2_2_2_1_3.htm

[41] Au sens où, le plus souvent détenus dans des paradis fiscaux, ils ne relèvent de l'autorité de personne, ni l'Angleterre, ni les États-Unis ne les reconnaissent.

C'est dans ce cadre que les textes venant composer la loi du 3 janvier 1973 vont arriver.

~ 7 ~
La grande escroquerie des Américains

« *Le monde veut être trompé, alors trompons-le* »

Pétrone

Parmi les principales raisons qui vont permettre la mise en place de l'endettement de la France par la loi de 1973, on trouve la fin du dollar-or[42] directement liée aux euro-dollars, une cause peu connue. Si le dollar américain a pu transiter à travers la City vers le monde entier, les États-Unis (à cause de la guerre Viêtnam) se sont mis à émettre des dollars dans des proportions qui vont les forcer à abandonner les accords de Breton Woods. Ces derniers les obligeaient en effet à donner à tout pays qui en faisait la demande des lingots d'or en échange de leurs dollars en excédent. Ayant bien entendu imprimé bien plus de billets verts qu'ils n'avaient de lingots en proportion dans leurs coffres, l'administration de Richard Nixon fut contrainte, dos au mur et le couteau sous la gorge, de faire un défaut de paiement sur ses obligations-or le 15 août 1971 et d'annuler tous les accords de Breton Woods. **Ce qui a plongé les États-Unis dans une crise sans précédent en 1972**. On comprend alors pourquoi il leur fallait inventer un nouveau système, destiné bien entendu à ne protéger que leurs seuls intérêts économiques, sachant que leur monnaie ne valait que le poids du « papier ».

[42] Personne, en langue française, n'a écrit avec autant de clarté sur cette question que Norman Palma, voir la bibliographie à la fin de cet ouvrage.

Juste après leur défaut de paiement, le dollar-or (qui valait 5 francs français) tomba progressivement à... 2,5 francs ! Cette chute brutale de 50% de sa valeur jeta toute l'Europe aisée dans les avions de la Pan Am, d'Air France, de la Swissair, de la British Airways et de la Lufthansa pour faire ses courses à New York. Les Européens pouvaient tout acheter avec un rabais de... 50%, sachant que les prix, avant la dévaluation, étaient déjà inférieurs de 30% aux prix européens ! ! ! De leur côté, les Américains ont alors commencé à connaître un phénomène nouveau pour eux, l'inflation, qui, juste 7 ans plus tard, détruira la présidence de Jimmy Carter. C'est dans ce contexte alarmiste que nous arriveront des universités américaines des « *courants de pensée économiques* » nouveaux (École de Chicago) qui joueront un rôle majeur dans la gestion de ce nouvel ennemi, l'inflation. Pourquoi ? Parce que l'inflation a une terrible conséquence (du point de vue des financiers) : elle grignote la rente de l'épargnant, et avec elle le revenu du financier au seul profit du travailleur salarié.

L'ouvrier et le salarié n'étaient pas touchés car les revenus de leur travail étaient tout simplement indexés sur l'inflation. En un mot : pour gagner sa vie dans les années 1965-1970 il fallait investir, mais uniquement pour produire ou travailler. Le modèle économique de l'époque avait permis le plein emploi. Ce modèle allait voler en éclats et 1973, 1974 et 1975 seront les trois dernières années des fameuses « *Trente Glorieuses*[43] ».

~ Le standard-or *vs* standard-papier (dollar)

Nous avons vu que depuis la fin du XIXe siècle, les pays industriels s'étaient dotés d'une monnaie régulée par 1) une Banque Centrale, et 2) des lingots d'or qui servaient de parité dans leurs échanges commerciaux. Toute monnaie avait sa valeur fixée en onces, soit 31,1 grammes d'or. À chaque instant, la Banque Centrale devait être en mesure de donner la valeur en or à tout citoyen porteur de billets « papier » qui se présentait à ses guichets. Ainsi, la dernière valeur « or » du dollar-or, du moins jusqu'au 15 août 1971, s'établissait à 35 dollars pour une once d'or.

Cependant, dans la réalité, cette convertibilité était déjà devenue fictive. En effet, toutes les monnaies étaient reliées et posées sur une sorte de portée musicale sur laquelle elles montaient ou descen-

[43] Jean Fourastié, *Les Trente Glorieuses ou la Révolution Invisible de 1946 à 1975*, 1979. Hachette Pluriel, 2004.

daient par rapport à une valeur de référence fixe : l'or. La masse d'une monnaie ne pouvait pas, en théorie, excéder les réserves physiques d'or de la nation. Ce système n'avait pas survécu à la Première Guerre mondiale : il fut suspendu au profit d'une émission monétaire sans limites (sans contrepartie or) par les banques centrales car les dépenses militaires (donc la poursuite de la guerre) ne pouvaient dépendre de la quantité d'or en circulation.

La France, par exemple, suspendit l'échange de ses billets de banque contre des pièces d'or en août 1914. L'Allemagne, qui avait pratiquement épuisé ses réserves d'or à la fin 1915, entra dans une crise financière majeure et continuera son effort de guerre avec de la monnaie papier dès 1916, déclenchant par la suite une longue crise économique[44] due aux réparations de guerre demandées par les Alliés, en particulier par la France[45].

Cette crise s'aggrava avec le crash de Wall Street de 1929, qui déclencha à son tour une crise bancaire massive aux États-Unis. Pour remédier à la pénurie d'or qui suivit, le président Franklin Roosevelt mit d'abord fin à l'échange dollar contre pièces d'or par un *Executive Order,* décrétant l'interdiction à la population américaine d'avoir des pièces ou des lingots d'or chez elle[46] ! Toute dissimulation ou refus entraînait une peine très dissuasive de 10 ans de prison assortie de 10.000 dollars d'amende.

Quelques mois plus tard, même l'or détenu par les banques privées sera confisqué par une autre loi fédérale[47] et échangé contre des certificats-or du gouvernement américain ! Et ces certificats n'étaient même plus convertibles en or, mais uniquement en dollars de la Banque Centrale ! ! !

---

44 Elle sera résolue par Hjalmar Schacht, ministre l'Economie, de 1934 à 1937. Il mit en place une quasi-monnaie (monnaie papier) les bons Mefo (*Metallurgische Forschungsgesellschaft)* qui permirent la reprise de l'activité industrielle dans l'Allemagne des années 30. Ces bons étaient émis par l'État en règlement de commandes qu'il passait à l'industrie. Ils étaient échangeables auprès de la Banque Centrale. Les industriels pouvaient les remettre à l'escompte auprès de leur banque ce qui leur permettait à leur tour d'émettre des chèques et de régler ainsi fournisseurs et salariés...

45 Contrairement à une idée reçue, les réparations de guerre demandées par la France n'avaient rien d'exorbitantes. Par ailleurs, une large partie de la crise allemande de l'après-guerre peut s'expliquer par une volonté de mise en faillite virtuelle pour ne pas avoir à rembourser.

46 *Gold Confiscation Act*, Executive Order du 5 avril 1933.

47 *Gold Reserve Act*, loi bancaire du 30 janvier 1934.

Mais cette première disqualification du dollar n'entraîna pas sa disqualification en tant que monnaie internationale à cause justement des accords de Breton Woods. Le billet vert remplaça l'or dans les échanges internationaux à partir de 1945. Paradoxe : il était à la fois la monnaie d'un pays et aussi celle du reste du monde. Comme tout le monde acceptait le dollar et le prit comme valeur refuge, les États-Unis eurent la charge de fournir le monde entier... en billets verts.

Jusqu'au début des années 1960 il allait de soi que la quantité de billets qu'ils imprimaient était toujours limitée par la quantité d'or reposant dans les coffres de Fort Knox. Une promesse qui d'ailleurs ne sera pas tenue quand il leur fallut payer la note de la Guerre du Viêt-nam. Les Alliés, et particulièrement le général de Gaulle, commencèrent à avoir des doutes sur la capacité de Washington à tenir ses engagements, c'est-à-dire fournir autant d'or que de dollars émis. C'était la contrepartie du lien à l'or : le dollar n'était pas totalement affranchi du métal. En dehors de cette contrainte, le dollar présentait (pour les seuls États-Unis) un avantage qui sera qualifié de « *privilège exorbitant* ». Les Américains pouvaient émettre toute la monnaie nécessaire pour permettre aux autres pays de commercer. En un mot, ils pouvaient s'endetter au détriment du monde entier. Selon la formule du général de Gaulle :

> « ***Nous payons les Américains pour qu'il nous achètent*** »[48].

Contestant ce privilège, le général de Gaulle demandera aux États-Unis l'échange des dollars détenus par la France en or physique, au cours de 35 dollars, et envoya les navires de la Marine Nationale chercher les lingots. Sachant qu'ils ne pourraient supporter d'autres demandes de ce type, en particulier celle à venir des Anglais, les Américains réalisèrent qu'ils n'avaient pas d'autre choix que de mettre un terme à ce système d'échange avant d'être contraints de dire publiquement « *qu'ils n'avaient plus d'or dans leurs coffres* »[49]. La CIA reçut même l'ordre de convaincre tous les gouvernements, par tous les moyens disponibles, de ne pas échanger leurs billets verts contre des lingots[50].

---

[48] Livre *C'était de Gaulle, Tome 3*, Alain Peyreffite, De Fallois, 1992.

[49] *Le Retour au Standard Or*, Pr Antal Fekete, Ed. Jardin des Livres, 2011.

[50] Voir www.jovanovic.com/CIA-jovanovic.htm

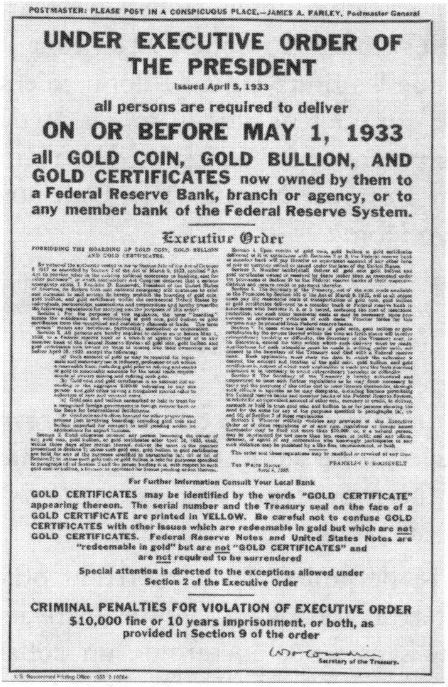

POSTMASTER: PLEASE POST IN A CONSPICUOUS PLACE.—JAMES A. FARLEY, Postmaster General

UNDER EXECUTIVE ORDER OF THE PRESIDENT

Issued April 5, 1933

all persons are required to deliver

ON OR BEFORE MAY 1, 1933

all GOLD COIN, GOLD BULLION, AND GOLD CERTIFICATES now owned by them to a Federal Reserve Bank, branch or agency, or to any member bank of the Federal Reserve System.

Executive Order

FORBIDDING THE HOARDING OF GOLD COIN, GOLD BULLION AND GOLD CERTIFICATES.

FRANKLIN D. ROOSEVELT

For Further Information Consult Your Local Bank

GOLD CERTIFICATES may be identified by the words "GOLD CERTIFICATE" appearing thereon. The serial number and the Treasury seal on the face of a GOLD CERTIFICATE are printed in YELLOW. Be careful not to confuse GOLD CERTIFICATES with other issues which are redeemable in gold but which are not GOLD CERTIFICATES. Federal Reserve Notes and United States Notes are "redeemable in gold" but are not "GOLD CERTIFICATES" and are not required to be surrendered

Special attention is directed to the exceptions allowed under Section 2 of the Executive Order

CRIMINAL PENALTIES FOR VIOLATION OF EXECUTIVE ORDER $10,000 fine or 10 years imprisonment, or both, as provided in Section 9 of the order

Secretary of the Treasury.

Pour sauver Wall Street de l'effondrement total en 1933, le président Roosevelt a préféré « saisir » l'or de tous les Américains ; techniquement il leur a « racheté » leur or de force avec la... planche à billets !

Ensuite pour étouffer le cours de l'or international, Washington interdira aux Américains d'en posséder chez eux ! Cette interdiction ne sera levée qu'en 1975.

A partir de 1972, la CIA mettra en place une opération pour forcer le monde entier à acheter le pétrole uniquement avec des dollars. Ce sera la fameuse fausse crise pétrolière.

DR.

Le général de Gaulle voulait un « standard or » complet car il savait déjà que les Américains imprimaient plus de dollars qu'ils n'avaient d'or dans leurs coffres. Les Américains ne lui pardonneront jamais cet affront public puisque, entre les lignes, ils les a accusés directement d'escroquerie.

DR.

Le Général avait vu juste : le 15 août 1971, Richard Nixon a dit au monde entier qu'il mettait un terme à Brenton Woods, et que plus jamais les USA n'échangeront leurs dollars contre des lingots d'or. Cela a lancé les grandes inflations aux États-Unis dont ils ne se remettront jamais.

DR.

Conseillé par Milton Friedman et James Tobin, le président Richard Nixon déclara soudain à la télévision le 15 août 1971 (tout le monde était bien sûr en vacances) que les États-Unis ne donneraient plus de garantie or à leur dollar. Ce qui était ni plus ni moins qu'un défaut de paiement déguisé... accompagné d'un vrai bras d'honneur puisque John Connolly, secrétaire au Trésor de Nixon, s'adressant aux Européens eut cette phrase devenue célèbre :

> « ***Le dollar est notre monnaie, mais c'est votre problème*** »[51].

Et, admirez l'hypocrisie, c'est justement parce qu'il avait prévu la spéculation massive sur les monnaies, suite au décrochage du dollar par rapport à l'or, que James Tobin, lui, proposera « *une taxe sur la spéculation* » qui deviendra connue plus tard sous le nom de Taxe Tobin !

Les *Accords de Washington* du 18 décembre 1971 mettront officiellement fin au système signé à Bretton Woods en 1944 et institueront le système « étalon-papier », au sens strict du terme : un dollar américain sans contrepartie, ni obligation. Ce que les Américains et leurs banques ont connu en 1933 et 1934, le reste de la planète le découvrit alors. À partir de ce moment, Washington eut les mains libres pour émettre autant de dollars qu'il le voulait.

Effet radical, la *portée musicale* que constituait l'ordre monétaire international (basé sur la valeur fixe de l'once d'or à 35 dollars) avait disparu. Les marchés financiers ne le savaient pas encore, mais ils étaient devenus les seuls maîtres du monde, pardon, du cours de chaque monnaie, et les spéculateurs pouvaient jouer, parier à volonté sur les écarts de valeurs entre par exemple le franc français et la lire italienne, ou entre le mark allemand et la couronne suédoise, ou encore entre la livre sterling et la peseta espagnole.

Pour éviter cette situation particulièrement dangereuse, certains pays tentèrent d'infléchir la politique des États-Unis. Dans la France de 1971, le président Georges Pompidou, bien qu'inquiet, refusera cependant d'affronter les Américains. L'historien Georges-Henri Soutou le rappelle très bien :

---

[51] *Un privilège Exorbitant* de Barry Eichengreen, Odile Jacob, 2011.

« Tout un courant, en France même, plaidait pour des taux de change flottants... Le pragmatisme de Pompidou l'éloignait de toute orthodoxie monétaire.

Ce qu'il reprochait essentiellement à la politique américaine, était qu'elle donnait aux firmes américaines la possibilité de racheter à bon compte des sociétés européennes sans payer leur pleine valeur...

Il était également inquiet des conséquences des mouvements spéculatifs de capitaux[52] ».

Son jeune ministre des finances, Valéry Giscard d'Estaing, voulut lui aussi limiter la dévaluation du dollar, mais sans trop s'opposer sur le fond à Washington.

Jacques de la Rosière fut le conseiller de Valéry Giscard d'Estaing pendant les rencontres des Açores (décembre 1971) où les Américains imposeront aux Européens les conditions de soumission au dollar uniquement « papier » (suite à leur décrochage de l'or). La Rosière est aujourd'hui très très proche du NYSE-Euronext qui contrôle la Bourse de Paris et son CAC40.

DR

Jean-Pierre Fourcade a été le Ministre des Finances de Valéry Giscard d'Estaing. Il a reconnu que les accords de la Jamaïque ont été une manoeuvre anglo-saxonne en particulier contre la France et les autres pays qui voulaient revenir à un système monétaire équilibré.

DR

[52] *Les faux-monnayeurs*, Pierre Leconte, éditions FXG, 2008, p.90.

Une entrevue diplomatique eut même lieu aux Açores les 13 et 14 décembre 1971 : Richard Nixon, son secrétaire au Trésor John Connolly et son adjoint Paul Volker rencontrèrent Valéry Giscard d'Estaing, lui-même accompagné de Jacques de la Rosière, membre de la direction du Trésor et futur patron du FMI.

~ Giscard d'Estaing se couche face aux Américains

Devenu président, Valéry Giscard d'Estaing tentera sans succès de trouver une position commune avec ses partenaires européens[53]. Cinq ans plus tard, lors de la négociation des *Accords de la Jamaïque* du 8 janvier 1976, la France proposera de recourir à « *des taux stables, mais ajustables* »... signifiant qu'une monnaie pouvait être dévaluée si cela s'avérait nécessaire. Cela permettait d'éviter une cacophonie monétaire internationale ainsi que l'enrichissement malhonnête des traders ou des boursicoteurs sur les fluctuations des taux de change, déstabilisants pour les économies.

Jean-Pierre Fourcade[54], Ministre des Finances de l'époque, et représentant la France à la Jamaïque, fit le constat suivant :

> « *Ceci a créé,* ***dans le développement du système financier dans chaque pays,*** *notamment aux États-Unis,* ***un formidable gisement de profits et de rémunérations*** »

Ce qui explique la résistance acharnée des Américains et de leurs alliés anglais à la position française. Fourcade a ajouté :

> « *La City de Londres s'est bâtie et développée sur ce genre d'opérations internationales. Lorsque nous avons discuté du passage des parités fixes aux changes flottants, mes collègues britanniques successifs (conservateur comme travailliste) ont toujours été du côté des États-Unis pour un système de taux de changes flottants.*

[53] Le récit de ces négociations menées par l'éminence grise aux questions monétaires de Valéry Giscard d'Estaing, Jacques de la Rosière, est consultable sur www.asmp.fr/fiches_academiciens/textacad/larosiere/giscardpolmonetaire.pdf. Il est à noter que le rôle de l'étalon-or ou d'un nouvel étalon ne sera jamais débattu.

[54] Consultable sur www.fondation-res-publica.org/Un-nouveau-systeme-regule-est-il-possible_a448.html.

En effet, ***ce système apportait une matière première importante à la City*** »

La France ne reçut aucun soutien de l'**Allemagne qui n'avait jamais accepté l'étalon-or**, auquel elle préférait un « étalon-travail » fondé sur la réputation du savoir-faire allemand. La France n'eut donc pas gain de cause. Les Américains acceptèrent la proposition française pour la forme, mais ils imposèrent avec l'aide des Britanniques qu'elle soit **validée par un vote atteignant une majorité de... 85%** (!) au FMI. Nul ne mettra en doute le sens de l'humour anglo-saxon. **C'était un vote par définition impossible à obtenir en raison des droits de vote des Américains**. Jean-Pierre Fourcade décrivit la situation de manière politiquement correcte :

> « *À la Jamaïque, l'atmosphère n'était pas vraiment quiète, ni tranquille. Mais nous avons obtenu que figurât dans ces accords un article selon lequel* Le Fonds Monétaire International peut déterminer que les conditions économiques internationales permettent l'introduction d'un système de mécanismes de change basés sur des parités stables, mais ajustables. *Mais la condition, mes collègues britanniques y tenaient beaucoup, c'est que le Fonds peut le déterminer par une majorité de 85% du total des votes attribués, ce qui explique très largement que nous ne soyons jamais arrivés à mettre en place sur le plan international un système de parités stables mais ajustables* ».

Jean-Pierre Fourcade est certainement un homme honnête. Toutefois, les Anglais ne sont pas les seuls fautifs. Giscard trouva son compte dans la démonétisation de l'or. En effet la séparation entre le dollar et l'or a secoué la confiance inébranlable dans laquelle tout le monde tenait le dollar. Rappelons que la conférence de la Jamaïque qui acta la démonétisation de l'or fut le résultat du compromis franco-américain du sommet de Rambouillet du 15 au 17 novembre 1975[55].

Comment expliquer le revirement de Giscard d'Estaing sur le dollar-or ?

---

[55] Comme l'a reconnu Jacques de la Rosière lors de sa conférence « *Valéry Giscard d'Estaing et la politique monétaire internationale* » prononcée au Sénat le 26 janvier 2004 : « *ce compromis franco-américain aboutira à l'Accord de Jamaïque qui se traduira sur le plan juridique par le deuxième amendement des statuts du FMI, ratifié en avril 1978* ».

Les cours s'étaient envolés surtout à partir du 19 mars 1973, date où les taux des monnaies passèrent des « *changes concertés* » aux « *changes flottants* ». La question du retour à l'étalon-or se posait déjà. De son côté, Valéry Giscard d'Estaing voulait donner son nom à un grand emprunt sur le modèle de l'emprunt Pinay garanti sur les cours de l'or, et qui avait été l'un des grands emprunts nationaux depuis la guerre. Il lança donc en 1973 « *l'emprunt Giscard* » de 6,5 milliards de francs. C'était un emprunt avec un taux 7% garanti sur la valeur de l'or. L'once était à 97 dollars au moment où l'emprunt fut lancé et monta jusqu'à 150 dollars en 1977.

En janvier 1988 (lors du remboursement) l'once était à 437 dollars. L'emprunt Giscard avait coûté 12,3 fois plus qu'il n'avait rapporté. Si l'or n'avait pas été démonétisé, il aurait coûté encore plus. Giscard d'Estaing fut bien content de se débarrasser de ce mauvais souvenir, lui qui se définissait comme « *l'un des esprits les plus brillants du siècle* » et l'un des plus grands argentiers d'Europe.

Vous l'avez compris, cette défaite majeure de la diplomatie française aura plusieurs conséquences que nous vivons encore aujourd'hui et qui seront, pour certaines, traitées en détails dans les chapitres suivants. On peut immédiatement relever quatre conséquences principales de cet échec :

1) L'Amérique a pu continuer à émettre une monnaie qui était à la fois celle de leur pays et une monnaie internationale[56].

2) La perte par tous les autres États souverains **de la maîtrise du cours de leur monnaie** à cause de l'abandon, en 1971, de l'étalonnage sur le cours de l'or ; pendant les 30 ans qui suivront, cela eut aussi comme conséquence le surdéveloppement des marchés financiers, la course au gigantisme et la dérégulation financière.

3) Les cours des monnaies étaient devenus incertains : personne ne pouvait savoir comment allait évoluer le franc, la lire ou le mark. Les marchés financiers et les banques vont alors

[56] C'est que l'on appelle désormais le *Paradoxe de Triffin*, un économiste de la Réserve Fédérale.

essayer de se protéger (de se couvrir, *hedge* en anglais, d'où les *hedge-funds*) contre cette incertitude en créant les premiers « **produits dérivés** », qui deviendront de plus en plus sophistiqués, et qui, à leur tour, entraîneront le monde de crise en crise jusqu'à celle de 2007.

4) Les Européens tenteront de retrouver la stabilité de leurs monnaies en se dotant alors d'une **monnaie commune**, l'euro, dans le cadre de l'Union Économique et Monétaire (UEM). Ils sont « tombés dans le panneau ». Aucun pays européen n'a fait front contre les Américains.

Dès lors, le dollar disposait de trois atouts principaux qui lui conféraient une phénoménale capacité d'attraction, et qui l'ont défini de facto comme monnaie de réserve mondiale :

a) Les cours de presque toutes les matières premières (notamment pétrole et céréales) sont cotés (et vendues) en dollars.

b) Les grand marchés internationaux sont passés au dollar. Exemple les « pétrodollars ».

c) Le dollar repose sur la puissance économique et militaire américaine, les fameux « dollars-F16 ».

Ces avantages permettent surtout de financer les déficits commerciaux américains : il suffit d'émettre des dollars pour les couvrir. Utilisant à plein leur faculté d'écouler des montants de plus en plus importants de billets verts, les Américains laisseront dériver peu à peu leur balance commerciale à des profondeurs de plus en plus abyssales[57].

[57] Ainsi, en 2007, le déficit commercial des États-Unis touchera les 5% de leur PIB. De ce fait, leurs bons du Trésor, entre autres, captent une part de plus en plus grande de l'épargne mondiale : l'endettement public et privé, de plus en plus important (contrepartie des déficits commerciaux) entraînera alors une instabilité économique de plus en plus forte. Les secousses boursières, dont la fréquence et l'amplitude sont aussi de plus en plus importantes, culmineront avec la crise de 2007-2009.

~ Le rapport avec la loi du 3 janvier 1973

Nous avons vu que l'un des grands secrets de la croissance française des années 1960 fut le « *Circuit du Trésor* ». Dans les années 1960, le système économique était fondé sur le travail et l'industrie. Ce sont des années où le travail à la chaîne a fait baisser les prix, alors que la productivité était en hausse constante (pour une heure de travail on produisait de plus en plus). Point important : dans ce modèle le partage des profits allait surtout aux classes moyennes. Toutefois ce modèle va se fissurer et certains vont en profiter.

Ce qui s'épuise en 1960 c'est le modèle dit de la société de consommation. En effet, les ménages ont acheté des voitures, des machines à laver, etc. Quand vous avez déjà deux voitures, vous n'allez pas en acheter une troisième si vous n'en avez pas besoin. Quand on a plus de revenus et qu'on a déjà aménagé ses appartements, on va plus souvent au cinéma, on effectue des voyages, mais on ne consomme plus trop de biens d'équipement, puisqu'on les a déjà. De plus le travail à la chaîne ne faisait plus recette à un moment où les gains du travail à l'usine stagnaient en raison, entre autres, de la hausse du niveau global d'instruction de la population. Les ouvriers étaient mieux formés et ne se sentaient pas concernés par leurs usines et par leurs conditions de travail.

~ Mondialisons la France !

À ce moment, l'Occident se retrouva avec deux choix de sociétés. Soit les pays terminaient les avancées en matière de démocratie sociale de l'après-guerre pour régler la crise, soit ils prenaient un autre chemin.

Le seul homme qui, en Occident, et en dehors des marxistes, eut une idée majeure pour modifier le système, ce fut le général de Gaulle. Son idée ? « *La participation* » qui consiste à rendre les ouvriers copropriétaires de leurs usines via une prise de participation en échange de leur travail, en plus de leurs salaires.

La haute bourgeoisie française prit cela comme une déclaration de guerre et causera sa perte lors du référendum de 1969. C'est pour cela que Henri Guillemin, historien français, déclara : « *de Gaulle commençait à inquiéter les banques* ».

L'autre choix (celui qui sera choisi) fut d'utiliser l'informatique en plein essor et de mondialiser la production[58]. À partir de ce moment, la chaîne de la financiarisation (qui est celle de la dette), pourra s'ouvrir. En effet, en mondialisant la chaîne de production, la place centrale de l'entrepreneur, de l'ouvrier et de l'ingénieur dans le système de production sera remplacée par celle de l'actionnaire, le seul capable de prospérer sans limites dans un monde sans frontières. Ainsi, de 1970 à 2010, la part du profit allant à l'actionnaire passa de 12,8% à 29,8%, alors que la part due aux investissements passera de 21,9% à... 18,7% ! ! ! Qui sera de plus en plus oublié dans le partage du profit ? Les salariés !

Les conséquences sont connues : gel du salaire et augmentation des primes (stock-options et autres). Travailler plus pour gagner moins dirons certains ! Bien sûr, on aurait pu maintenir les usines en utilisant l'informatique pour automatiser les chaînes de production. Mais on préféra délocaliser dans les anciennes colonies pour disposer de salaires les plus bas possibles, afin d'y produire le plus vite possible des produits destinés à être moins performants (et surtout à durer moins longtemps afin d'être remplacés plus rapidement). Ce processus sera la revanche de la classe rentière qui a été marginalisée par le règne des idées de Keynes[59].

~ La peur de l'inflation et le retour des rentiers.

Quand l'or fut déconnecté du dollar, les Américains durent trouver une nouvelle stratégie pour obliger le monde à se procurer encore et encore des dollars. C'est ainsi qu'ils ont monté de toutes pièces « *le choc pétrolier de 1973* »[60], ainsi que l'OPEP, l'association des pro-

[58] Tous ceux qui pensent qu'Internet et l'informatique sont des inventions récentes doivent être déçus. Tous les mécanismes datent des supercalculateurs (Seconde Guerre mondiale) et de l'Intranet militaire (années 1960). La souris et autres accessoires seront inventés dès les années 1970 par Rank Xerox.

[59] Il faut rajouter la revanche du « Big Business » aux États-Unis. Les grandes entreprises commencent à orienter le débat public à ce moment-là, notamment à travers le Mémorandum Powell demandant aux entreprises plus d'agressivité et d'implication dans les affaires politiques et judiciaires. Richard Nixon fera nommer l'auteur de ce manifeste, Lewis F. Powell, à la Cour Suprême. Cet ancien avocat d'affaires devenu membre influent de la Cour rédigera en 1978 l'essentiel de la décision, historique, qui autorise désormais les entreprises américaines à participer financièrement aux campagnes électorales et à entrer dans le débat public en leur accordant la protection, comme à tout citoyen américain, du 1er amendement (affaire *First National Bank of Boston V. Belloti*, 1978).

[60] On se reportera à l'analyse de William Endghall, *Pétrole une guerre d'un siècle*, ed Jean-Cyrille Godefroy, 2010

ducteurs de pétrole, qui a interdit au reste du monde de payer leur baril de brut avec une autre monnaie que le dollar américain !

L'or a été remplacé par le pétrole.

Ce fut la naissance du « pétrodollar ». Seul problème, ce pétrole ne se trouvait pas dans les coffres de Fort Knox. Pire, même les Américains étaient obligés d'en acheter. Les hausses massives des cours du brut, associées à l'inflation dans tous les pays, n'ont alors contribué qu'à fabriquer une seule chose, du chômage en masse.

La crise pétrolière donna l'opportunité aux partisans de la finance d'imposer discrètement leur modèle de société qui sera marqué entre autres par l'indépendance des banques centrales, inaugurée en France par la loi du 3 janvier 1973. On l'a vu, entre 1973-1976, les pays industrialisés n'ont pas pu, ou su, ou voulu, régler le problème dangereux du chômage de masse : les politiques, inspirés de Keynes et du Fordisme, sur la mise en valeur de la classe moyenne deviennent inadaptées pour enrayer une crise d'un genre nouveau.

Le modèle Keynes ne fonctionnait plus en raison du choix délibéré du « libre-échange » ou de la « mondialisation ». On a vu arriver alors des économistes connus de longue date pour leur opposition à Keynes comme Friedrich von Hayek (Nobel 1974) et Milton Friedman (Nobel 1976). En Europe, ils sont représentés par des économistes allemands proches des milieux patronaux et de la Bundesbank. Et cela faisait 30 ans que ces économistes attendaient leur revanche. Organisés en groupes de pression[61], ils étaient appuyés par diverses fondations et autres *think-tanks* qui, plus tard, allaient conseiller Margaret Thatcher et Ronald Reagan.

Pour eux, le principal problème économique était <u>la hausse combinée des prix et des salaires</u>, le « ***cancer des sociétés libres*** » car elles portent en elles les germes de la destruction. On lira à ce sujet l'incroyable rapport de Samuel Hunttington, Michel Crozier et Joji Watanuki, *The Crisis of Democracy*, commandé par la Commission Trilatérale et remis en 1973. Ce rapport parle clairement de « *L'Ingouvernementabilité des sociétés démocratiques* » et présente l'inflation comme « la maladie économique des démocraties » : « *In this sense, inflation is the economic disease of democracies* » ! ! !

---

[61] Après le colloque Walter Lippmann de 1938, puis structurés après la guerre par la création de la Société du Mont-Pèlerin en 1947.

À y regarder de près, les explications ont un double sens. S'il est vrai que l'hyperinflation a pu être destructrice dans l'Allemagne de 1923[62], une inflation sobre (entre 4 et 5%) et un système où la richesse est orientée vers les revenus du travail (au détriment de l'épargne[63]) permet une économie somme toute très saine.

Mais pour ces différentes écoles de pensée, l'inflation doit être impérativement combattue car **elle permet aux politiciens de se faire élire par les classes moyennes « sur le dos » des plus fortunés : les investisseurs et les épargnants qui « *gagnent de l'argent en dormant* ».**

Ainsi, de 1945 à 1973, la part allouée à la rémunération du travail a grignoté les profits, et donc la part allouée à la rente. Or, pour l'investisseur, les profits d'aujourd'hui sont les revenus futurs[64]. Donc, pour éviter la plaie de l'inflation, les trois écoles dites « libérales » (autrichienne, allemande et monétariste) ont proposé des solutions différentes qui donneront lieu à différentes applications. L'ensemble peut être résumé ainsi : « *la démocratie est dangereuse pour elle-même* ». Il importe d'enlever la création monétaire aux peuples pour la donner aux seules banques. L'importance du texte, a priori anodin, de la loi du 3 janvier prend ici un sens bien plus stratégique...

En effet selon ces théoriciens libéraux[65], plus la démocratie s'étend, plus les demandes de la population se font nombreuses et surchargent les représentants en leur retirant leur marge de manœuvre. La démocratie doit rester dans des sphères « *compréhensibles pour le citoyen* » et ne pas gêner les acteurs économiques (et surtout les marchés financiers)[66]. L'ensemble donna lieu à un programme de mesures prises « dans le dos » des populations, et peut être analysé comme un « ***principe de discipline*** » auquel on soumet la démocratie. Le premier terrain d'application de ces théories a été le Chili d'Augusto Pinochet,

---

[62] Sans que celle-ci amène la prise de pouvoir d'Hitler contrairement à une idée répandue par certains. Pendant les années de la prise de pouvoir des nazis l'inflation fut jugulée et il n'y a plus de problème d'inflation en Allemagne. Ce sont les plans de déflation salariale, c'est-à-dire l'équivalent de nos actuels plans d'austérité (Le peuple paiera !) qui feront monter le national-socialisme allemand.

[63] C'est ce que Keynes appelait « l'euthanasie du rentier » et qui était bien l'un des buts qu'il poursuivit.

[64] On a pu dire : Car l'argent des riches va ruisseler le long de la société suivant la pente des salaires vers les pauvres. D'où le terme de « *Théorie du ruissellement* ».

à partir du 11 septembre 1973[67]. Les Friedmaniens (aussi appelés *Chicago Boys*[68]) seront les pères de la fameuse « *Stratégie du Choc* », une formule radicale testée au Chili avec les privatisations de tous les secteurs publics, et ensuite sur d'autres pays par le FMI. Forçant les marchés publics à s'ouvrir, ils raccrochaient ensuite ces pays à la « zone dollar ». Cette méthode fut l'une des pièces maîtresses de la stratégie américaine de l'après-1971.

La stratégie consistait aussi à utiliser la « financiarisation » des économies comme outil de de puissance. Les dangers qu'elle représentait en Europe seront des arguments de poids pour rallier des partisans au projet de l'Union Monétaire à laquelle nous préparait la loi du 3 janvier 1973. Les spécialistes ont vendu l'idée aux politiques européens avec des arguments comme « *monnaie unique européenne* » qui

---

[65] Les Autrichiens (de l'école libérale dite « autrichienne », aussi appelés « les ultra ») pensent par exemple qu'il suffit que les banques aient le contrôle absolu de la monnaie et qu'elles puissent émettre chacune différentes monnaies qui entrant ainsi en concurrence, ne feraient pas augmenter les prix : en effet, les consommateurs n'étant pas idiots, choisiraient la monnaie-pays où les prix augmentent le moins. Les Allemands (ou « ordo-libéraux ») insistent sur le rôle de l'État comme gardien de la concurrence, et sur le principe de l'indépendance totale de la Banque Centrale. Laisser à l'État le contrôle de la monnaie peut donner lieu à des politiques folles de *Planche à billets* systématiques. Ce fut le cas par exemple sous la République de Weimar, puis dans l'Allemagne nazie ou encore, plus proche de nous en ex-Yougoslavie quand le président Milosevic s'était mis à imprimer des dinars déconnectés de toute création de richesse. Les Monétaristes disent que l'inflation ne peut avoir que des causes monétaires. Le remède donc ne peut provenir que de la monnaie à travers : le contrôle de la masse monétaire et le taux directeur de la Banque Centrale. S'il y a trop de création de monnaie, c'est que gens en demandent trop, les intérêts (prix de l'argent) doivent donc être chers. Pour eux, la monnaie n'a de rôle que d'achat et de vente (juste un voile) et doit être isolée de l'intervention de l'État. Si nécessaire, le volume de monnaie émise doit directement être inscrit dans la Constitution, afin que les politiques ne puissent y toucher, presque une « Règle d'or » à l'allemande avant la lettre. Sur cette base, les Monétaristes développeront un programme appelé le *Consensus de Washington*. C'est un ensemble de règles de bonne conduite, en application de la théorie monétariste, que les pays doivent respecter (privatisations, hausse des taux d'intérêts pour faciliter l'épargne, ouverture des marchés de capitaux, etc.) s'ils souhaitent voir le FMI ou la Banque Mondiale les aider.

[66] Cela suppose une croyance dans le fait que les marchés sont parfaits en eux-mêmes sans besoin de régulation de la part des Etats, on appellera cela la théorie de l'efficience des marchés. Voir Alasdair Roberts, *The Logic of Discipline, Global Capitalism and Architecture of Governments*, Oxford University Press, 2010, voir également Claude Rochet *Pour une logique de l'indiscipline*, Revue française d'administration publique, 2012 et également l'introduction de Claude Rochet à l'ouvrage classique d'Erik S. Reinert *Comment les pays riches sont devenus riches, pourquoi les pays pauvres restent pauvres ?*, Edition du Rocher, 2012.

[67] Le renversement par coup d'État militaire du chef de l'État chilien le socialiste Salvatore Allende.

[68] On les appellera les *Chicago Boys*, en référence à l'École de Chicago, l'école de pensée fondée par Milton Friedman, professeur d'économie de l'Université de Chicago.

fera « *contrepoids à la puissance du dollar américain* ». C'est comme cela que fut présenté le choix de l'union économique et monétaire européenne (plutôt que d'affronter les Américains). La France finira par : 1) renoncer à sa monnaie, et 2) tomber dans la spirale de la dette. Et c'est précisément la loi du 3 janvier 1973 qui a mis tous les autres pays européens sur le même chemin.

On voit clairement que tout a été mis en place en 1971, après le défaut de paiement des Américains sur leurs obligations en or. L'année 1971 a vu un basculement global dans un « autre monde ». Le plan de Washington a été de mettre progressivement tous les autres pays en esclavage en supprimant leur Banque Centrale, et par voie de conséquence leur souveraineté, l'une ne pouvant exister sans l'autre.

~ Il faut tuer les Banques Centrales

L'État est le meilleur des débiteurs possibles car il est immortel, et donc solvable, alors qu'un débiteur privé est mortel et donc potentiellement mauvais payeur. La masse d'argent que l'État doit dégager du fait de ses obligations (service public), de ses grands travaux et de son fonctionnement est sans équivalent. Si l'État s'endette, le marché de sa créance restera toujours plus sûr et plus important que celui de n'importe quelle dette privée (il suffit de regarder le marché de la dette américaine aujourd'hui !)[69]. Si le volume de la dette se contracte, entre les marchés, l'État et les banques, il peut être négociable. L'intérêt des marchés et des banques est évident : c'est une subvention permanente aux banques pour un service que l'État assurait auparavant lui-même. Racket ? Vous avez dit racket ?

L'intérêt des politiques n'est pas moins évident. En effet, pour l'homme politique pris dans son sens le plus vulgaire, on peut décider d'endetter l'État en augmentant les dépenses publiques pour être bien vu d'une partie de la population. Dans le même temps, les politiques vont négocier avec les classes rentières qui peuvent être de généreux donateurs de campagne (et aussi de complaisants propriétaires de médias) des avantages en tous genres, franchises fiscales, donc des ré-

[69] Malheureusement, à force de détruire l'État on va finir par voir les dettes de certaines grandes entreprises devenir meilleures que celles de certains États. C'est un signe de notre temps que de voir ce type d'inversion lourde de menaces.

ductions d'impôts. Toute ressemblance avec des agissements à la mode en France depuis 40 ans est évidemment une coïncidence. Les politiques gagnent sur les deux tableaux car fondamentalement ils ne sont plus responsables de rien ! Le responsable, c'est le marché financier et le coupable est donc l'État c'est-à-dire vous, nous, les autres, mais au final personne ! Seul le peuple paie en léguant aux générations futures les traites à payer !

Vous voyez l'intérêt de l'indépendance des banques centrales ? La pensée chrétienne dit que l'on ne peut servir deux maîtres, Dieu et l'argent. Soit on sert l'État, soit on sert les intérêts financiers. On peut servir l'un sans nécessairement nuire à l'autre. Toutefois, à un moment, il faudra choisir. Quand vous avez la vie économique de millions de gens entre vos mains, vous ne pouvez être indépendant d'eux[70].

L'idéologie de « *l'indépendance de la Banque Centrale* » va se développer durant les années 1975-1990[71]. La puissance financière américaine va utiliser les conséquences issue des chocs pétroliers pour réaliser ce projet. Pour les écoles autrichienne et allemande, l'indépendance de la Banque Centrale met la monnaie à l'abri de ces politiques soumis aux élections des peuples « *incultes et coléreux* » qui demandent des promesses coûteuses[72]. Pour les *Friedmaniens,* la Banque Centrale n'a pas à être indépendante du moment qu'elle n'est qu'un organe de gestion dans les mains d'un État ou plutôt de ce qu'il en reste.

Dans tous les cas, pour ces théoriciens, quand l'État utilise la Banque Centrale cela augmente les prix et perturbe le marchés. On ne sera pas surpris de trouver dans la littérature spécialisée[73] l'influente étude d'Alesina et Laurence Summers de 1993. Il n'est donc

[70]Il faut avoir à l'esprit que la multiplication des AAI (autorités administratives indépendantes) qui se multiplient comme champignons après la pluie suit la même logique. Ce que l'État faisait bien lui-même à moindre coût, sera fait par des comités dits de « personnes représentatives » reconnues pour « leurs compétences ». Compétences reconnues par qui et représentatives de quoi ? Là est la question.

[71] Il faut savoir que ce n'est pas la première fois. La théorie autrichienne, avec sa forte influence aux USA fut utilisée pour retarder la création de la FED, laquelle ne vit le jour qu'en décembre 1913. C'est que, même indépendante de l'État, une banque dite centrale n'a pas à développer en tant que prêteur en dernier ressort, et par sa seule présence un risque de « moral hazard ». D'où la dissolution de la *Second Bank of the United States* en 1830 par le président Andrew Jackson.

[72] La théorie du cycle électoral de Nordhaus qui sera reprise par Kyland et Prescott (1977), puis par Barro et Gordon (1983).

pas surprenant que « Larry » Summers devint l'acteur principal de la dérégulation américaine bancaire des années 1990-2000.

Au risque de se répéter : l'inflation est-elle vraiment un problème ? Quand elle est excessive, oui ; mais ce ne fut pas le cas de la France en 1973. Une inflation modérée favorise un partage plus équitable avec les salariés et les classes moyennes. Dans les années 1960-1970[74], les salaires était indexés sur l'inflation et montaient régulièrement. Donc pour les classes moyennes cela ne représentait pas un danger. L'inflation permettait même d'accéder à la propriété assez vite car elle grignotait les taux d'intérêt sur les prêts aux logements (qui étaient constants). On remboursait son logement avec de la « *monnaie fondante* », c'est-à-dire de la monnaie qui perdait de sa valeur par l'inflation. Le ménages finissaient par rembourser moins que la valeur de leur maison.

La prise de pouvoir par la finance sur la société française est la conséquence directe de l'indépendance progressive de la Banque Centrale (loi du 3 janvier 1973), et avec elle, cela a redéfini le partage social au profit de seules classes les plus riches.

Si la révolution russe nous donna le Goulag, si la pilule nous donna la révolution sexuelle, la révolution des banques centrales indépendantes nous a donné les chaînes de l'endettement. Cette révolution financière sera inoculée à la France par l'Union Européenne. Nous sommes devenus les esclaves de la dette. Fin 2012, chaque Français, bébé, enfant, adulte et retraité était endetté de presque 30.000 euros[75] pour le compte de son pays.

---

[73] On se reportera aux critères de l'indépendance de la Banque Centrale définis par Grill, Masciandaro et Tabellini.Où d'autres études de Bade et Baker en 1985, Fisher 1994.

[74] En France c'est-à-partir de 1952 que les salaires seront indexés, suite à l'augmentation du carburant due à la guerre de Corée. Cette indexation laissera la place à l'échelle des salaires en 1957 ce qui accrochera le Smig (ancêtre du Smic) à l'inflation.

[75] Ce montant diffère si on prend en compte les dettes totales (entreprises, ménages, État) ou si on ne compte que la dette de l'État. Ici nous prenons en compte de la dette de l'État.

Partie II

La vente de la France à la criée

« On revient avec le crédit à une situation proprement féodale, celle d'une partie du travail due d'avance au seigneur, du travail asservi »

Jean Baudrillard
Cool Memories, tome IV

Jean Monnet, présenté comme « Père de l'Europe », n'a avant tout été que la principale courroie de transmission volontaire de l'influence américaine sur les pays européens.

Très jeune, il avait compris que la « puissance » avait quitté l'Europe pour le Nouveau Monde et il entendit rassembler tous les pays européens dans des États-Unis d'Europe, rattachés aux États-Unis d'Amérique.

Ses liens privilégiés avec les divers présidents américains (Roosvelt, Truman, Eisenhover, Kennedy et Johnson, ci-dessous à gauche et à droite) montre qu'il était traité comme un autre représentant de la France.

Rappelons qu'il avait voulu interdire l'accès aux studios de la BBC au général de Gaulle. ORTF

Reportage « Jean Monnet »
O.R.T.F.

Dans le remarquable téléfilm de France 2 consacré au général de Gaulle « *Le Grand Charles* » réalisé par Bernard Stora avec Bernard Farcy jouant de Gaulle la scène o ù Jean Monnet veut fusionner la France avec l'Angleterre (sic) est celle qui a le plus marqué les millions de spectateurs.

GMT Prod - Warner Brothers
(disponible sur amazon.fr)

~ 8 ~
Le processus de 1973
ou
La trahison de Jean Monnet

« *Jean Monnet était un très bon vendeur de cognac. Il aurait mieux fait de le rester* »

Charles de Gaulle
Les mots d'esprit du Général

Depuis le début du XXe siècle, l'élite européenne vit dans le rêve de voir le continent s'unir politiquement. Mais il existe plusieurs visions de ce projet : certains veulent créer un État unique qui commanderait tous les peuples, alors que d'autres préfèrent que les Nations coopèrent sur des objectifs communs. Les déclarations de Valéry Giscard d'Estaing font état de l'obligation de voter la loi de 1973 pour participer à des accords internationaux ce qui nous oblige à aborder l'histoire cachée de la construction européenne.

Dès les années 1960, en prolongement du Marché Commun, on a envisagé l'Union Économique et Monétaire pour rendre l'union politique définitive. Suite au décrochage du dollar de sa parité avec l'or de 1971, les élites européennes ont alors décidé d'agir. Dès 1962 l'Union Européenne, par un processus continu, va exiger de la France, **non endettée à cette époque**, de renoncer à sa monnaie et d'adopter une économie d'endettement.

~ Jean Monnet, l'agent américain.

Le « père de l'Europe » a su écrire sa propre légende. Celui que le général de Gaulle nommait « *l'inspirateur* » a toujours su être en relation avec les hommes qui comptaient. Plus que tout autre, il avait compris le déplacement de la puissance d'une rive à l'autre de l'Atlantique, un transfert qu'il n'aura de cesse de promouvoir tout au long de sa vie. À 28 ans par exemple, il est déjà le représentant de la France dans les comités exécutifs Alliés pour la répartition des ressources pendant la Première Guerre mondiale. Ensuite il sera le second personnage de la Société des Nations (ancêtre de l'ONU pendant l'entre-deux-guerres). Après la guerre de 14-18, il partira aux États-Unis pour se mettre au service de Blair & Co, une banque d'investissement américaine. Il y renforcera ses liens avec l'élite américaine (Walter Lippman[76], John Foster Dulles, John McCloy[77])... En 1926, Jean Monnet représentera même la Reserve Fédérale américaine face à la... Banque de France (! ! !) dans la négociation pour le plan de stabilisation du pays. Mieux : il a même tenté d'interdire au général de Gaulle de prendre l'antenne à la BBC de Londres ! ! ! Il avait demandé à l'ambassadeur des États-Unis que de Gaulle ne puisse pas passer à l'antenne le 19 et le 20 juin 1940... Ce n'est que grâce à l'intervention de Churchill que le général pourra continuer à appeler à la résistance depuis Londres...

Le 16 juillet 1940, Monnet est finalement envoyé par Churchill aux États-Unis en tant que « *vice-président de la mission britannique d'achats de fournitures américaines* ». Au cours de cette mission, il se liera avec Harry Hopkins, l'éminence grise de Franklin Roosevelt et deviendra l'un des 5 conseillers particuliers du président américain. Ce qui explique en grande partie la haine qu'exprimera Roosevelt à l'égard de Gaulle. Monnet, qui est un planificateur, sera l'un des pères du *Victory Program* américain de 1942. De fil en aiguille, le 22 février 1943 Roosevelt l'enverra à Alger pour pousser le général Giraud à la tête du gouvernement civil et militaire qu'il veut constituer juste après le débarquement américain en Afrique du Nord. Là aussi, Jean Monnet tentera encore de marginaliser de Gaulle[78]. Il écrira ainsi à Roosevelt :

---

[76] Publiciste, un des pères du néolibéralisme.

[77] Proche des milieux pétroliers, proche de la famille Rockefeller, membre du Council on Foreign Relations, carrière à la Chase Manhattan Bank.

[78] À propos du rôle du général de Gaulle, Jean Monnet écrira à Roosevelt : «*Cela me rappelle le discours que Hitler a fait avant l'affaire tchécoslovaque*», cité dans Jean Monnet, Eric Roussel, Perrin, 2000.

« *Il est un ennemi de la reconstruction européenne dans l'ordre et la paix... En conséquence il doit être détruit*[79]».

Dès l'été 1943, Monnet réunit ses hommes (Hervé Alphand, Etienne Hirsch, René Mayer et **Robert Marjolin**) pour former un groupe de travail sur l'Europe d'après-guerre selon sa vision :

« *Il n'y aura pas de paix en Europe si les États se reconstituent sur une base de souveraineté nationale*[80]».

Monnet posera ensuite les bases de la *Communauté Européenne du Charbon et de l'Acier* qui naîtra 8 ans plus tard, officiellement pour éviter la guerre, officieusement pour amputer la souveraineté de la France au profit de l'Allemagne ! De même, les stratèges de Roosevelt pensaient que fédéraliser l'Europe serait le meilleur moyen de la garder sous contrôle.

Après la guerre, toutes les initiatives européennes porteront sa marque. Il est l'un des concepteurs de la *Communauté Européenne de Défense*, de *Euratom* et de la *Communauté Économique Européenne*. Dans chaque cas, Monnet a eu un objectif et une méthode précise. L'objectif fut de réduire par tous les moyens les nations européennes, préalable obligatoire à la réalisation future d'une Union Fédérale des peuples européens[81]. Quant à sa méthode, il s'agissait d'actions limitées, mais réalisables à court terme, toutes ces actions tendant à contourner et à grignoter lentement mais sûrement la souveraineté des divers pays européens[82], chaque point obtenu en appelant un autre. Il l'appellera d'ailleurs la « *Méthode des petit pas* », ce que d'autres nommeront « *La méthode Monnet* » ou encore la « *Théorie de l'engrenage* »[83].

---

[79] Op.c.

[80] Op.c.

[81] « *Nous ne coalisons pas des États, nous unissons des hommes* », phrase placée en sous-titre de la première édition de ses mémoires. Mémoires, Fayard, 1976.

[82] Il ne s'en cachera pas : « *Les institutions étaient en apparence économiques et techniques, mais leurs objectifs étaient politiques* », Mémoires, Jean Monnet, p. 499.

Très lié aux frères Dulles, Allen Dulles (directeur de la CIA dans les années 1950, vice-président du *Comité Américain pour une Europe unie* qui utilisa l'argent des fondations Ford et Rockefeller pour financer les mouvements européistes) et John Foster Dulles (Secrétaire d'État de Eisenhower qui le soutiendra comme l'homme fort du Plan Marshall), Monnet aura les mains libres dans la France de l'après-guerre, dès le départ en 1946 du général de Gaulle du gouvernement de la Libération.

Cependant, les États ne devaient pas se rendre compte trop vite de ce qui se tramait (d'où les multiples communautés techniques). De plus, il importait de garder à l'esprit que l'Union Européenne était le premier pas vers une Union Occidentale, voire une Union Mondiale. Par exemple, sa *Communauté Européenne de Défense* devait de ce fait être commandée par un général... américain ! ! ! L'homme avait déjà prévu *l'Union économique et monétaire,* qui devait corseter les États européens sans possibilité de retour. Jean Monnet ne tenait ni la démocratie, ni les représentants du peuple en grande estime : à plusieurs reprises, il le souligne lui-même, qu'exercer un pouvoir lui serait inutile vu qu'il était « *l'homme qui orientait les puissants* ». Dès mars 1958[84] il écrivait à Félix Gaillard, président du Conseil[85]:

> « *L'objectif serait la création d'un marché financier et monétaire européen, avec une **banque** et un **fonds de réserve européen**, l'utilisation en commun d'une partie des réserves nationales, la convertibilité des monnaies européennes, **le libre mouvement des capitaux** entre les pays de la Communauté, enfin l'établissement **d'une politique financière commune**[86]* ».

Ce programme est toujours en cours aujourd'hui, puisque l'Union Européenne, en septembre 2012 voulait prendre le contrôle

83 Alain Peyrefitte au général de Gaulle : « *C'est le système Monnet. Il consiste précisément à créer des situations dont on ne peut sortir qu'en accroissant la dose de supranationalité. Chaque difficulté nouvelle nous entraîne dans un engrenage qui pousse un peu plus à l'État fédéral et dessaisit un peu plus les gouvernements nationaux* ».

84 Le 1 janvier 1958 ont été mis en place le Marché commun et avec lui la première Commission Européenne.

85 Équivalent de Premier ministre sous la IVe République.

86 In *La faute de M. Monnet*, Jean-Pierre Chevènement, Fayard, 2006.

des 6.000 banques... (et s'est heurtée au refus des Polonais). On le voit, les bases de *l'Union économique et monétaire* étaient déjà là, sous-jacentes. Méthode Monnet oblige.

~ Bruxelles ou la « *Conspiration du silence* »

Monnet était accompagné de l'un de ses plus précieux collaborateurs, Robert Marjolin, l'un des auteurs du fameux rapport qui donnera naissance à la loi du 3 janvier 1973. Bien introduit et reconnu aux États-Unis, Marjolin a créé et dirigé, en tant que premier Secrétaire Général, l'OECE (devenue par la suite OCDE), la structure ad hoc chargée de la répartition et de la gestion des fonds du Plan Marshall pour l'Europe. Il fut aussi membre de la Commission Trilatérale, puis commissaire européen de 1958 à 1967, et vice-président de la Commission Européenne chargé de l'économie et des finances.

En 1962, Robert Marjolin avait préparé la deuxième étape du Marché Commun : le prolongement du Traité de Rome de 1957. Il a aussi rédigé, avec Robert Triffin[87], le « memorandum » de la *Commission sur l'Union économique et monétaire*. Triffin, économiste, a travaillé à la Réserve Fédérale américaine où il a beaucoup écrit, en particulier sur la situation particulière du dollar, *à la fois monnaie de réserve internationale et monnaie nationale*, texte connu des spécialistes comme le *Paradoxe de Triffin*.

N'ayant pu être écouté du Président des États-Unis, ce membre influent du *Council on Foreign Relations* et du *Comité d'Action pour les États-Unis d'Europe,* la structure de Jean Monnet, Triffin avait décidé de travailler à la création d'une Europe « économique et monétaire » unie. Les Américains le soutiennent dans cette initiative, persuadés qu'elle ne remettra pas en cause le règne de leur dollar et qu'elle conduira à une Europe politique et fédérale, débarrassée de ses États Nations. En un mot : une « *Europe américaine* ». Selon le *Bulletin de la Communauté Économique* de 1962 :

> *« L'Union économique implique, en effet, au moins après une période de transition, la fixité des taux de change des monnaies des États membres, sous réserve de variations dans des limites très étroites...*

[87] Américain d'origine belge, professeur d'économie de l'université de Yale, proche de Jean Monnet, il fut conseiller du président Kennedy.

Pour en préparer la réalisation, la Commission propose la création d'un conseil des gouverneurs des institutions d'émission de la Communauté »[88].

Le langage reste prudent car depuis 1958, avec le retour au pouvoir du général de Gaulle, les hommes de Monnet devinrent plus réservés sur les possibilités d'aller vite. Même si le général a honoré la signature par la France du Traité de Rome, ses idées européennes sont largement connues.

Il faut également souligner que Marjolin a reçu des ordres de discrétion via un mémorandum du président de la Fondation Ford, Paul Hoffman (ex-officier de l'OSS et future CIA, grand argentier des réseaux européens en date du 11 juin 1965[89]). Il lui intime l'ordre de rester discret sur l'évolution de *l'Union économique et monétaire* et de procéder lentement et dans le plus grand secret. Ce qui fera dire bien plus tard à Philippe Séguin : « *C'est la conspiration du Silence* »[90].

Moins timide que le compte-rendu précédent, le texte suivant est très clair dans sa volonté de contrôler le droit de la France à émettre sa propre monnaie par l'intermédiaire de la banque de France, en attendant mieux, comme le montre la page 77 du mémorandum de 1962 :

« *133 (2)*

Les décisions importantes de caractère monétaire feraient l'objet de consultations préalables dans le cadre de l'un des organes prévus cidessus[91].

Il en serait ainsi notamment de toute décision importante affectant la création de monnaie dans l'un des pays membres : variations du taux d'escompte et autres taux à court terme, des réserves minima, des contingents de réescompte, de la politique d'open-market, etc.

---

88 Pages 9 et 10.

89 Sur cette question, lire l'article du Telegraph de Londres du 19 septembre 2000 www.-telegraph.co.uk/news/worldnews/europe/1356047/Euro-federalists-financed-by-US-spy-chiefs.html

90 Propos de Philippe Séguin lors de son discours à l'Assemblée Nationale contre l'adoption du Traité de Maastricht, le 5 mars 1992.

91 Il faut noter que ces documents n'étaient pas destinés à une grande publicité.

La consultation préalable jouerait également en cas d'avances de la Banque Centrale à l'État *ainsi qu'en cas de modifications du taux de change d'une des monnaies de la Communauté avec les autres, éventualité que l'on ne peut exclure complètement pendant la période de transition.*

La Commission est pleinement consciente ***du caractère délicat*** *de cette proposition,* ***étant donné la nécessité du secret le plus absolu****.*

Elle pense cependant que ces consultations préalables seraient possibles si, dans les cas les plus importants, elles réunissaient seulement une personne par pays, un représentant de la Commission et un seul secrétaire ».

Pour l'instant, il ne s'agit que de consultations, mais la suite est déjà prévue (pages 79 et 80) :

« 138...

On aura noté que rien de ce qui est proposé ne touche au droit des États membres et des instituts d'émission de prendre, après avoir procédé aux consultations prévues, les décisions qu'ils jugeront les meilleures dans l'intérêt national.

Cependant les institutions auront été créées et les procédures mises à l'épreuve, qui permettront d'aller plus loin et de passer de la coordination à la centralisation des décisions.

La création de l'union monétaire pourrait devenir l'objectif de la troisième étape du Marché Commun.

Les ministres des finances ou des affaires économiques de la Communauté, réunis en Conseil, décideraient des conditions qui devront être arrêtées en temps opportun, volume global des budgets nationaux et du budget communautaire, ainsi que des conditions générales de financement de ces budgets.

Le Conseil des gouverneurs des institutions d'émission deviendrait l'organe central d'un système bancaire de type fédéral *».*

Rappelons-le : ce texte date de 1962 ! ! !

C'est là que se trouve la procédure de la loi du 3 janvier 1973 et toutes celles qui vont suivre. Vous voyez, noir sur blanc, que l'Europe était destinée à devenir une esclave consentante des États-Unis.

Les avances faites à l'État sont en effet la marque de la souveraineté monétaire d'un pays ; dans cette optique, elle pose un problème à la grande union politique et monétaire, la voie choisie par les fédéralistes. L'union monétaire se cache derrière l'impératif technique (l'une des bases de la théorie de l'engrenage, c'est-à-dire « *on ne peut pas faire autrement, ni revenir en arrière* »). Dans ses mémoires, Robert Marjolin nous montre même les objectifs cachés de ces bâtisseurs de l'Europe, tout en prenant ses distances avec ses anciens amis :

> « *Dans l'esprit des Européens les plus ardents, cette initiative devait conduire à un resserrement tel des liens entre les membres de la Communauté que l'union politique apparaîtrait alors à portée de la main. L'Union Européenne Monétaire était un substitut provisoire de l'union politique et devait y conduire inévitablement (...)*
>
> *Il ne paraissait pas vrai que l'union douanière ou la politique agricole commune ne pussent survivre que si l'Europe se constituait en Union Économique, au sens le plus fort du terme (...)*
>
> *Je pensais également que l'État Nation n'était pas en voie de disparition et que l'on pouvait espérer l'apparition d'un État européen dans un avenir prévisible*[92]».

La plupart des fédéralistes firent le dos rond tant que de Gaulle avait le pouvoir : pas d'initiative d'envergure, juste des « petits pas » discrets.

Constantin Melnik était l'un des grands analystes du renseignement français de l'époque au cabinet de Michel Debré, Premier Ministre. Lors de notre rencontre en juin 2012, ma surprise a été grande de le découvrir aussi critique sur le général de Gaulle, et plus encore sur Debré. Sans doute son appartenance à la Rand Corporation, officine de réflexion américaine bien connue sur l'espionnage et sur les moyens de lutter contre le communisme, y a été pour quelque chose.

---

92 *Ibid*, page 263.

Notons au passage que seuls deux Français (à l'époque) y appartenaient, Constantin Melnik et le philosophe... Raymond Aron[93] (! ! !) son parrain.

À plus de 80 ans, l'ancien espion se souvient que Jean Monnet ne passait jamais par le gouvernement, ou le SDECE (ancêtre de la DGSE), pour parler directement aux services américains : « *Il avait une relation spéciale avec eux. On ne peut pas dire que Monnet était un agent, mais il avait une relation on va dire très... "spéciale"* » ce qui, dans le vocabulaire des espions veut tout dire, en particulier que (comme l'a reconnu la CIA elle-même en l'an 2000), Jean Monnet était un agent des services spéciaux américains. Un traître de plus dans l'affaire. À vrai dire Clemenceau avait déjà voulu l'envoyer au front en 1917, ce à quoi il avait répondu : « *Monsieur le Premier Ministre, je ne suis plus citoyen français, mais sujet britannique* ».

~ Confidences d'un compagnon de Giscard d'Estaing

En 1978 avec Michel Poniatowski, le chef d'entreprise Michel Pinton avait fondé un parti politique au seul usage de Valéry Giscard d'Estaing : l'UDF. Sa mémoire et sa culture politique sont impressionnantes et toujours intactes. Il nous raconte en détails les tenants et les aboutissants des relations Monnet-Giscard : « ***Valéry était l'une des créatures de Monnet.*** *Il était aussi et avant tout un "européen', alors que Monnet était un "atlantiste". Je ne l'ai jamais entendu prendre position, ni en privé ni en public, sur l'atlantisme* ». Et c'est là qu'on apprend que Giscard d'Estaing, en 1965, avait rejoint le *Comité pour les États-Unis d'Europe* fondé par Jean Monnet, sentant sans doute que le gaullisme allait se terminer. Michel Pinton poursuit :

> « *Valéry admirait la Banque Centrale allemande, et voulait le mark pour l'Europe... Il me disait en privé, dès 1973-1974, et même jusqu'en 2000 lors de nos contacts, que la meilleure chose qui pouvait arriver à la France c'était* ***d'avoir un strapontin au conseil d'administration de la Bundesbank.*** *C'est pour cela que je me suis sé-*

[93] Raymond Aron, ancien gaulliste, s'était opposé au général de Gaulle lors de son retour en 1958. Par exemple, il a été un adversaire féroce à sa politique d'indépendance nucléaire de la France ; ses rapports privilégiés avec les services d'espionnage anglais, MI6, expliquant peut être cela. Le Général Gallois avait rencontré son agent traitant et l'avait dénoncé à plusieurs reprises dans ses livres. Conclusion : Raymond Aron, résistant, philosophe, éditorialiste de L'Express, Nouvel Observateur, etc., était tout simplement devenu un traître à la solde de l'Angleterre. Tout se tient.

paré de lui ... La monnaie l'euro c'est ça : le strapontin à la Bundesbank. En fait, la monnaie unique est une idée giscardienne... »

Quand nous lui demandons s'il était conscient que son projet impliquait la perte de l'indépendance de la France, sa réponse fuse :

« *Dans son esprit, votre question est mal posée... Pour lui l'intérêt de la France est justement de se fondre dans l'Union Européenne. Giscard ne soutenait pas l'Union mais bien la "Fusion des peuples d'Europe".*

Dans tous ses postes, Valéry avait surtout cherché à avancer ses idées, pas à pas et selon la situation... L'Europe intégrée est le fondement le plus important de sa pensée ».

~ 9 ~
Le IVe Reich allemand fabriqué par les Américains pour siphonner les richesses de l'Europe

« *Il faut faire l'Europe* »
Pierre Laval
Discours et Messages

~ Raymond Barre, la girouette...

En 1999, le ministre allemand Joska Fisher avait déclaré à la presse que l'Union Européenne permettrait « *de reconquérir cette place prédominante qu'on nous a injustement refusée par deux fois au XXe siècle* ». Hormis Jean-Pierre Chevènement, personne en Europe n'avait vraiment voulu comprendre ce que cette phrase impliquait. Pourtant, dans la presse européenne de 2011 et 2012, on a vu fleurir ces unes de journaux avec « *Le retour du IVe Reich* » dont le principe a d'ailleurs été repris à la tribune de Bruxelles par le député européen Nigel Farage[94]. Pour comprendre le cheminement, il importe de revenir aux sources européennes de la loi du 3 janvier : le « *Mémorandum de Marjolin* » de 1962 qui donnera par ricochet le « *Rapport Marjolin-Sadrin-Wormser* » de 1969, qui lui-même sera fondu dans le « *Rapport Werner* » de 1970.

Le 12 avril 1969, le général de Gaulle s'était engagé dans un référendum qui portait sur les régions, le Sénat et surtout la participation. Battu par les urnes, il quittera ses fonctions.

[94] La vidéo de son intervention www.youtube.com/watch ?v=krM6YCQql2k

il Giornale

Spread tra Btp e Bund 510 | Piazza Affari -4,64% | Consumi italiani -2,8%

QUARTO REICH

I no della Merkel e della Germania rimettono in ginocchio noi e l'Europa
Borse a picco e Monti fa il finto tonto: «Non hanno capito Draghi»

I tedeschi salvatori dell'euro? Macchè, l'Italia spende di più

I SOCI DIFENDONO L'AD INDAGATO
Mediobanca blinda Nagel

Find a Job | M&S Wine | Our Papers | Feedback — Wednesday, Oct 31 2012

Mail Online

Home | News | U.S. | Sport | TV&Showbiz | Femail | Health | Science | Money | RightMinds | Coffee B

News Home | Arts | Headlines | Pictures | Most read | News Board

Merkel is running the 'Fourth Reich': Fury in Germany after Berlusconi newspaper prints picture of Chancellor with hand raised and compares her government to the Nazis

À ce moment, la vice-présidence de la *Commission pour les Affaires Économiques et Financières* est entre les mains de Raymond Barre, professeur d'économie, bien connu pour ses idées néolibérales. Il avait même été nommé à Bruxelles par le général lui-même pour sa compétence et parce qu'il le pensait défenseur des intérêts français. En réalité, une fois en poste, et devenu intouchable, le professeur Barre s'affirmera rapidement comme fédéraliste et s'opposera à Michel Debré, qui défendait la position du général sur l'étalon-or (conférence de 1967). Raymond Barre prendra même une position favorable (pro-américaine) au projet européen des « *Droit de Tirages Spéciaux auprès du FMI* » dont la France ne voulait pas entendre parler.

Les différents ancêtres de la Banque Centrale Européenne, les comités du « *Mémorandum Marjolin* » sont en place. Il importe d'encadrer l'utilisation de la monnaie des divers États européens d'abord par la concertation, avant de centraliser cette utilisation (ce que le Mémorandum appelle pudiquement[95] « *un fonctionnement plus systématique* »[96]). C'est l'étranglement en douceur ou la grenouille dans une casserole d'eau chaude. La méthode Monnet, toujours.

Raymond Barre poursuit la voie tracée par le mémorandum, et préconise de réduire les marges de fluctuation entre les monnaies (franc, mark, lire). Ils encadrent de plus en plus (avant d'empêcher totalement) les dévaluations monétaires des Banques Centrales. Il conseille également la mise en place des transferts budgétaires souverains vers une caisse unique, soit l'embryon d'un budget fédéral. Ensuite, Raymond Barre mettra en pratique l'une de ses idées majeures : lutter contre le dollar par la création d'une autre monnaie (l'euro à venir) en refusant la logique des étalons[97] en particulier celui de l'étalon-or[98].

Lors du sommet de La Haye des 1 et 2 décembre 1969, le président Pompidou accepte de soutenir le « *Ost Politik* » de Willy Brandt, c'est-à-dire la politique d'apaisement avec les pays du Bloc de l'Est. Cette politique devait servir à replacer Berlin en tant que puissance au sein de l'Europe.

Sous l'impulsion de Valéry Giscard d'Estaing et du baron Snoy[99], la décision est prise de lancer un nouveau « *Comité d'experts* » pour préparer *l'Europe Économique et Monétaire*. Qui allait présider ce

---

95 Les comités créés par Marjolin sont : *Conseil monétaire*, *Comité de politique conjoncturelle*, *Comité de politique budgétaire* et *Comité des Gouverneurs des Banques centrales*. Dans un discours célèbre, le général de Gaulle s'exprimant par humour à la troisième personne, avait réglé par avance le sort de ces comités alors en gestation : "*l'essentiel pour lui, ce n'est pas ce que peuvent penser le comité Gustave, le comité Théodule ou le comité Hippolyte, l'essentiel pour le général de Gaulle, le Président de la France, c'est ce qui est utile au Peuple Français*", discours à Orange 26 septembre 1963.

96 Mémorandum sur la coordination des politiques économiques et sur les coopérations monétaires au sein de la Communauté du 12 février 1969, page 8.

97 Mendès-France avait proposé l'étalon « nourriture » ou « besoins ».

98 Comme il le confiera lui-même dans ses conversations avec Jean Bothorel dans *L'expérience du pouvoir*.

99 Ministre des finances de la Belgique.

comité ? Le choix se porte (naturellement) sur le Premier Ministre du Luxembourg, Pierre Werner, ancien banquier.

~ La fusée Europe avec un couteau sous la gorge.

Les fédéralistes ont toujours vu l'Union Européenne comme le montage d'une fusée. Le premier étage est le Marché Commun (la fin des droits de douane), le second est l'Union Économique, et le dernier l'Union Monétaire avant le « nez » qui est l'union politique. Il s'agit de préparer cette union monétaire en retirant en douceur à chaque État la sienne...

Dans cette optique, le rapport écrit et rendu par le banquier luxembourgeois Pierre Werner est la véritable étape clé : les documents préparatoires de l'époque soulignent « *l'atmosphère confidentielle* » du « *comité restreint*[100]» qui travaille à son élaboration. Werner entend poursuivre les idées de Robert Marjolin exprimées dans son Mémorandum de 1962. En tant que Luxembourgeois, il prend soin de commencer par l'harmonisation des monnaies plutôt que par les impôts car cela nuirait aussitôt aux intérêts du Luxembourg...

La première forme de l'euro va s'appeler « uce » (*unité de compte européenne*). On trouve une logique dans ce processus : Pierre Werner est aussi l'un des hommes de Jean Monnet puisqu'il est membre du *Comité d'Action pour les États-Unis d'Europe*. Durant les réunions, il sera le relais des idées de Monnet, de Herman Abs (représentant des milieux bancaires allemands) et de Jacques Rueff[101]. À la page 12 de son rapport, les conséquences de l'Union Économique et Monétaire sont clairement décrites :

> *– Les monnaies communautaires sont assurées d'une convertibilité réciproque totale et irréversible, sans fluctuation de cours et avec des rapports de parités immuables ou, de préférence, sont remplacées par une monnaie communautaire unique* ;

---

[100] Travaux préparatoires page 5.

[101] La position de Jacques Rueff a été de toujours faire prévaloir son camp idéologique (néolibéral et monétariste) sur les intérêts nationaux d'où la phrase qu'il écrira à Pierre Werner le 28 octobre 1970 « *l'Europe se fera par la monnaie ou ne se fera pas* ». En cela il est de l'avis de la plupart des néolibéraux qui sont tous très européens, sachant que leurs idées ne peuvent se réaliser qu'à l'échelon communautaire moins sujet aux revendications populaires.

– La création de liquidités dans l'ensemble de la zone et la politique monétaire et du crédit sont centralisées ;

– La politique monétaire à l'égard du monde extérieur est du ressort communautaire ;

– Les politiques des États membres à l'égard du marché des capitaux sont unifiées ;

– Les données essentielles de l'ensemble des budgets publics, et en particulier la variation de leur volume, l'ampleur des soldes et les modes de financement ou d'utilisation de ces derniers sont décidées au niveau communautaire »

Nous voyons une nouvelle fois le lien entre l'Europe et la future loi du 3 janvier 1973 : à terme, l'émission des francs par la Banque de France[102] doit cesser pour que la monnaie européenne advienne. Et là, les conseils de Robert Triffin, l'ancien de la Fed américaine (que nous avons déjà croisé dans ce livre...) portent leurs fruits. En page 14 du rapport, on lit :

« *La constitution du système communautaire des banques centrales pourrait s'inspirer d'organismes du type du "Federal Reserve System" fonctionnant aux États-Unis* ».

Les conclusions du rapport quant aux objectifs sont on ne peut plus claires :

« *Une union monétaire implique à l'intérieur* ***la convertibilité totale et irréversible des monnaies, l'élimination des marges de fluctuation des cours de change, la fixation irrévocable des rapports de parité et la libération totale des mouvements de capitaux.*** *Elle peut s'accompagner du maintien de signes monétaires nationaux, mais des considérations d'ordre psychologique et politique militent en faveur de* ***l'adoption d'une monnaie unique qui garantirait l'irréversibilité de l'entreprise*** »[103].

[102] Entre autres par le biais du circuit des avances.

Le rapport renforce aussi le *Comité des Gouverneurs des Banques Centrales*. Il faut noter que Bernard Clapier, membre du Conseil Monétaire de la Banque de France au moment du vote sur la loi du 3 janvier appartient DÉJÀ à la commission Werner.

> « *Le Comité des Gouverneurs jouera un rôle de plus en plus important pour la coordination de la politique monétaire et du crédit ; en particulier, il définira dans ce domaine les orientations générales de la Communauté.*
>
> *Il pourra adresser des avis et des recommandations aux banques centrales des pays membres ainsi que des avis au Conseil et à la Commission* »[104]

Pour s'allier les gouverneurs aux objectifs ci-dessus, Pierre Werner imagine alors un stratagème avec le baron Hubert Ansiaux, gouverneur de la Banque de Belgique : ils demanderont aux gouverneurs ce qu'ils pensent du rapport, mais sans demander l'opinion des gouvernements car il s'attendaient à une levée de boucliers. Ils adapteront leurs arguments à chaque profil. Aux Allemands et aux Néerlandais, ce sera l'argument de la « *stabilité monétaire* » alors qu'aux Français[105], ils parleront de « *lutte contre le dollar* », de « *tirages spéciaux* » du FMI et de monnaie unique. Ce faisant, les gouverneurs s'étaient déjà vus totalement indépendants de leurs gouvernements. Un véritable coup d'État technocratique, réalisé en silence et en douceur, dans le dos des divers peuples européens qui n'ont jamais été non seulement consultés, et encore moins informés ! ! !

Selon l'une des règles de la méthode Monnet, tel que l'explique judicieusement le politologue Marc Joly : « *les États doivent s'avorter eux-mêmes*[106]». Summum de l'hypocrisie, lors de sa prise de fonction à la *Commission Européenne*, Jacques Delors rendra de vibrants hommages à Pierre Werner lorsque viendra son tour d'appliquer la phase finale de la « prise de contrôle » de la Banque de France (et autres) par l'Europe, cheval de Troie américain comme vous venez de le voir. Le

[103] Page 28.

[104] Page 29.

[105] La banque de France est représentée dans ce rapport d'expert par Théron et Floc'h.

[106] *Le souverainisme*, Marc Joly, Éditions FXG.

carcan juridique est planté pour forcer les premiers grands abandons de souveraineté. Le grand viol du peuple peut commencer.

Conclusion : tant que le général de Gaulle était en place (et aussi en vie) tout le processus menant à la loi du 3 janvier devait impérativement avancer dans le secret des comités d'experts. Ils avaient peur du Général, et plus encore de ses idées sur l'Europe et, surtout, de la Participation. Il faut savoir aussi que le patronat français s'était parfois plus battu contre de Gaulle que contre les Allemands.

Pierre Werner, banquier de formation et deux fois Premier Ministre du Luxembourg, fut choisi pour rédiger le rapport qui portera son nom et qui donnera naissance, 20 ans plus tard à l'euro. AFP

~ 10 ~
La liquidation organisée de la France et de sa souveraineté

« Ils sont passés les jours de la grandeur.
Place aux profiteurs de la décadence,
aux débrouillards de l'abandon ».

Charles de Gaulle
Discours et Messages

Le plan pour forcer les pays à renoncer à leur indépendance se heurtait à un modèle français issu de la Résistance et à la personne du Général. Comme le dira Denis Kessler, l'un des représentants du patronat français, « ***il s'agit de défaire méthodiquement le programme du Conseil National de la Résistance*** »[107].

~ Comment de Gaulle s'est débarrassé de la dette de la France

Tout le monde a oublié qu'une mission du FMI s'était installée à Paris fin décembre 1957, et qu'elle avait placé le franc sous tutelle (remarquez à quel point les économistes actuels passent sous silence cet épisode). Quand le Général revint au pouvoir en 1958, le pays se trouvait près de la banqueroute économique et sa dette auprès du FMI se montait à 900 millions de dollars de l'époque (précision : dollar-or).

Le deutsche mark, créé 10 ans plus tôt sur les décombres de la défaite allemande, valait 117 francs ; le dollar près de 450 francs, et la livre dépassait les 1400 francs ! Qui plus est, le franc ne correspondait

[107] Article de Denis Kessler dans *Challenges* du 4 octobre 2007.

plus au prix d'aucune marchandise : en 1958, le litre d'essence était à 98 francs. De Gaulle ne pouvait accepter une telle situation et il répétait à qui voulait l'entendre « *qu'un pays, c'est un État, une armée, une monnaie* ». Donc afin de sauver la France et pour la sortir des griffes du FMI, le Général prend trois décisions majeures en 1958 :

1) Création d'un « nouveau franc ».

2) Dévaluation immédiate de ce « nouveau franc » par rapport au cours de l'or de 17%[108].

3) Application du « *Plan Pinay-Rueff* » de rénovation économique et financière de la France.

Pour combattre le déficit budgétaire qui avait doublé entre 1956 et 1958 en raison des dépenses militaires, Pinay augmenta les impôts et réduisit les dépenses publiques. Dix ans plus tard la France, endettée auprès du FMI, remboursera intégralement sa dette de 900 millions de dollars en 1969 et devint même créancière du FMI ! Pour marquer le coup, le général de Gaulle enverra personnellement Valéry Giscard d'Estaing à Washington pour remettre le dernier chèque de la France au FMI.

Cet épisode montre que les hommes qui voteront la loi du 3 janvier 1973 (et qui sont déjà présents dans les arcanes du pouvoir) savaient au minimum une chose : comment, en l'espace de 10 ans, on "désendette" le pays tout en réalisant les grands projets nationaux (nucléaire, conquête spatiale, le Concorde, force de frappe, industrie pétrolière, etc.).

~ Les banques françaises étaient aux ordres de l'État et non d'intérêts privés.

Dans la France des années 1960, la puissance économique se trouve entre les mains de l'État : 170 grandes entreprises publiques totalisent 13,4% de la production nationale. Les dirigeants sont en

---

108 Cf. le blog de Janpier Dutrieux www.prosperite-et-partage.org.

partie des fonctionnaires des grands corps issus de la Résistance, souvent les plus prestigieux comme le corps des Mines (avec leur chef de l'époque Pierre Guillaumat) et le corps de l'Inspection Générale des Finances (avec à sa tête François Bloch-Lainé qui sera limogé par Giscard d'Estaing).

Chaque printemps, les grands industriels se réunissaient au ministère des Finances au musée du Louvre et négociaient leurs prix et leurs marges directement avec le ministre. La bourse de Paris existait à peine et de toute manière avait une très mauvaise réputation[109]. Les banques d'affaires privées étaient minuscules (Banque de Paris et des Pays-Bas, Compagnie de Suez, ou encore Banque Rothschild) et avaient une obligation de fonds de réserves de 20% selon les règles traditionnelles de prudence bancaire française en place depuis le XIXe siècle).

L'État agissait directement sur l'économie en utilisant les grands investisseurs institutionnels comme les banques nationalisées et bien sûr la Caisse des Dépôts et Consignations pour aider à la concentration d'entreprises dans le but de les préparer au marché mondial. C'est ainsi que naîtront les grandes banques françaises, qui étaient, à la base, publiques[110]. Elles appartenaient aux citoyens... Ce mode de fonctionnement économique était si efficace, qu'en 2009 cela avait fait dire au néo-libéral Jean Peyrevalde, en résumé : « *Ce système rendait toute panique bancaire, telle que celle que nous vivons, impossible* ». Clairement, en 1960 il n'aurait pas pu ruiner le Crédit Lyonnais...

Oui, ce mode de fonctionnement était efficace, mais au seul profit du peuple français, et pas aux financiers privés, et encore moins à celui des Américains. Le « Plan » économique français déclenchera l'essor des classes moyennes : un salarié gagnant 100 francs en 1954, en gagnera 131 hors inflation en 1960, et 171 en 1967. Ce système fonctionnait il y a quarante ans à peine.

Mais par le processus malicieux qui va donner la loi du 3 janvier, ce système a majoritairement été privatisé (par degrés succes-

[109] On appelle la Bourse *La Forêt de Bondy* par référence à la forêt de Bondy au XIXe siècle célèbre pour les bandits qui y rodaient.

[110] Par exemple la BNP qui naît en 1966 de fusion entre la BNCI (Banque Nationale pour le Commerce et l'Industrie) et le CNEP (Comptoir National d'Escompte de Paris).

sifs) et retourné ensuite contre les Français et l'État pour leur vider les poches par le jeu des taux d'intérêts. Et cette loi sera par la suite imposée à tous les pays européens, comme on le verra ! ! !

~ Les financiers fêtent le départ de Charles de Gaulle

Ce qui allait terroriser les riches français et le patronat fut l'augmentation du salaire minimum de 20%. Aussitôt les fortunes chercheront à se placer en Allemagne en raison de l'inflation que cela engendrait. Voyant la fuite des capitaux, Charles de Gaulle réagit violemment :

> « *Nos trouillardes d'élites sont éternellement semblables à elles-mêmes : elles ne cessent jamais de faire dans leur culotte...*
>
> *Jadis, par peur des bolchéviques, elles se sont frileusement jetées dans les bras des boches, et ç'a été la collaboration...*
>
> *Aujourd'hui, d'instinct, elles reprennent la même direction ! elles vont terrer leurs écus de l'autre côté du Rhin* »[111].

Par pur principe, de Gaulle refusera alors de dévaluer le franc disant qu'on « *ne force pas la main de la France* ». Le 14 avril 1969, à la veille du fameux référendum, Valéry Giscard d'Estaing a fait savoir qu'il ne soutiendrait pas le général. Le gaulliste Louis Vallon écrira le lendemain du vote, le 15 avril 1969 :

> « ***La bourse a joué ouvertement la défaite du chef de l'État*** ».

En effet, le lendemain de la défaite du Général, les cours à la bourse de Paris s'étaient littéralement envolés.

[111] Cf Laurent Lasne, op cité p.191.

Partie III

Le Parti Socialiste termine la mise en esclavage de la France par la dette

« Le meilleur symbole du peuple, c'est le pavé.
On lui marche dessus et un beau jour,
il vous tombe sur la tête »

Victor Hugo

~ 11 ~
Le Parti Socialiste et la vente de la France aux banques privées

« Les urnes sont des boîtes à double fond, électoral et funéraire : elles recueillent, avec un léger décalage, nos rêves et nos cendres »

Régis Debray

Contrairement à ce que tout le monde avait pensé, arrivée au pouvoir en 1981, la gauche n'utilisera pas la Banque de France pour nationaliser toutes les grandes entreprises et les banque privées[112]. Bien au contraire, et à la surprise générale (des seuls spécialistes, la presse passera totalement à côté, les conseillers de François Mitterrand choisiront d'endetter la France : le volume des émissions de bons du Trésor a ainsi été multiplié entre 1978 et 1983 par 3 (de 58 milliards de francs à 193) et entre 1978 et 1986, ce sera même multiplié par... 5 ! ! ![113].

[112] Les grands groupes industriels qui seront nationalisés (fiche Wikipedia) : Thomson, Saint-Gobain, Rhône-Poulenc, Pechiney-Ugine-Kuhlmann, Usinor et Sacilor (fusionnent en 1986), Suez, Compagnie Générale d'Electricité. Banques nationalisées : Banque Centrale des coopératives et des mutuelles, Banque Chaix, Banque corporative du bâtiment et des travaux publics, Banque de Bretagne, Banque de l'Indochine et de Suez, Banque de l'Union Européenne, Banque de Paris et des Pays-Bas, Banque française de crédit coopératif, Banque Hervet, Banque industrielle et mobilière privée, Banque Laydernier, Banque Monod, Banque Nationale de Paris (reprise des parts), Banque Odier Bungener Courvoisier, Banque parisienne de crédit au commerce et à l'industrie, Banque régionale de l'Ain, Banque Régionale de l'Ouest, Banque Rothschild, Banque Scalbert-Dupont, Banque Tarneaud, Banque Vernes et Commerciale de Paris, Banque Worms, CCF, CIC, Crédit Chimique, Crédit du Nord, Crédit Industriel d'Alsace et de Lorraine, Crédit Industriel de l'Ouest, Crédit Industriel de Normandie, Crédit Lyonnais (reprise des parts), Crédit Mutuel, La Hénin, Société bordelaise de crédit industriel et commercial, Société centrale de banque, Société Générale (reprise des parts), Société générale alsacienne de banque, Société lyonnaise de dépôts et de crédit industriel, Société marseillaise de crédit, Société nancéienne de crédit industriel et Varin-Bernier, Société sécuanaise de banque, Sofinco La Hénin, Union de Banques à Paris.

[113] Article de Laure Quennouëlle-Corre op. c.

La réalité est encore plus grave : le système des avances de la Banque de France au Trésor, désormais limité par la loi du 3 janvier 1973 et la Convention de décembre 1973 **ne joue déjà plus**. En effet, Jean-Yves Haberer, directeur du Trésor, milite activement pour un relèvement des fameux plafonds fixés par la Convention (à 20 milliards de francs) mais il va se heurter au gouverneur de la Banque de France, Renaud de La Genière[114].

Regardez bien : la suppression progressive des droits de douane par le Marché Commun (future Europe, donc, principe de la libre circulation des marchandises) a supprimé l'entrée régulière de milliards de francs dans les caisses de l'État. Rappelons que pour relancer l'économie par la consommation des ménages (injection de la monnaie dans l'économie), il importe de disposer d'un marché intérieur « fermé », ou en partie, pour que cet argent ne parte pas à l'étranger... Tous les jardiniers savent que l'arrosage d'une plante nécessite un pot ; mais si le pot est cassé, l'eau sort du pot et se perd. Aucun jardinier, même du dimanche, n'arrose un terrain en pente.

Pourtant c'est exactement ce que firent les hommes de Mitterrand, et continuent encore aujourd'hui les conseillers de François Hollande. Au nom de la sacro-sainte Europe, ils n'avaient pas voulu rétablir les droits de douane, ce qui avait par exemple permis la déferlante des produits étrangers. Cette perte d'argent contraignit le pouvoir socialiste à réaliser trois dévaluations successives du franc (! ! !) Ce seront des pertes nettes pour l'économie du pays. La loi du 3 janvier et ses annexes limitent les avances de la Banque de France à l'État à 20 milliards. Ce montant sera ponctionné juste pour compenser les pertes dues aux dévaluations[115].

Dès juillet 1981, le plafond des avances a été réduit dans la réalité à 8 milliards... puis à... 3 milliards en janvier 1982, avant de tomber à 0 entre juillet et août 1983 ! ! ! La Banque de France est asséchée durablement, les avances seront maigrichonnes jusqu'à 1992. C'est le début de la mise à mort de la France par étouffement de son Trésor.

---

[114] De son nom complet : Renaud de La Genière de La Ramée de Sèpres.

[115] Par le biais du Fonds de Stabilisation des Changes, rattaché à la Banque de France et inclus dans les avances.

Si le président Mitterrand avait souhaité « *tenir l'Europe à bout de gaffe*[116]» pour ne pas mettre « *des bâtons dans les roues du Programme Commun* », l'Europe s'invita d'office dans sa politique. À ce moment, on peut dire qu'il y eut deux choix possibles pour le président :

– il écoutait ceux que l'on appelait ses « *visiteurs du soir* » et l'aile gauche de son parti qui lui demandaient le retour des droits de douane et autres moyens de régulation de l'État...

– il écoutait Jacques Delors qui lui disait, on résume, « *C'est soit l'Europe, soit la France* »...

Le plus extraordinaire est qu'il ne choisit jamais. Mitterrand laissa la nouvelle génération de hauts fonctionnaires choisir pour lui.

~ Tovy Grjebine, un visionnaire...

Le prolongement de la pseudo-crise du pétrole avait entraîné une réaction de parlementaires de droite[117] conseillés par l'économiste Tovy Grjebine. Les députés déposeront un projet de loi le 22 juillet 1981 pour annuler une partie de la loi du 3 janvier et surtout sa convention de décembre 1973, c'est-à-dire « *revenir à une politique d'avances au Trésor par la Banque Centrale* ». Même si cette proposition ne fut jamais votée, son idée vaut la peine d'être examinée. Il avait écrit :

« *Le remplacement de la monnaie actuelle dû à l'endettement des agents économiques par une monnaie à contrepartie d'État, provoque un désendettement de ceux-ci sans pour autant augmenter la quantité de monnaie, d'où l'effet de reprise sans inflation*[118]».

La monnaie créée à cette occasion ne serait « ***pas une charge –***

[116] Gabriel Robin, entretien avec l'auteur.

[117] Par Vincent Ansquer, Pierre Bas, Jean Bégault, Pierre de Bénouville, Marcel Bigeard, Emile Bizet, Jean-Louis Branger, Jean Briane, Jean Brocard, Albert Brochard, Jean-Charles Cavaillé, Serge Charles, Gérard Chasseguet, Michel Cointat, Maurice Cornette, Pierre-Bernard Cousté, Jean-Marie Daillet, André Durr, Roger Fossé, Jacques Fouchier, Edouard Frédéric-Dupont, Henri de Gastines, Antoine Gissinger, Jean-Louis Goasduff, Daniel Goulet, Charles Haby, François d'Harcourt, Xavier Hunault, Pierre-Charles Krieg, Marc Lauriol, Gilbert Mathieu, Pierre Mauger, Jacques Médecin, Pierre Messmer, Charles Miossec, Michel Noir, Lucien Richard, Jean Seitlinger, Maurice Sergheraert, Robert-André Vivien, Pierre Weisenhorn, Claude Wolff et Adrien Zeller, députés.

une dette de l'État devant l'État n'est pas une dette » car « ***les intérêts que paie l'État à la Banque Centrale lui sont retournés par celle-ci*** ». Ce texte souligne bien que l'inflation n'a pas pour cause :

> « *Un excès de demande par rapport à l'offre* » car « *les capacités de production ne sont pas pleinement employées. Ce n'est donc pas une inflation due à un excès de monnaie, à un excès de demande* ».
>
> Ce n'est pas non plus une « *inflation de coût due à des demandes excessives des salariés ; ceux-ci sont raisonnables et cherchent tout au plus à maintenir leur train de vie* ».

En 1981, visionnaire, Grjebine souligne que l'endettement auprès des banques est la source principale de l'inflation :

> « *La cause de l'inflation doit être recherchée dans la récession ou plus précisément dans la situation que nous avons créée pour lutter contre la récession :* ***nos gouvernements successifs ont cru qu'il était plus sage d'augmenter la masse monétaire à partir du crédit, de l'endettement, que de l'augmenter en contrepartie de créances sur l'État ou de créances internationales*** ».

Autrement dit « *au lieu de relancer l'économie par de la monnaie de l'Etat qui n'est pas de la dette, vous avez fait appel à l'endettement, donc aux intérêts ; vous avez augmenté la quantité de monnaie et donc vous facilitez une mauvaise inflation qui n'est plus une inflation de travail mais bien une inflation de banque ou une inflation de crédit* ». Ce projet de loi a pour but de « ***réconcilier la population avec l'idée que la monnaie doit avoir une origine nationale*** ». Ce projet de loi était même plus audacieux que le système des avances faites à l'État car il proposait de reprendre la totalité de l'émission de monnaie[119]. Comme on l'a vu, ce projet ne fut jamais voté.

[118] Voir les détails sur monnaie.wikispaces.com/Proposition+de+loi+157 repris du JO archives.assemblee-nationale.fr/7/cri/1980-1981-extraordinaire1/003.pdf.

[119] Article 1. Le budget de l'État est présenté en trois parties : 1) Un budget fiscal de recettes et dépenses courantes. Ce budget est obligatoirement équilibré. Des charges d'investissement peuvent figurer dans les dépenses courantes. 2) Un budget bancaire de prêts de l'État à des agents économiques privilégiés. Ce budget ne peut être financé que par les ressources du Trésor. Ce budget est affecté à des investissements. 3) Un budget de croissance financé par une création monétaire proportionnelle à la croissance du PNB. Ce budget est affecté à des actions d'intérêt général ou participe au financement du premier budget qui comporte dans ce cas une réduction du prélèvement fiscal.

Ce fut la dernière fois, jusqu'à une époque récente, que des politiques s'empareront de la question du droit, ou non, de l'État de se financer sans passer par les banques ou les marchés financiers.

~ Comment Jacques Delors a orchestré « *La Rigueur* »

En 1983, bloqué par l'impossibilité de trouver de l'argent pour financer le Programme Commun, le Parti Socialiste se retourne contre son électorat. Du jour au lendemain, ils vont abandonner la France « rose » au profit de la « *modernité* » définie par Giscard d'Estaing comme étant « *européenne, centriste et mondialiste* »[120].

D'un seul coup, et après beaucoup de promesses et de « mesurettes », le gouvernement jette sur les Français un violent programme d'austérité et de rigueurs sous l'impulsion de Jacques Delors (épaulé par son directeur de cabinet Philippe Lagayette[121]). Les deux hommes immobilisent aussitôt François Mitterrand (dont l'intérêt pour les questions économiques est de toute manière limité) avec l'appui de Robert Lion et Jean Peyrelevade, tous deux conseillers influents à Matignon auprès de Laurent Fabius[122]. Jacques Delors s'en vantera même :

> « *Dès le début 1982, François Mitterrand (qui n'aimait pas la rigueur) avait affaire à une alliance de fer, forgée entre le Premier Ministre (et moi), même si on ne le disait pas...*

Article 2. Pour financer le budget de croissance dans les limites fixées annuellement par la loi de finances, le Gouvernement est autorisé à émettre des bons du Trésor spéciaux. Ces bons sont vendus à la Banque de France par le Trésor. Ces bons ne rapportent pas d'intérêt et n'ont pas d'échéance.

Article 3. Le rapport entre les contreparties nationales ou internationales de la monnaie et les contreparties dues à l'endettement est fixé annuellement par la loi de finances. Ce rapport comporte une marge.

120 Vœux 1 janvier 1976.

121 Philippe Lagayette : directeur de cabinet de Jacques Delors au ministère des finances (1981-1984), second sous-gouverneur de la Banque de France (1984-1990), premier sous-gouverneur (1990-1992), Directeur Général de la CDC (1992-1997), Vice-Président de la banque Barclays Capital, Vice-Président de JP Morgan Europe Moyen-Orient Afrique, FIMALAC, membre du Cercle des Economistes et de la French-American Foundation. Sources : fr.wikipedia.org/wiki/Philippe_Lagayette et investing.businessweek.com/research/stocks/private/person.asp.

122 Les amis de l'Institut François Mitterrand, Entretiens avec Jacques Delors, Editions Michel de Maule, 2005, p. 35.

On se réunissait une fois à dîner par semaine... Nous étions convaincus que notre ligne était la bonne, et nos deux cabinets travaillaient en étroite collaboration ».

Le programme de rigueur inspiré par Jacques Delors et poursuivi par Edouard Balladur lors de la cohabitation s'est fondé entre autres sur la privatisation des banques et sur leur concentration. En 1984, naît la « Banque Universelle »[123] qui met fin définitivement à la séparation entre banque de dépôts et banques d'affaires, et permet leur concentration. La privatisation des banques, qui sera amplifiée par le gouvernement Balladur en 1988, va transformer le statut de notre dette. D'une dette publique de l'État à l'intérieur de l'État (et gérée par l'État), elle va mécaniquement passer à une dette vis-à-vis des banques privées qui la géreront comme une partie de leurs actifs avec comme mission « *d'en tirer le plus d'argent possible* ».

Jacques Delors engagea en même temps la politique du « *franc fort* », parce qu'il fallait « *coller aux Allemands* » à n'importe quel prix. Selon l'économiste américain Paul Krugman, cette politique de maintien du franc aussi haut que possible coûtera deux points de chômage à la France[124]. Le recours aux financement de l'État par les banques privées en sera d'autant plus encouragé[125]. À partir de là, le chômage va s'aggraver. Cette faiblesse de l'économie française va créer un décrochage de la France par rapport à l'Allemagne et conforter la « zone mark ».

Autre élément : le 22 septembre 1985 ont été signés à New York les *Accords du Plaza.* En échange de l'aide allemande et japonaise pour faire chuter le dollar (qui s'était apprécié dangereusement entre 1980 et 1985) le Japon et l'Allemagne deviennent les garants de leur zone monétaire. L'Europe est donc rattachée à la « *zone mark* » et l'Asie économique est rattachée à la « *zone yen* ». Les politiques français et italiens ont signé ce traité et, de fait, accepté la subordination de leurs pays !

---

[123] Cette loi annule la séparation des banques d'affaires et de dépôts décidé par les autorités de la Libération via l'ordonnance du 2 décembre 1945.

[124] Paul Krugman cité par Claude Rochet in *Gouverner par le bien commun*, FXG 2001.

[125] Daniel Lebègue directeur du Trésor : « *un usage plus large de l'instrument des taux d'intérêt, de l'open market par la Banque Centrale* » dans un entretien au journal *Les Echos* 4 novembre 1985.

Ces accords seront complétés par ceux de Nyborg, signés le 13 septembre 1987 en Norvège, qui donneront à la Banque Centrale allemande l'initiative de la politique monétaire en Europe. Ignorée pendant des années, l'Allemagne s'est servie de la bienveillance de la France pour revenir sur la scène internationale avec la bénédiction des États-Unis[126]. C'est un « **Munich** » **financier**[127]. Un de plus.

Pour revenir au gouvernement de gauche, celui-ci prend une décision incroyable, celle de supprimer l'échelle des salaires en 1984 par la loi Delors du 24 janvier. La rupture est complète : **c'est le travailleur qui payera l'inflation.** En 1984, Pierre Bérégovoy est Ministre des Finances, et Jean-Charles Naouri[128] tient son cabinet... À eux deux, ils vont faire voter la plus libérale des lois bancaires depuis la guerre. Les trois points principaux sont :

– Ouverture agrandie des frontières.

– Autorisation de vendre les produits dérivés en France.

– Possibilité pour l'État, et le privé, d'emprunter directement sur les marchés financiers sans passer par les banques. C'est la fameuse désintermédiation[129].

---

[126] Otto von Lambsdorf, ministre allemand de l'économie disait déjà à Jean-Pierre Chevènement dans les années 1980 que le Serpent Monétaire Européen était un « *système de subvention à l'exportation au bénéfice de l'industrie allemande* », p. 34.

[127] L'annexion des Sudetes par le Reich avec la bénédiction du reste de l'Europe qui voulait éviter la guerre via les accords de Munich. Churchill avait dit à ce propos : « *vous avez préféré le déshonneur à la guerre, vous aurez la guerre et le déshonneur* ».

[128] Jean-Charles Naouri appartient à cette génération de jeunes inspecteurs des finances « *qu'on avait envoyé en Amérique ou ailleurs pour apprendre l'économie politique moderne* » (entretien avec Claude-Pierre Brossolette). Normal Sup, ENA, Harvard, puis membre du conseil consultatif de la Banque de France (janvier 1995). Il appartient aussi aux conseils d'administration de Casino, Banque Rothschild, Groupe Marc Ladreit de Lacharrière-FIMALAC, AGF, CCF-HSBC France, Caisses d'Epargne, Caisse des dépôts et consignations, Caisse Nationale des Caisses d'Epargnes, Dexia, Natixis. Source : investing.businessweek.com/research/stocks/people/person.asp.

[129] A cette époque naît le mythe de la « *Fin des banques* » car on pourra agir sur les marchés sans passer par elles. En réalité, la désintermédiation a concentré les banques, mais en a fait les guides des marchés.

Comme la loi du 3 janvier, elle « enveloppe » et se présente sous une fausse barbe : elle a pour vocation « *de redonner à la Bourse de Paris sa puissance d'avant 1914*[130]». D'un trait de plume, la France se met en position de « cliente » ou de « demandeuse » sur les marchés financiers. Techniquement, elle passe d'une économie dite de « *l'endettement* » (via les banques) à une « *économie des marchés financiers* »[131] encore appelée *économie de la dette*.

Pour attirer et séduire les investisseurs pour qu'ils achètent la dette de la France, l'État est obligé de « plaire » et de mettre en place de nouveaux produits[132], exactement comme un fabriquant de téléphones avec divers couleurs et cadrans. La France, ainsi que d'autres pays, se rapproche encore un peu plus du modèle anglo-saxon, imité 10 ans plus tôt avec la loi du 3 janvier 1973.

Pierre Bérégovoy et Jacques Chirac finissent par achever ce que le travail de la loi du 3 janvier avait commencé, en effaçant les instruments restants du Circuit du Trésor : l'encadrement du crédit bancaire est supprimé en 1985 et la sélectivité du crédit en 1986 ! Le professeur Henri Bourguinat constate :

> « ***C'est quand même un gouvernement socialiste qui a mené une politique ultralibérale en matière financière dont nous vérifions les effets aujourd'hui*** »[133]

Le recours au financement sur les places privées est d'autant plus encouragé que les droits de douane continuent à baisser sous la

130 À partir de 1986 Jacques Chirac (Premier Ministre) et Edouard Balladur (Ministre des Finances) continueront cette logique en s'appuyant sur 3 pôles : BNP-UAP-Suez, Crédit Lyonnais-GAN-Compagnie de navigation mixte, Société Générale-AGF-Paribas.

131 Pour comprendre les différences entre les deux régimes, ce qui sort du cadre de cet ouvrage on se reportera à l'article de Dominique Lacoue-Labarthe : « *Régulation et supervision des banques et du crédit depuis les années 1980, présenté à Bercy le 10 décembre 2008* ».

132 C'est l'apparition des Obligations Renouvelables du Trésor (ORT) en juin 1983 et des Obligations Assimilables du Trésor en 1985. On facilitera leur accès au marché primaire dès qu'elle est émise, et secondaire, le marché ou les titulaires peuvent se revendre leurs bons du Trésor entre eux. Le second marché a été crée en 1983 et le Marché à Terme International de France (MATIF) en 1986 .

133 Entretien avec l'auteur. Le professeur Henri Bourguinat est spécialiste de la finance internationale.

pression des accords du GATT[134]. La France, dont les caisses sont vidées par les indemnités du chômage de masse (lié au libre échange qui nous a été imposé) doit continuer à assurer le quotidien, quitte à s'endetter avec des montants qu'elle a choisis de ne pas maîtriser parce qu'elle est dans la logique de la dette. Elle **maintient à crédit le niveau de vie** de plus en plus de Français qui n'ont plus de travail ou qui n'en ont jamais eu (les jeunes).

Le constat est amer. Le choix, inconséquent, de ne toucher en rien au processus de dépeçage des moyens monétaires et économiques de l'État (au nom de la convergence vers l'Europe ?) n'a pas permis d'agir ni d'exécuter le programme socialiste. François Mitterrand a présidé avec des gouvernements libéraux dans les faits et va donc réorienter son image politique vers les débats sociétaux[135] (lutte pour les droits des minorités) et se donner une image de « grand européen » grâce à l'aide de Jacques Delors.

~ Delors et la consécration de l'Europe financière...

Devenu président de la Commission Européenne avec le soutien des Allemands (Helmut Kohl) et des Anglais (Margaret Thatcher)[136], Jacques Delors entame alors la dernière étape de la réalisation de l'Union Économique et Monétaire : la monnaie unique, aboutissement de la loi du 3 janvier.

Les États européens devront perdre totalement la maîtrise de l'émission et de l'utilisation de leur propre monnaie. On achève le patient. Ce sera d'abord l'**Acte Unique de 1986** dont Delors dira qu'il est son « *traité préféré* »[137]. Pour faciliter les mouvements de capitaux en vue de l'Euro, et renforcer le rôle des marchés, en compagnie de son directeur de cabinet **Pascal Lamy**, il fera adopter la directive

[134] Qui donneront naissance à l'Organisation Mondiale du Commerce. Les taux de droits de douane qui étaient d'environ 50% au sortir de la guerre tombèrent à 20% dans les années 1970 et sont aujourd'hui inférieures à 10%. Source : François Ruffin, Leur grande trouille, Ed. LLL 2011.

[135] On se reportera à une littérature abondante sur l'utilisation de débat de société pour ne plus avoir à traiter de problèmes économiques. Voir les œuvres de Paul Yonnet, Eric Zemmour.

[136] Thatcher admirait la manière dont Jacques Delors (à la base syndicaliste à la Banque de France) avait persuadé les syndicats de participer à la construction européenne ! ! !

[137] Jacques Delors, *Mémoires*, p 202.

88/361/EEC prévoyant la « ***complète libéralisation des capitaux entre les États de l'Union et avec les pays tiers*** », la plus grande loi de libéralisation financière de l'histoire de l'Humanité. Rien ni personne n'avait libéré autant la puissance de l'argent à l'échelle d'un continent. Jacques Delors n'en sera pas peu fier ; 15 ans plus tard, il a déclaré :

> « *Je proposai, en 1986, un projet de loi européenne sur la libéralisation des mouvements de capitaux...*
>
> *Cette mesure a donné un très grand tonus, une très grande crédibilité au projet d'ensemble. C'était un très gros morceau ...*
>
> *En réfléchissant à ce qui allait arriver après le système monétaire européen (c'est-à-dire la monnaie unique), il fallait bien qu'il y ait ce pilier essentiel du marché sans frontières*[138] »

C'est un aveu. Ce texte (qui fut la base de plus de 300 textes d'application ! ! !), élargissait encore plus l'emprise des marchés sur tout, et entre autres sur la dette des États.

En janvier 1988, le chancelier allemand Helmut Kohl proposa alors à Jacques Delors de créer un groupe de travail sur l'Union Monétaire avec seulement les gouverneurs des Banques Centrales (et sans les directeurs du Trésor) pour imposer ses vues (qui sont aussi celles des Allemands). De là sortira le fameux « *Rapport Delors* ». Plus drôle, ce rapport reprend en très grande partie les propositions du *Comité pour l'Union monétaire de l'Europe* présidé par... Valéry Giscard d'Estaing[139]. Celui-ci avait publié juste avant, toujours en 1988, le « *Programme pour l'action* ».

C'est durant ce comité que **Renaud de La Genière**[140] (celui qui avait empêché Jean-Louis Haberer de relever le plafond de 20 milliards) expliquera à Giscard d'Estaing que l'Unité de Compte européenne, la « monnaie commune », ne vas pas assez loin et pas assez vite, et qu'il faut aller vers un euro « monnaie unique » qui annulera

---

[138] Jacques Delors, *Mémoires*, Plon 2004, p. 202

[139] Créé par Valéry Giscard d'Estaing avec Helmut Schmidt en 1986.

[140] Après avoir été second sous-gouverneur de la Banque de France, puis premier sous-gouverneur (1974-1979), puis gouverneur (1979-1984). Il occupera ensuite des places prestigieuses à la Compagnie Financière de Suez, Société Générale de Belgique.

toute possibilité de maîtrise étatique de la monnaie[141]. Les conclusions du rapport ont été saluées par *l'Association pour l'Union Monétaire de l'Europe*, fondée en 1987 par un groupe industriels et de financiers soutenant le projet de monnaie unique[142].

Mais qui se trouve dans cette obscure association ? Étonnamment, on y retrouve le Belge Etienne Davignon, son fondateur et président de la Société Générale de Belgique, membre de la *Fondation Paul Henri Spaak*[143], membre de la *Commission Trilatérale*, membre du *Centre for European Policy Studies*, grand ponte du *Groupe de Bilderberg* et membre de l'association *Friends of Europe*[144].

Accrochez-vous : cette association est aussi le bras armé de *La Table Ronde des Industriels Européens* (European Round Table, ERT), un puissant groupe de pression, créé bien avant en 1983 et toujours par Étienne Davignon. Son rôle : influencer la *Commission Européenne*, le Conseil des Ministres européens et le Parlement Européen. Officiellement, cette Table Ronde avait pour objectif de « *stimuler la compétitivité mondiale de l'industrie européenne* ».

Autour de la table : près de 400 grandes entreprises ! Dans l'organigramme, on y retrouve d'ancien haut fonctionnaires comme par exemple François-Xavier Ortoli[145], ex-collaborateur de Georges Pompidou, ou encore une vieille connaissance, Philippe Lagayette, président de la banque... JP Morgan pour l'Europe et le Moyen Orient.

---

141 Source : *Réseaux économiques et construction européenne,* p. 484, Université Catholique de Louvain.

142 1) web.archive.org/web/20020203235943/amue.lf.net/aboutus/members/board.html
2) fr.wikipedia.org/wiki/%C3%89tienne_Davignon
3) www.archivesnationales.culture.gouv.fr/chan/chan/AP-pdf/109-AS.pdf
4) On peut trouver ces textes sur le site de l'union : http ://europa.eu/

143 Cette fondation est un groupe de pression européiste dans la lignée de l'œuvre de Paul-Henri Spaak, homme de Jean Monnet et fortement lié à des fondations américaines. Source : *L'Argent de l'Influence*, collectif, Autrement, 2011.

144 Collectif et groupe de pression euro-atlantiste, gravitant autour de la figure d'Etienne Davignon et de la Commission Trilatérale.

145 Devenu vice-président du MEDEF international.

Jean-Charles Naouri, directeur de cabinet de Pierre Bérégovoy, fut l'un des artisans de la « Rigueur » imposée sur la France et de la dérégulation financière par Jacques Delors. Naouri deviendra PDG du groupe Casino. AFP.

Pascal Lamy, directeur de cabinet de Jacques Delors à la Commission Européenne, a été celui qui a donné la liberté de circulation sans entraves des capitaux en Europe, la directive 88/361/EEC « Delors-Lamy » proposée en 1986 par Delors en personne et passée en 1988. Il est l'homme clé de la prise du pouvoir par la Finance en Europe dans les années 1980. Interview au World Forum.

Jean Peyrelevade, conseiller de Laurent Fabius à Matignon, il usera de son influence pour faciliter le travail de Jacques Delors et « neutraliser » François Mitterrand. Il est aujourd'hui l'un des avocats les plus acharnés des plans d'austérité. DR.

Philippe Lagayette, directeur de cabinet de Jacques Delors, Ministre de l'Economie, préparera les grandes lois de dérégulations bancaires... Il est devenu vice-président de la JP Morgan Europe, Afrique et Moyen-Orient. DR

Etienne Davignon, banquier belge (Société Générale de Belgique), dirigeait certains des loobys (liés aux États-Unis) qui poussèrent à la création de l'euro. Il est l'un des grands patrons du Groupe Bilderberg et de la Commission Trilatérale... DR.

Renaud de la Genière de La Ramée de Sèpres fut le haut fonctionnaire (énarque) qui conseilla à Valéry Giscard d'Estaing de créer l'euro comme monnaie unique. Gouverneur de la Banque de France (1979 à 1984). Il est le « vrai père » de l'euro tel qu'on le connaît aujourd'hui. Il s'est opposé à la remise en cause de la Loi du 3 Janvier et a incarné à la fois la nouvelle doctrine anti-inflation et la marche vers l'indépendance de la Banque de France. AFP

Que du beau monde très intéressé par le fait que les nations puissent perdre leur souveraineté monétaire. Pourquoi ? Pour ces industriels et financiers, la monnaie unique étend leurs marchés, neutralise l'impact des fluctuations des monnaies européennes et facilite les commercialisations globales[146].

La BCE est donc née le 17 avril 1989 à la remise du rapport par Jacques Delors. Toutefois les Allemands ont rappelé que Delors n'y était pas pour grand chose... témoin ces propos du ministre Karl-Otto Pöhl :

« *La substance du rapport vient des gouverneurs, non de Jacques Delors.*

Sa contribution a été modeste.

Et pourtant, c'est nous qui avons fait sa réputation ! »[147].

---

[146] Cf Jean-Jacques Rosa, L'euro comment s'en débarrasser, Grasset, 2011.

[147] *La faute de M. Monnet* de Jean-Pierre Chevénement, Fayard, 2006.

~ 12 ~
La solution (bancaire) finale :
« *On achève bien les Français* »

Les batailles perdues se résument
en deux mots : « trop tard ».

Douglas MacArthur

~ La loi du 3 janvier gravée dans le marbre de Maastricht

En 1989 le vote de la fin du contrôle des changes est le dernier acte du désarmement des États[148]. La loi du 3 janvier sera gravée dans le marbre avec les Accords de Maastricht aux articles 104 et 105-1 :

> « *L'objectif principal du Système Européen des Banques Centrales est de maintenir la stabilité des prix* ».

On retrouve à nouveau le faux-prétexte de l'inflation, qui, rappelons-le, a été créé exclusivement par les Américains avec leur défaut de paiement or de 1971. Le texte du traité est présenté comme une radicalisation (on ne trouve plus de limites, remplacées par une interdiction radicale) de la loi du 3 janvier... et il interdit à la Banque Centrale Européenne :

> « *D'accorder des découverts ou tout autre type de crédit aux institutions ou organes de la Communauté, aux administrations centrales et aux autres organismes ou entreprises des États membres* » (article 104).

[148] Premier ministre Michel Rocard, Ministre des Finances Pierre Bérégovoy.

Ce texte est ensuite repris dans l'article 21 du *Protocole sur les Statuts du Système Européen des Banques Centrales* et, bien sûr, dans les statuts de la Banque Centrale Européenne elle-même :

> « *Il est interdit à la BCE et aux Banques Centrales d'accorder des découverts ou tout autre type de crédit aux institutions publiques* ».

Mais qui a rédigé cette partie précise du traité qui entrera en vigueur le 1er novembre 1993 ? Des personnages bien connus comme par exemple Jean-Claude Trichet (à l'époque gouverneur de la Banque de France), Philippe Lagayette (encore lui) ainsi que Xavier Musca (qui deviendra le conseiller particulier du président Nicolas Sarkozy aux Affaires Européennes).

L'élite politique française veut « normaliser » la France. Un jeune représentant socialiste, parlant au nom de son parti, et qui défendait le « oui » lors du référendum sur Maastricht, nous résume l'opinion ambiante avec son discours du 6 mai 1992 devant les députés :

> « *C'est parce que nous avons accepté la mondialisation que nous sommes aujourd'hui soumis à des contraintes, monétaires, budgétaires, financières.*
>
> *Dès lors, le seul débat qui compte, c'est de savoir si nous acceptons les règles du capitalisme international ou si nous ne les acceptons pas.*
>
> ***Si nous entrons dans le jeu de la mondialisation, alors les contraintes financières, monétaires et, subsidiairement, européennes s'imposent*** »

Ces propos sortaient de la bouche du jeune François Hollande. À le lire, on a même du mal à croire qu'il s'agit d'un député... socialiste ! Tout a été dit et parfaitement résumé déjà à l'époque.

~ Le 3 janvier a été adapté pour du « sur mesure »

Une fois déguisée en article du traité Maastricht, la loi du 3 janvier 1973 dans sa forme européenne, applicable à tous les pays, va être retranscrite en droit français. C'est ainsi que le 3 janvier 1973 se métamorphose par un coup de baguette magique (juridico-bancaire) en 4 août 1993 ! Si la nuit du 4 août 1789 a provoqué l'abolition des privilèges des aristocrates, le jour du 4 août 1993 allait rétablir les privilèges à toute une caste de banquiers, financiers et traders. Comme la loi du 3 janvier, elle est :

> « *Relative au statut de la Banque de France et à l'activité et au contrôle des établissements de crédit* ».

Dans son article 3, elle reprend non seulement la loi du 3 Janvier 1973 et l'interdiction aux Banques Centrales de prêter de l'argent sous quelque forme que ce soit à l'État, mais surtout, la loi du 4 août 1993 guillotine définitivement la Banque de France, devenant immédiatement une simple filiale régionale de la Banque Centrale Européenne et ne pouvant rendre compte à l'Elysée.

L'Union Européenne et la BCE ont dissous l'État français exactement comme les mafiosis jettent un cadavre dans l'acide pour le dissoudre.

Et c'est Edouard Balladur, alors Premier Ministre, qui a fait voter la loi à l'Assemblée et au Sénat avec l'accord de François Mitterrand ! ! !

Le Ministre des Finances est Edmond Alphandéry (ancien professeur à Assas, directeur du think-tank *Friends of Europe*, membre de la Trilatérale et éminent membre du comité consultatif européen de... la banque Lehman Brothers ! ! !), épaulé dans sa tâche par... **Nicolas Sarkozy**, Ministre du Budget.

Le rapporteur à l'Assemblée a été le député balladurien Pierre Auberger, et le rapporteur au Sénat fut le centriste Jean Arthuis[149]. Juste avant le vote, les échanges entre Jean-Pierre Chevènement, député, et Edmond Alphandéry sont édifiants. Le Ministre des Finances dispose de la parole :

---

[149] Ancien proche de François Bayrou, réputé pour ses opinions libérales et fédéralistes. Il fut Ministre des Finances de 1995-1997 sous le gouvernement d'Alain Juppé.

Edmond Alphandéry :

« *La stabilité d'abord : toutes les études le confirment, sur une longue période, plus un pays dispose d'un institut d'émission assurant de façon indépendante la gestion de sa politique monétaire, plus il obtient de bons résultats en matière de stabilité des prix. Toute la presse en fait état, un graphique éclairant a été récemment publié* ***à l'initiative de la BNP*** ». (sic)

Jean-Pierre Chevènement :

« *Vous citez la BNP ! ! !*

Mais ce n'est pas une autorité à laquelle vous devriez vous soumettre – Elle est en principe sous votre tutelle...[150] *(...)*

Mais est-ce là le mandat que, nous députés, avons reçu du peuple : nous permettre de nous défausser demain mieux encore qu'aujourd'hui ? ».

~ Les précisions de Jean Arthuis

John Maynard Keynes eut fondamentalement raison quand il constata que les hommes politiques étaient souvent habités par les idées d'économistes ou de philosophes défunts[151]. Jean Arthuis appartient incontestablement à cette catégorie. Pas une pensée, pas un sentiment, une idée qui ne viennent réellement de lui. Il avait travaillé sur les volets financiers des Traité de Maastricht et celui de Lisbonne. Les articles reprenant la loi du 3 janvier 1973, ils les connaît bien.

La rencontre eut lieu lors d'une conférence de la campagne présidentielle de 2012 alors qu'il roulait pour le parti centriste de François Bayrou. Lors de son intervention, au lieu de parler d'industrie, il s'était lancé dans un plaidoyer pour... les plans d'austérité ! Par une simple phrase il justifie à lui seul l'existence de ce livre :

« *L'arme suprême contre l'instabilité monétaire, c'est la Monnaie Unique* ».

[150] Le ministre tentera de se ressaisir en soulignant que l'étude de la BNP reprenait des « *universitaires américains* » sans toutefois pouvoir les nommer aux députés présents. JO du 4 août 1993.

[151] *La Théorie Générale*, Keynes, Payot, 1990.

François Hollande, jeune député, fut l'un des défenseurs à l'Assemblée Nationale du Traité de Maastricht. Ses déclarations de l'époque tranchent avec la figure « d'ennemi de la finance » sur laquelle il se fît élire Président de la République.

DR.

L'ambitieux Jean-Claude Trichet pèsera de tout son poids pour graver dans le marbre l'indépendance de la Banque Centrale Européenne dont il a voulu être le premier gouverneur. À cause de l'affaire du Crédit Lyonnais, cela lui échappa.

DR.

Jean Arthuis, expert-comptable de formation, fut le rapporteur du Traité de Lisbonne au Sénat. Sa politique favorite est celle des « dévaluations salariales »...

DR.

Trahissant le gaullisme de ses débuts (UDR, RPR et l'Appel de Cochin) le Président Jacques Chirac tenta par tous les moyens d'influencer l'opinion des Français et prit comme un désaveu personnel le NON au référendum du 29 mai 2005.

DR.

Ce jour il a même expliqué, sans s'en rendre compte, pourquoi les banques avaient soutenu l'idée de la monnaie unique avec tant d'enthousiasme :

> « *C'est l'égalité des taux d'intérêts ... permettant à des pays comme la Grèce ou l'Espagne, qui auraient dû emprunter à 10%, de n'emprunter qu'à 3 ou 4%. C'est formidable. (...)*
>
> *Le jour où on a pris un billet pour l'euro, on a pris un aller sans retour vers l'intégration politique. (...)*
>
> *Il ne nous reste plus qu'à faire un grand Ministère des Finances européen, à se "mettre en cohérence"* »[152]

Pour que les banques s'enrichissent et disposent d'un pouvoir accru, elles avaient très vite compris qu'il leur suffisait simplement de pousser chaque pays dans l'Eurozone. Pour Arthuis, il n'existe plus d'alternatives (*There Is No Alternative*), le « TINA », un raisonnement hérité de la très libérale anglaise Margaret Thatcher.

~ Une partie de l'élite découvre le désastre

Le dernier homme qui a tenté de dévier l'impact du naufrage de l'euro, de la dette et de la destruction de l'industrie fut Philippe Séguin. Contre l'avis du président Jacques Chirac, il avait essayé d'entourer Jean-Claude Trichet avec des conseillers « non-conformistes » au *Conseil de la Banque de France* pour que celle-ci reste « *un minimum française* ». Peine perdue.

Parmi ceux qui ont tenté d'empêcher le vol de la Banque de France, on retrouve Jean-Pierre Gérard ex-membre du *Conseil de Politique Monétaire*. Industriel, président du club des *Numéros un mondiaux français à l'exportation*, ce colosse de près de deux mètres reconnaît que l'accident a été vu trop tard :

> « *À ce moment, alors que tout était réglé, on commença à regretter le Circuit du Trésor... bien que le peu de gens qui l'aient connu quittaient déjà la Banque de France. Plus que les avances, c'était "l'Encadrement du Crédit" qui manquait cruellement* ».

---

152 Vidéo disponible sur forumdemocratique.fr

Même à ce niveau de l'État, on ne voit l'importance des choses que lorsqu'on les a perdues.

~ Les derniers clous dans le cercueil : l'Agence France Trésor

La loi du 3 janvier 1973 (devenue 4 août 1993) aura une dernière conséquence, majeure, la création d'une agence spécialisée chargée de vendre sur les trottoirs de Wall Street, de Londres et de Francfort la dette de la France, la mettant en situation quasi prostitutionnelle. « *Depuis quand en effet la Nation doit-elle faire les cent pas pour trouver un client ?* » aurait demandé le général de Gaulle, lui qui avait installé à l'Élysée un compteur d'eau et d'électricité pour payer lui-même sa facture...

Techniquement, cette Agence France-Trésor[153], bien sûr indépendante sur le papier, doit vendre les bons du Trésor tricolores auprès d'une liste de banques sélectionnées au préalable appelées *Spécialistes en Valeur du Trésor* ». Mais qui sont les fonctionnaires et conseillers de cette agence ? Vous n'allez pas le croire, on y retrouve les gens de la Banque Fédérale américaine :

– Jacques de Larosière, conseiller du président de la BNP.

– Peter R. Fisher, ancien Secrétaire d'État au Trésor américain, co-responsable de la gestion de fonds obligataires de la très mystérieuse et ultra-puissante Blackrock américaine.

– Jean Louis Fort, ancien secrétaire général du *Comité Bancaire Européenne* et membre du *groupe de Bâle* [154].

– Francesco Giavazzi, professeur d'économie à l'université Bocconi de Milan, également banquier de la Banco di Napoli.

– Jean Pierre Halbron, ancien directeur général adjoint d'Alcatel et ancien dirigeant de la filiale française de la banque Wasserstein Perella.

– Emmanuel Hau, membre du directoire de la Compagnie Financière Edmond de Rothschild.

– Phillip Hildebrand, vice-président de la direction générale de la Banque Nationale Suisse et artisan du sauvetage de la banque UBS.

---

153 On doit au député Nicolas Dupont-Aignan une analyse des conflits d'intérêt au sein de l'agence, nous renvoyons à son ouvrage l'*Arnaque du siècle*.

154 *L'Arnaque du Siècle*, Nicolas Dupont-Aignan, Ed. Du Rocher, 2011.

– René Karsenti, président exécutif de l'International Capital Market Association.

– Ng Kok Song, directeur général de Gouvernement of Singapore Investment Corp.

– Bertrand de Mazières, directeur général des finances à la Banque Européenne d'Investissement.

La dernière des lois qui parachèvera le système de la mise en esclavage par la dette sera celle du 12 mai 1998[155], rattachant la Banque de France au *Système Européen des Banques Centrales*. La Banque Centrale française était passée du statut de « serviteur du peuple » à celui de « serviteur de Bruxelles et des banques privées ». Ce mouvement général d'indépendance propagé par l'Union Européenne (comme par exemple pour l'Espagne en 1994, l'Italie en 1993, par le FMI pour les pays en développement) et par les pressions américaines avec le cas de la Nouvelle Zélande en 1989 mettra des nations entières en esclavage par la dette.

Entre 1990 et 2012, exactement 34 pays avaient déjà renoncé à leur souveraineté sur leur Banque Centrale. Mieux : ce dispositif a été gravé dans le marbre par l'article 123 du Traité de Lisbonne rédigé par le groupe d'Amato[156] où la France a été représentée par Dominique Strauss-Kahn.

Ainsi se termina la boucle de la perte du contrôle des citoyens français sur leur monnaie. Les Français mettront plusieurs années à comprendre.

---

155 Premier ministre Lionel Jospin, ministre des finances Dominique Strauss-Kahn, défendu à l'Assemblée par Gérard Fuchs, économiste socialiste animateur de l'*Union Européenne des fédéralistes* et au Sénat par le sénateur centriste Alain Lambert.

156 Groupe de rédaction du volet financier du Traité de Lisbonne réuni autour de Guliano Amato, ancien Ministre des Finances italien. On y trouvait l'Allemand Stefan Collignon, le Grec Costas Simitis (co-fondateur du Pasok), le Hollandais Wimkok et le Polonais Danuta Hübner.

Partie IV

La France renversée par sa dette

« Les usuriers pèchent contre nature en voulant faire engendrer de l'argent par l'argent comme un cheval par un cheval ou un mulet par un mulet. De plus, les usuriers sont des voleurs car ils vendent le temps qui ne leur appartient pas, et vendre un bien étranger, malgré son possesseur, c'est du vol. En outre, comme ils ne vendent rien d'autre que l'attente de l'argent, c'est-à-dire le temps, ils vendent les jours et les nuits. Mais le jour, c'est le temps de la clarté, et la nuit, le temps du repos. Par conséquent, ils vendent la lumière et le repos. Il n'est donc pas juste qu'ils aient la lumière et le repos éternel »

Jacques Le Goff

La Bourse et la Vie

Économie et religion au Moyen Âge

Tableau de la composition du « Comité Stratégique » de l'Agence France Trésor en 2010 : appréciez la présence de Peter Fischer, ancien de la Banque Centrale américaine et directeur en activité chez... Blackrock ! Mieux : il n'y a pas de représentant de l'État au conseil de l'AFT ! ! ! En dessous, l'agence, ayant parfois du mal à vendre ses bons du Trésor, passe de la publicité dans des revues et sites spécialisés.

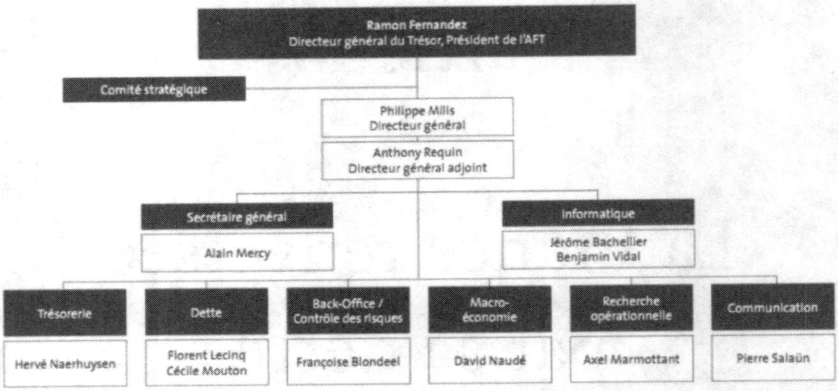

LE COMITÉ STRATÉGIQUE DE L'AGENCE FRANCE TRÉSOR

Le comité stratégique assiste l'AFT dans la gestion de la dette de l'État, la conseille sur les grands axes de sa politique d'émission et l'aide dans la mise en œuvre des principes de gestion de la dette et de ses procédures.

Sa composition est la suivante :

PRÉSIDENT

> M. Jacques de LAROSIÈRE
Ancien gouverneur de la Banque de France et ancien directeur général du FMI.

MEMBRES

> M. Peter FISHER
Ancien vice-président de la banque fédérale de réserve de New York, Managing Director chez Blackrock Asia.

> M. Jean-Louis FORT
Ancien secrétaire général de la Commission bancaire.

> M. Francesco GIAVAZZI
Professeur d'économie à l'université Bocconi (Milan).

> M. Jean-Pierre HALBRON
Ancien Directeur général adjoint d'Alcatel.

> M. Emmanuel HAU
Membre du directoire de la Compagnie Financière Edmond de Rothschild.

> M. René KARSENTI
Président exécutif de l'International Capital Market Association.

> M. Kok Song NG
Directeur général de Government of Singapore Investment Corp.

> M. Bertrand de MAZIERES
Directeur général de la Banque européenne d'investissement (BEI).

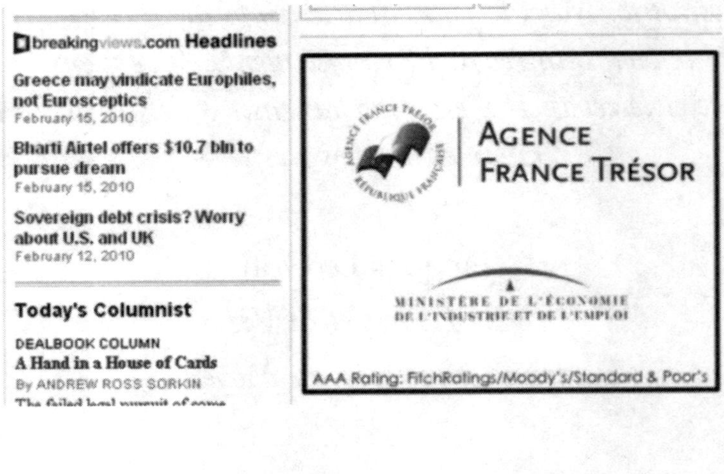

~ 13 ~
La France et sa dette

« On ne meurt pas de dettes,
on meurt de ne plus pouvoir en faire »

Louis-Ferdinand Céline
Mort à Crédit

En nous expropriant de notre Banque Centrale, le processus de 1973 a aussi influé sur notre dette. Comprenez que nous avons mis des siècles à la maîtriser, au sens où, grâce à la Banque de France, nous avons pu progressivement donner au peuple accès à sa propre dette. Autrement dit : rémunérer tous les Français qui prêtent à l'État en achetant un ou des milliers de bons du Trésor. Les intérêts reversés aux Français ont constitué les bas de laine pour les classes moyennes. Et justement, ce privilège (qui n'en est pas un) a été retiré aux Français qui ont désormais interdiction d'acheter leur dette auprès de l'État. C'est la conséquence la plus vicieuse, savamment calculée et appliquée, de la loi du 3 janvier et de ses descendants...

Il existe deux moyens pour gérer une dette : 1) soit c'est l'État qui la gère ; 2) soit c'est le marché financier et les puissances privées qui la gèrent. Bien sûr, la réalité se situe entre les deux. Plus une société est démocratique, plus elle dispose de sa dette comme elle dispose d'elle-même (principe de la démocratie de base). Sous la monarchie par exemple, la Banque Centrale au sens où nous l'avons vu n'existait pas. Mais le roi pouvait décider, face aux créanciers du Royaume, de revenir sur sa dette en émettant de la monnaie, à condition que ses réserves d'or ou d'argent le lui permettent, ou bien de les mettre à mort (exemple : Philippe Le Bel massacrant les Templiers pour des fausses raisons religieuses).

La Révolution Française est, en partie, aussi une révolution bourgeoise : pour les bourgeois, la dette de l'État est une rente ; et quand le roi revenait dessus, cela revenait à leur faire les poches. La Révolution sacralisera donc la « foi publique » c'est-à-dire la promesse de l'État envers ses créanciers, décret du 13 juillet 1789 :

> « *L'assemblée, interprète de la nation... déclare que la dette publique ayant été mise sous garde de l'honneur et de la loyauté française...* ***nul pouvoir n'a le droit de prononcer l'infâme mot de banqueroute****, nul pouvoir n'a le droit de manquer à la foi publique sous quelque forme et dénomination que ce puisse être* ».

Cela n'empêchera pas la Révolution de faire une banqueroute des deux-tiers de sa dette en 1797. Toutefois il restera dans l'esprit des politiques français que la dette doit être payée « coûte que coûte ». La classe bourgeoise gardera longtemps l'avantage de ne pas payer d'impôt sur la dette de l'État (un droit accordé en 1795) ce qui constituera une grande partie des grandes fortunes du XIXe siècle.

~ La dette publique, c'est du « rentable »

Avant la naissance des avances au Trésor, tout au long du XIXe siècle, l'État préférait recourir à l'endettement (par le déficit) auprès des seuls riches, afin que sa dette la nourrisse ; c'était un peu la Caisse des Allocations Familiales des riches. C'est précisément ce lien, entre classes riches et l'État qui va se délier progressivement jusqu'à la loi de 1973.

Rappel : cela ne veut pas dire que le déficit est toujours quelque chose de négatif. Quand vous souhaitez acheter une maison, vous n'avez pas nécessairement les fonds, donc vous allez payer chaque mois une partie de votre maison, ce qui vous évite de débourser un loyer. Le même principe s'applique à l'État. Il existe donc un « mauvais déficit » (déficit de frais de fonctionnement) et un « bon déficit » (déficit pour investissement pour le futur).

Plus précisément, on distingue une bonne dette d'une mauvaise dette, et mieux : tout dépend de qui la possède ! En clair, le véritable enjeu, au XIXe comme au XXe et XXIe siècles a toujours été de savoir À QUI APPARTIENT LA DETTE de l'État, qui peut l'acheter et quelle classe sociale la prend. C'est une question stratégique, dans laquelle on retrouve des affrontements de classes sociales. Stratégique surtout quand :

1) Vos ennemis (d'autres États) possèdent votre dette ;

2) Votre dette est entre les mains d'une classe sociale rapace et/ou parasitaire qui entend faire pression sur vous pour obtenir des lois, privilèges, etc. en sa faveur.

~ L'État reprend le contrôle de la dette.

Par petites touches la France va reprendre la main sur la distribution de sa dette en créant des organes spécialisés au début du XXe siècle comme la Caisse Nationale d'Épargne, la Caisse des Dépôts et Consignations et le Crédit National en 1919[157]. Conformément au programme du Conseil National de la Résistance, petit à petit la dette va s'amenuiser, mais rester un placement encouragé pour les Français. On peut parler de « démocratisation de la dette » même s'il y a moins de dette.

Le Peuple français disposait de sa monnaie, de sa dette et de sa politique.

Ce bref rappel historique montre encore une fois que la conquête démocratique de la monnaie a été une lutte certes très lente mais avant tout INVISIBLE. Pour la démocratie, la maîtrise de la monnaie et de la dette est aussi vitale que le droit de vote. Elle en est même l'une des conditions essentielles. Aujourd'hui la situation est repartie exactement dans le sens contraire avec l'euro et surtout le retour des rentiers comme au XIXe siècle.

[157] Comme nous l'avons vu, la technique d'émission des bons du Trésor est surtout maintenue à la fois pour diversifier les approvisionnements financiers de l'État mais aussi pour éviter que les « avances » de la Banque de France n'apparaissent comme « planche à billets ». C'est aussi monétiser la dette mais de manière déguisée. Pour faire face au lobby financier qui se trouve du côté du Crédit Lyonnais à l'époque, l'État se met les banquiers dans la poche dans les années 20 en faisant des bons du Trésor, le plus « tendance » des produits bancaires.

Le graphique ci-dessous, amabilité de André-Jacques Holbecq[158] montre que « *la dette publique a crû de 747 milliards d'euros entre 1995 et 2008. Entre ces dates (1995-2008) l'accumulation des déficits primaires fût seulement de 7,4 milliards (une petite monétisation directe de la Banque de France au bénéfice du Trésor Public d'environ 500 millions d'euros par an, soit 4 jours d'intérêts de la dette publique actuelle), ou bien une infime augmentation des impôts, aurait suffi à équilibrer les budgets. Si on y ajoute 2009 et 2010, l'accumulation des soldes primaires (variation "théorique" de la dette sans intérêts donc), aurait été de 194,2 milliards. Et certains continuent de soutenir que ce ne sont pas les intérêts de la dette qui sont à l'origine de la dette ?* »

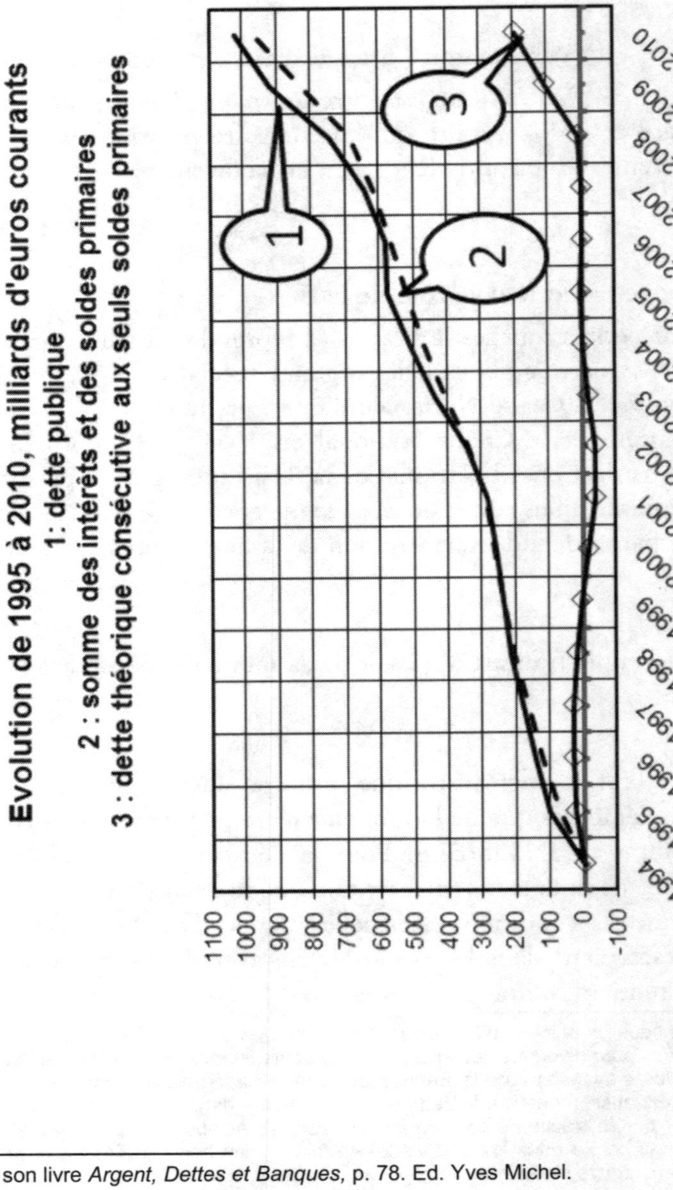

[158] Dans son livre *Argent, Dettes et Banques*, p. 78. Ed. Yves Michel.

~ 14 ~
La dette de la France : combien de morts ?

« Ce qui est important,
ce n'est pas la dette, c'est la chaîne »

Témoignage d'un trader

~ Les graphiques de la mort de la France par dette

La dette doit être vue sur le long terme et pour comprendre, revenir à la fin de la guerre. Le graphique[159] ci-dessous exprime la dette de la France en pourcentage de son PIB, et cela de 1945 à 2000 :

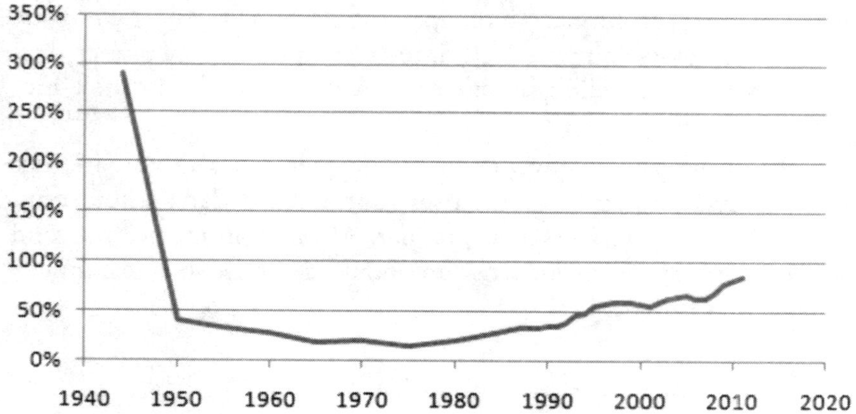

Ce tableau nous montre que depuis 1945, la France vit presque un désendettement continu jusqu'aux environs de 1974 où la dette va augmenter progressivement avant de doubler entre 1980 et 2000. Concrètement, de 1950 à 1965 la France purge ses dettes, même en prenant en compte les coûts des guerres d'Indochine et d'Algérie. Puis

[159] De Philippe Murer.

de 1965 à 1980 elle se stabilise avant de monter par degrés successifs avant d'exploser littéralement entre 1981 et 2000.

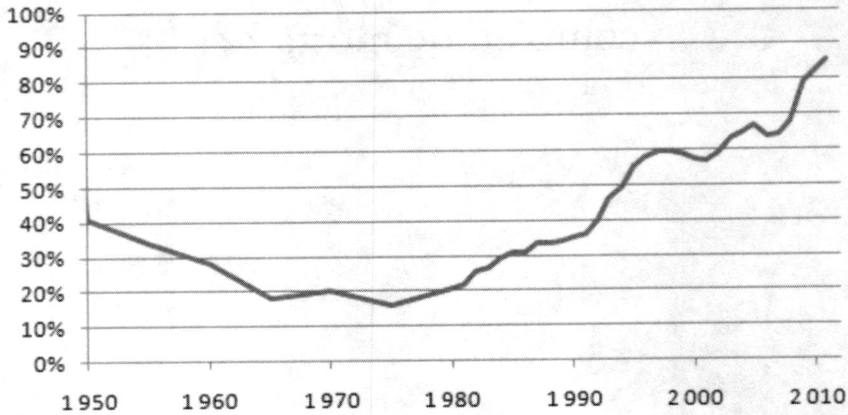

La même courbe[160], mais limitée entre 1970 et 2000, on y voit clairement une hausse ininterrompue. Dans ce cadre, on peut se demander si nous avons dépensé tant que cela.

Nos budgets étaient certes en déficit, mais est-ce la véritable raison de cette évolution ? Non, parce qu'en réalité, il s'agit d'une question d'intérêts composés. Un intérêt composé, c'est l'intérêt d'un intérêt, la vraie clé, celle qui génère une accélération de la spirale menant au surendettement.

Beaucoup de gens ayant souscrit un prêt à la consommation et qui ne pouvaient plus le rembourser contractaient dans la foulée un autre prêt pour rembourser le premier. Mais les intérêts du second prêt se rajoutent, et créent ainsi une boule de neige se transformant au final en avalanche.

~ Des intérêts malhonnêtes...

Si nous avions fait exactement les mêmes politiques depuis 1973, mais sans la loi du 3 janvier, nous n'aurions qu'environ 400 milliards d'euros de dettes. Les courbes ont été établies par André-Jacques Holbecq.

[160] Graphique réalisé par Philippe Murer.

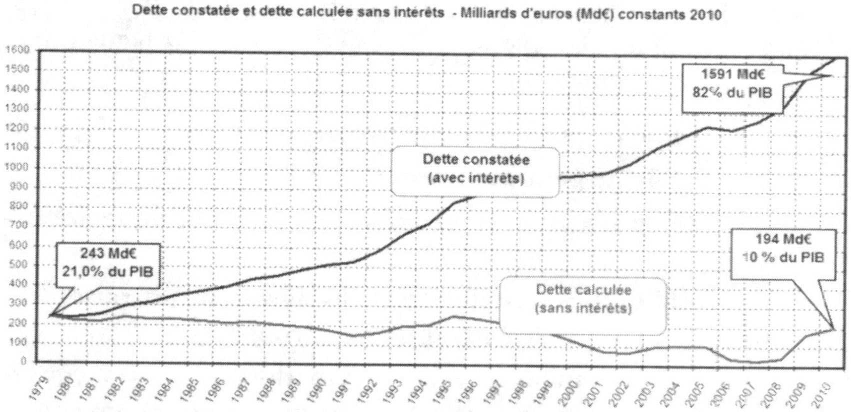

Entre les deux courbes, **1.300 milliards** qui sont de l'intérêt pur, soit l'équivalent de 1.300.000 logements (! ! !) à 100.000 euros ou 13 millions de voitures d'un prix unitaire de 10.000 euros. Techniquement, la France pourrait offrir une voiture à 13 millions de Français avec ce qu'elle paye en intérêts sur sa dette.

Le graphique suivant résume la situation bien mieux qu'un dossier spécial de l'Express sur le chômage[161] :

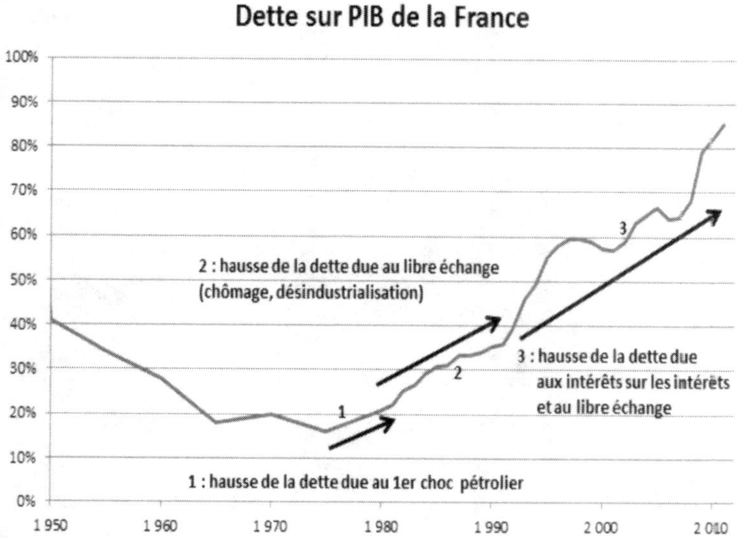

[161] Graphique réalisé par Philippe Murer.

Précisons à nouveau qu'il ne s'agit là que des intérêts. Reprenons les différentes pièces du piège dans lequel est tombé la France :

– Elle ne peut plus émettre de monnaie.

– Elle ne peut plus dévaluer sa monnaie.

– Elle n'a plus le droit de fixer sa politique industrielle.

– Elle doit accepter les délocalisations en raison du libre-échange, liberté garantie par Bruxelles.

– En revanche, c'est elle qui doit payer les conséquences sociales, en particulier les indemnités chômage.

~ 15 ~
Qui tient la France ? Les noms et la nationalité de ses créanciers qui veulent rester discrets

« *La politique de la France*
ne se fait pas à la Corbeille »

Charles de Gaulle

~ Les Français ont été dépossédés de leurs dettes.

La France est désormais enchaînée. Sa seule liberté de mouvement dépend de ceux qui tiennent sa chaîne, c'est-à-dire sa dette. Un pays peut choisir entre 1) s'endetter auprès de sa seule population, et/ou 2) auprès des étrangers. Les deux présentent des contraintes typiques :

Le Japon est certes endetté à plus de 200% de son PIB, mais il l'est auprès de sa population. L'avantage : aucun pays étranger ne peut influer sur sa politique, et encore moins lui dicter des conditions pour acheter sa dette. Inconvénient : pour que la population continue à acheter la dette, le taux de natalité doit être maintenu à au moins 2,1 enfants par femme.

La France est endettée (en 2011) à 65,2% auprès des étrangers qui sont dans leur grande majorité des banques anglo-saxonnes et hollandaises... Les 34,8% restants appartiennent à des banques, à des assureurs et... à des familles très riches françaises.

Une grande partie des films et série télé donnent presque toujours le même scénario décliné à l'infini : un personnage X est endetté (financièrement ou physiquement ou moralement) auprès de Y qui le fait chanter et/ou l'oblige à commettre des actes illégaux. Il en va de même pour les États, sauf que cela se passe dans le secret des négociations. Par exemple, l'économiste Joseph Stieglitz montre comment le FMI (donc les Américains) a **contraint** plusieurs pays (et continue toujours) à privatiser leurs services publics, à vendre leurs usines, etc. La Grèce est bien sûr l'exemple le plus récent, mais le pire eut lieu en Russie où l'action du FMI a entraîné la main mise par les 7 grandes fortunes russes sur... 50% du PIB russe ! ! !

Le vrai scandale est qu'on sait qui achète sur le marché primaire, mais que l'opacité du marché secondaire empêche de savoir qui achète également la dette de la France.

Notre dette vendue aux étrangers leur donne un point d'entrée dans notre politique intérieure, témoin l'affaire du Qatar de septembre 2012 dont l'entrée en France a été organisée, entre autres, par Dominique de Villepin. Mais c'est l'ancien Premier Ministre de Jacques Chirac, Jean-Pierre Raffarin qui va nous l'expliquer (au micro de Jean-Michel Apathie sur RTL). Nous sommes en juillet 2011 juste avant le début de la dernière campagne présidentielle :

> **« Au fond, dans le passé, l'élection présidentielle dépendait d'un seul facteur : l'avis des électeurs.**
>
> **Maintenant, l'élection présidentielle dépend de deux facteurs : l'avis des électeurs, mais aussi l'avis des prêteurs.**
>
> **Nous sommes endettés comme tous les pays endettés.**
>
> **Pour que notre pays marche, il faut que certains lui prêtent de l'argent.**
>
> **Ces "certains", ce sont des fonds de pension, ce sont des retraités, ce sont des acteurs mondiaux, ce sont surtout des acteurs hors de France.**
>
> **Ces acteurs-là, ils ont leur avis sur l'économie française.»**[162]

Cela a au moins le mérite de la clarté. Ce que Raffarin a oublié de dire, c'est justement qu'en soutenant personnellement le passage à

[162] Le 7 juillet 2011, www.marianne2.fr/Raffarin-avoue-tout-en-plus-des-electeurs-il-faut-se duire-les-fonds-de-pension-_a208206.html

l'euro et le « oui » au référendum de 2005, il y a personnellement participé des deux mains.

Voici la courbe officielle de possession de la dette française par des étrangers. On voit clairement qu'à partir de 2001 la dette tricolore a commencé à changer de main avant de passer presque entièrement à l'étranger. De 13% seulement en 1997, cela a même touché les 71,4% en 2010 ! ! !

Détention par les non-résidents des titres de la dette négociable de l'État - France, 1993-2011 (%)

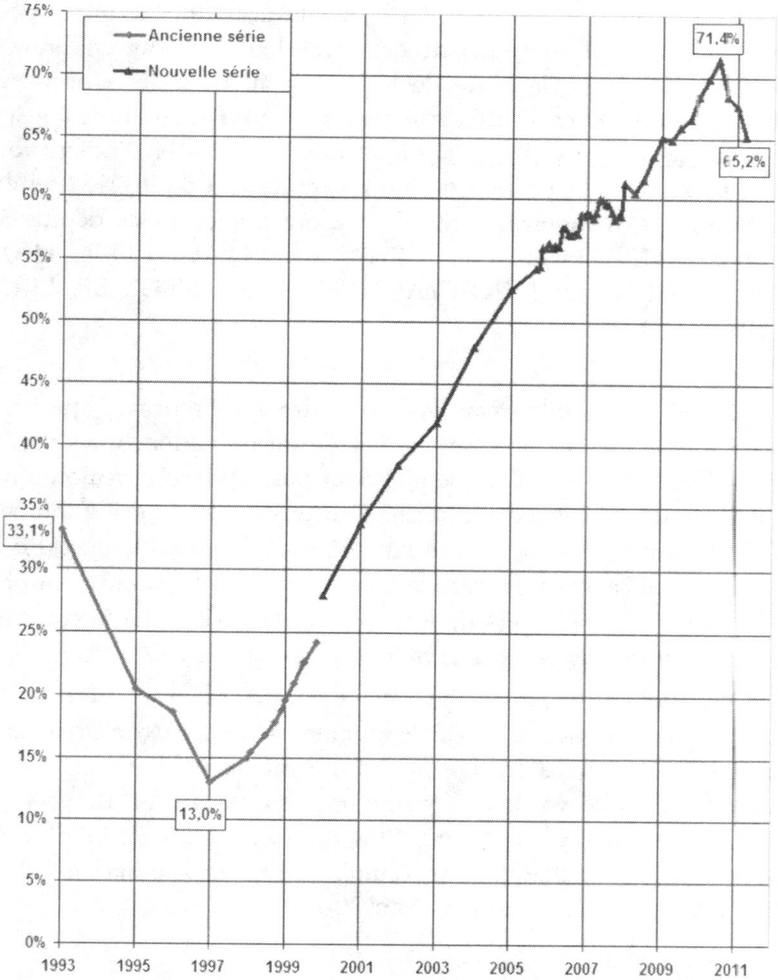

Source: Agence France Trèsor http://www;.aft.gouvf.fr/IMG/xls/dne-3.xls & http://www.aft.gouv.fr/IMG/pdf/AFT_RA2010_BAT_2207.pdf ; Banque de France

La baisse soudaine de 2010 à 2011 s'explique par le fait que les étrangers avaient décidé de revendre la dette française en raison de leurs craintes liées à la crise et à la fragilité de la zone euro.

Dans ce livre, vous avez vu toutes les décisions qui ont mené à l'externalisation de notre dette à des « non-résidents », qui est avant tout un terme soigneusement choisi pour faire croire que notre dette appartient à des personnes « privées » vivant à l'étranger. En réalité il s'agit majoritairement des hedge-funds, des fonds de pension et dans une proportion minuscule des « Français de l'étranger ». Mais là aussi, on trouve une nuance de taille : les riches français qui ne participent pas au pot commun en refusant de payer leurs impôts en France, peuvent EUX acheter la dette de la France au titre des « non-résidents », et s'enrichir en toute sécurité sur un État qu'ils fuient justement pour ne pas payer l'impôt. Mais vous, habitant en France, vous ne pouvez pas acheter un bon du Trésor français, à moins de prendre votre piolet et vos mousquetons. Tout a été mis en place depuis 30 ans pour EMPÊCHER LES FRANÇAIS D'ACHETER LEUR PROPRE DETTE QUI POUVAIT LEUR CONSTITUER LEUR BAS DE LAINE.

Charles de Gaulle avait voulu rendre les Français copropriétaires de leur économie avec son projet de Participation, mais cela la bourgeoisie française de l'époque ne l'avait pas supporté... Aujourd'hui ce sont donc les étrangers et certains Français de l'étranger qui ont le droit d'en acquérir. Face à ce scandale, les gouvernements successifs se sont toujours retranchés derrière le *Code Monétaire et Financier* qui protège l'identité des créanciers de la France alors qu'il exige la communication des noms des créanciers de n'importe quelle PME ! ! !

L'euro fut le cheval de Troie de ce vol des Français. Non seulement la loi du 3 janvier et ses développements nous a expropriés de la Banque de France mais ensuite on nous a même volé nos dettes. La France est nue. Elle va devoir rembourser en travail, en brevets, en délocalisations, en créativité, etc. Plus de 1500 d'ans de civilisation qui sont déjà bradés chaque jour, témoin le patrimoine national dont la vente a massivement commencé en 2005.

~ **Qui vend la dette de la France ?**

L'Agence France Trésor[163] a le monopole de la dette de l'État et la Caisse d'Amortissement de la Dette Sociale (mieux connue des professionnels du secteur sous l'acronyme CADES) celui de la dette de la Sécurité Sociale. L'AFT choisit les banques auxquelles elle va confier la commercialisation de nos bons du Trésor. Celles-ci sont appelées *Primary Dealers* ou, en français, Spécialistes en Valeur du Trésor[164]. Regardez bien :

- Barclays Capital, Paris
- BNP Parisbas, Paris
- Crédit Agricole CIB, Londres
- Citigroup, Paris
- Commerzbank, Paris
- Crédit Suisse, Paris
- Deutsche Bank, Paris
- Goldman Sachs, Londres
- HSBC, Paris
- JP Morgan, Londres
- Bank of America - Meryll Lynch, Paris
- Morgan Stanley, Paris
- Natexis, Paris
- Nomura Bank, Paris
- Royal Bank of Canada Capital Market, Paris
- Royal Bank of Scotland, Londres
- Santander, Madrid
- Scotiabank Europe, Londres
- Société Générale, Paris
- UBS, Paris

[163] Il ne faut pas oublier que cela concerne la dette de l'État, pour la dette de la Sécurité Sociale il y a un organisme spécial (la CADES : Caisse d'Amortissement de la dette sociale) créée en 1996, fr.wikipedia.org/wiki/Caisse_d'amortissement_de_la_dette_sociale

[164] Source : www.aft.gouv.fr/articles/liste-des-svt_96.html.

On remarquera que sur 20 vendeurs de bons du Trésor tricolore, on n'en trouve que 3 françaises. Jean-Pierre Raffarin nous a personnellement expliqué que nous partagions notre démocratie avec nos créanciers. Très bien... Mais au fait, de qui s'agit-il ?

1	Axa Investment Managers	France
2	Allianz global Investors France	Allemagne
3	MMA	France
4	CM-CIC Asset Management	France
5	BNP Paribas Asset Management	France
6	CNP Assurances	France
7	Amundi	France
8	Covéa finance	France
9	Matmut	France
10	Aegon Investment	Pays-Bas
11	Fideuram Asset Management	Irlande
12	Pioneer Investment Management	Irlande
13	Groupama Asset Management	France
14	Pacific Investment Management	États-Unis
15	Suravenir	France
16	Natixis Assurance	France
17	Swiss Life France	Suisse
18	MAAF	France
19	Natixis Asset Management	France
20	Eurizon Capital	Luxemb
21	UBS Global Asset Management	Suisse
22	Standard Life Investments	Suisse
23	MACSF	UK
24	Lyxor Asset Management	France
25	Credit Suisse Asset Management	Suisse
26	State Street Global Advisors	UK
27	Monceau Assurances	France
28	BNP Paribas Investment UK	France
29	Union Investment Privatfonds	Allemagne
30	BlackRock Global Investors UK	USA

31 Malakof Médéric	France
32 Dexia Asset Management	Belgique
33 Scottish Widows Investment	UK
34 Banque Postale Asset Management	France
35 ING Investment Management	Pays-Bas
36 ING Investment Management Belgium	Pays-Bas
37 Kokusai Asset Management	Japon
38 Pioneer Investments Austria	Autriche
39 MACIF Gestion	France
40 Erste-Sparinvest	Autriche
41 Deka Investment	Allemagne
42 Vanguard Group	USA
43 DWS Investment	Allemagne
44 La Française des Placements	France
45 Legal and General Asset Management	France
46 Insight Investment Management	France
47 Halbis Capital Management	France
48 KBC Asset Management	Luxemb
49 JP Morgan Asset Management	UK
50 BNP Paribas Luxembourg	France

Cette liste donne une fausse impression parce qu'en réalité, elles achètent notre dette majoritairement pour le compte de leurs... clients !

Que voyez vous ? Que des banques et des compagnies d'assurances placent de l'épargne de leurs clients dans la dette française.

Mais l'épargne de qui ?

Principalement de ceux qui peuvent se permettre d'investir dans l'assurance-vie, par ailleurs fiscalement attrayante...

Le rapport de janvier 2012 de la Cour des Comptes nous indique que 20% de la dette française est tenue sous forme de contrats d'assurance-vie. Le cabinet Facts & Figures a publié le 17 février 2012 une étude indiquant que 20% de l'assurance-vie est collectée auprès des 68.000 ménages les plus riches, et que 50% de la totalité ne sont collectés qu'auprès des 20% les plus riches.

Dans les années 1960, les Français avaient un accès direct à la dette publique. Mais aujourd'hui, cette dernière n'est accessible que pour les foyers français disposant de *holding familiales* non-résidentes (exemple : ces grands patrons qui vivent en France mais qui ont leur domicile fiscal en Suisse, ou ailleurs), ou pour les ménages les plus riches (également les plus défiscalisés), et enfin (et surtout) pour les étrangers[165] via les fonds de pension.

[165] Voir les analyses de ces phénomènes par Eric Verhaeghe www.eric-verhaeghe.fr

~ 16 ~
La loi du 3 janvier appliquée à tous les pays européens et ses conséquences

> « *L'argent n'a pas d'odeur*
> *mais au-dessus de 1 million,*
> *ça commence à sentir* »
>
> Tristan Bernard

L'Europe va exploser parce que la loi du 3 janvier a été imposée par la suite à tous les pays membres de la zone euro, soit 17 nations... Autrement dit, 17 nations qui sont pratiquement toutes surendettées. Il est amusant de constater que c'est le même homme, Valéry Giscard d'Estaing qui, après avoir imposé ce texte en toute discrétion aux Français, a rédigé ensuite le traité de Lisbonne (ancien projet de constitution rejeté par les Français et les Hollandais en 2005) qui allait ficeler d'un seul coup toutes les autres nations. Soulignons au passage que ce traité n'a été validé « que » par les députés des Assemblées Nationales de chaque pays et que le peuple n'avait jamais été consulté, par l'évidente crainte qu'il dise massivement « Non » encore une fois.

Voici 10 ans, l'euro nous avait été vendu comme un « *Nouvel Âge d'Or* » et on découvre, consternés, que nous lui servons aujourd'hui de chair à canon financière. Depuis presque 4 ans, nous sauvons la Grèce tous les mois et l'euro presque chaque semaine, passant du quatrième sommet « *de l'urgence* » au dixième sommet « *de la dernière chance* »[166].

---

[166] Pour un commentaire pas à pas de cette crise, on se reportera aux ouvrages de Morad El Hattab, voir bibliographie.

La cordée unissant les banques et les États européens entraîne des explosions en chaîne avec justement le peuple en bout de chaîne...

Cette crise est à la fois l'Acte II de l'explosion de Wall Street et aussi une crise en elle-même, préparée depuis 1973 par la loi du 3 janvier. Le 29 septembre 2008 a révélé soudain toutes les lignes de fracture (qui de toutes les manières se seraient manifestées à un moment où à un autre), exactement comme des lignes sismiques.

L'euro est avant tout une trappe à dette. Non seulement les banques et les marchés prêtent aux États pour leur permettre de terminer le mois, mais ils sont aussi devenus leur principale source de financement[167]. Ce monopole étant payant, c'est donc le marché financier qui décide du taux qu'il va appliquer à chaque pays. Initialement, la zone euro devait servir à supprimer les différences économiques entre chaque pays[168]. Mais la crise a ressuscité le « risque pays ». Quand la Grèce doit payer un « 20% » d'intérêt pour emprunter sur 1 an, la France et l'Allemagne, eux, payent parfois avec des taux négatifs (leurs bons servent de « coffre-fort ») !

L'affaiblissement des uns se transmet aux autres via les banques[169] puisque l'Europe a permis par exemple au Crédit Agricole d'acheter des banques grecques... Le graphique suivant vous montre « la cordée ». Si un seul pays tombe, il entraîne avec lui tous les autres.

167 En plus des impôts et taxes.

168 C'est pour cela que les pays de la zone euro étaient tous notés AAA.

169 Ce cycle de transmission peut-être rapide voire très rapide, et même infernal. Lorsqu'une banque a peur de ne pas être remboursée par l'État qui demande crédit, que fait-elle ? Réponse : elle augmente ses tarifs. Que peut faire l'État ? Il paie, il doit accepter car il a donné ou abandonné son pouvoir monétaire aux banques, il devra donc faire des économies « montrer l'exemple » et augmenter ses prélèvements sur la population et ce jusqu'au point de faillite s'il le faut. Si les banques refusent le crédit ? Alors c'est le défaut de paiement. Les banques qui ont peur peuvent tuer les États. Question : que fait une banque malade, au bord du défaut de paiement ? Réponse : elle demande à l'État de la renflouer... immédiatement. Mais pourquoi ? Réponse : les banques ne doivent pas mourir. Pourquoi ? Parce que ce sont elles qui fabriquent la monnaie, cette monnaie dont a besoin l'État. Mais par quel moyen l'État, qui n'a plus de monnaie, peut-il renflouer des banques auxquelles il demandait la veille encore l'argent frais dont il a besoin pour vivre ? Réponse : en empruntant un peu plus auprès d'autre banques. Quand les banques gagnent, elles endettent un peu plus l'État, et lorsqu'elles font de mauvaises affaires, elles endettent un peu plus l'État. Mais que fait la Banque Centrale ? Elle est indépendante, c'est la règle ? Elle peut aider éventuellement les banques, elle le fait en général généreusement et parfois à taux négatif (c'est-à-dire en dessous du taux d'inflation). Mais malgré sa bonne volonté en revanche elle n'a pas le droit d'aider un seul État car, c'est la règle.

Grèce dette totale 236 milliards	Irlande dette totale 867 milliards	Portugal dette totale 286 milliards	Espagne dette totale 1100 milliards	Italie dette totale 1400 milliards
15 à l'Angleterre	188 à l'Angleterre	24 à l'Angleterre	114 à l'Angleterre	77 à l'Angleterre
75 à la France	60 à la France	45 à la France	220 à la France	511 à la France
45 à l'Allemagne	184 à l'Allemagne	47 à l'Allemagne	238 à l'Allemagne	190 à l'Allemagne
6,9 à l'Italie	18 à l'Italie	6,7 à l'Italie	31 à l'Italie	-
9,7 au Portugal	22 au Portugal	-	28 au Portugal	5,2 au Portugal
1,3 à l'Espagne	16 à l'Espagne	86 à l'Espagne	-	47 à l'Espagne
8,5 à l'Irlande	-	5,4 à l'Irlande	30 à l'Irlande	46 à l'Irlande

Chiffres au 31 décembre 2010 publiés en mai 2012
par le Financial Times et Wall Street Journal

Alors que font-ils de la Grèce ? Deux choses : ils essayent de sauver les investissements des banques[170] et tentent de maintenir la Grèce dans la zone euro. Personne n'entend sauver la Grèce et encore moins le peuple grec. Et il en sera de même avec l'Espagne et l'Italie. La ceinture d'explosifs des banques qui lie les pays les uns aux autres fait qu'un pays qui s'affaiblit en entraîne d'autres. Mais pourquoi les pays s'affaiblissent-ils ?

~ L'euro et les usines qui licencient leurs salariés

Dans la crise des dettes européennes, on distingue 3 cas et causes. La crise grecque se trouve dans son budget, celles de l'Espagne et de l'Irlande) dans leur bulle immobilière[171] et la France et l'Italie perdent leurs usines et leurs exportations. Les deux causes sont l'euro et le libre-échange, les deux mamelles de l'empire de la dette. Pour des pays comme la France et l'Italie outre des problèmes internes, l'euro et le libre-échange vont les pousser dans la dette tout en liquidant leurs industries.

[170] En leur rachetant des crédits qui ont peu de chance d'être payés.

~ Le cas de la France

En 20 ans, la France a perdu 2,7 millions d'emploi industriels dont la moitié à cause du libre-échange. De 1950 à 1974, le taux de chômage est toujours inférieur à 3% ; de 1955 à 1975 l'emploi industriel avait même augmenté de 50.000 emplois par an. Exactement à partir de 1974, on peut dire que nous perdons (selon Maurice Allais) 50.000 emplois industriels par an. Son étude s'arrêtait en 2005.

De 1950 à 1974, la croissance par habitant était de 4% ; à partir de 1974 elle n'était plus de 1,6%. Même si la France était dans le Marché Commun (un marché ouvert aux premiers pays européens) elle affrontait des pays avec des niveaux de salaires et de protection sociale comparables. En revanche, aujourd'hui, elle est en concurrence directe avec tous les pays en voie de développement et autres pays pauvres de la planète. On voit clairement que tout dérape à partir de 1974.

L'euro a encore amplifié ce phénomène parce qu'il est, nous l'avons vu, calqué sur le mark. La France perdra progressivement ses marges, à l'international d'abord, et au sein de la zone euro ensuite. L'euro, une création allemande d'essence américaine, est géré exclusivement à l'avantage de l'Allemagne. Pour Berlin, marqué à jamais par Weimar et sa planche à billets, la loi du 3 janvier correspond au fonctionnement normal d'une Banque Centrale.

~ La BCE indépendante de tous sauf des marchés

Comme la Banque Centrale allemande, la Banque Centrale Européenne est indépendante de la volonté des États qui composent l'eurozone (ainsi que de leurs populations). Cela est même rappelé par le dernier traité :

> Article 282 alinéa 3 du TFUE, version améliorée du Traité de Lisbonne. Le traité passé dans le dos du peuple a déjà été modifié en toute discrétion :

---

[171] Clément Juglar (grand théoricien des « bulles » financières qui explosent) écrivait qu'une bulle est un mélange de cupidité et de peur. L'euro permettait de s'endetter avec des intérêts très bas. Que faire de cette capacité d'endettement ? Au lieu d'essayer de relancer l'économie réelle pour se débarrasser de la dette, on va offrir à tous les salariés et retraités d'Europe une petite villa au bord de la mer en Espagne. Pour cela, on va développer artificiellement le marché de l'immobilier grâce à différents types de crédit : les crédits pour les constructeurs et les crédits à l'immobilier pour les acheteurs (et qui deviendront des subprimes). Généralement, la demande ne suit pas, surtout si les gens perdent leur travail en même temps. À ce moment, les clients se retirent et on compte les logements vides, 2 à 3 millions aujourd'hui en Espagne.

« La Banque Centrale européenne a la personnalité juridique. Elle est seule habilitée à autoriser l'émission de l'euro.

Elle ***est indépendante dans l'exercice de ses pouvoirs et dans la gestion de ses finances.***

Les institutions, organes et organismes de l'Union ainsi que les gouvernements des États membres respectent cette indépendance »

Nous l'avons vu, une Banque Centrale ne peut pas être indépendante ; elle est soit dans la main de l'État, soit dans la main des marchés, soit dans un état intermédiaire, entre les deux donc, suivant les rapports de force. Bien évidemment, la BCE reprend les points forts de la loi du 3 janvier 1973 en matière monétaire. La BCE ne peut pas prêter aux États, pas plus qu'elle ne peut acheter directement leurs dettes. Elle a pour but la lutte contre l'inflation et par conséquent n'entend pas créer de monnaie.

La BCE est-elle indépendante pour autant ? L'observatoire *Corporate Europe* », une association citoyenne qui traque le poids des *lobbies* dans l'Union Européenne avait accusé en juin dernier Mario Draghi, président de la BCE, de ne pas être « totalement indépendant » en raison de son appartenance au G-30, une association qui regroupe des dirigeants du secteur financier public et privé. Par un étrange hasard, nous n'avons eu connaissance de cette information via Reuters[172] que le 31 juillet quand tout le monde était en vacances.

Ce *Groupe des 30* a été fondé en 1978 à l'initiative de la *Fondation Rockefeller* qui finance également le *Council on Foreign Relations* américain[173]. Parmi les généreux donateurs, nous retrouvons des banques centrales (France, Inde, Chine, Australie, mais ni allemande, ni américaine), des grands groupes financiers comme Citicorp et les grandes banques d'affaires comme Goldman Sachs, JP Morgan et Morgan Stanley. On peut y ajouter quelques riches donateurs en mal de causes humanitaires et de bébés phoques à sauver comme Thomas Russo (ancien vice-président de Lehman Brothers), Roger Ferguson

[172] www.euranet.eu/fre/Programme-complet/French/Mario-Draghi-en-conflit-d-interet-avec-le-Groupe-des-Trente.

[173] Voir le livre *Blythe Masters, la banquière à l'origine de la crise* de Pierre Jovanovic et aussi *L'Or des Fous* de Gillian Tett, éditions Jardin des Livres, 2011, Paris. Les deux montrent que le Groupe des 30 a toujours été piloté en sous-main par un seul banquier de la JP Morgan, spécialiste des *Credits Default Swaps*.

(ancien vice-président de la Federal Reserve de 1999 à 2006) ou Peter Roth (ancien président de la Fox et maintenant PDG de la Warner Brothers Television) et quelques groupes d'influence (Brown Brothers, Harriman and Co., la *Kauffman Foundation*, l'*Open Society Institute*[174] (de George Soros, fondation experte en renversement de régime et révolutions colorées en tout genre) et la *Whitehead Foundation* crée par John C. Whitehead (ancien dirigeant de Goldman Sachs et Secrétaire d'État adjoint dans l'administration Reagan) qui subventionne des projets parallèles à ceux de la fondation de George Soros[175].

On peut noter que Mario Draghi n'est pas le seul puisque Jean-Claude Trichet, son prédécesseur, était aussi membre du G-30. Le monde est petit, c'est ce qu'il faut se dire. Cette proximité avec les milieux d'affaires et cette prégnance de l'idéologie allemande expliquent en partie la réaction de la BCE face à la crise de l'euro. Au lieu de renoncer à la gestion de la dette par les marchés en la rachetant directement (comme avant 1973), voire en faisant des avances, elle va prêter aux banques, prendre en dépôt leurs créances pourries et va les encourager à réinvestir dans les dettes d'État (si elles le veulent bien). C'est ce qu'on appelle de la politique de *Credit Easing*, une politique de « facilitation de crédit ». Endettons-nous, mais dans la joie.

Pourquoi ?

Pour rester dans le mécanisme de la dette, pour maintenir la fiction du fonctionnement harmonieux de l'euro, et par-dessus tout pour éviter de revenir sur le principe de l'indépendance de la Banque Centrale. Autrement dit, au lieu d'être sérieux, on va juste « faire de la plomberie » et de la « médecine palliative », en attendant la croissance exactement comme on attend Godot, et en priant les marchés financiers comme on prie pour avoir du beau temps.

---

174 Voir l'article d'Alexandre Latsa sur les révolutions colorées dans Perspectives Libres numéro 2 Adarl.

175 Décryptage complet sur le site de l'UPR.

~ Le MES, le piège qui permet à l'Allemagne de taper légalement dans la caisse de la France ou de l'Italie

La plomberie par exemple, ce sont les différents fonds (EFSF, MESF) qui ont été mis en place temporairement avant de laisser la place au MES, le mécanisme permanent. Il s'agit d'élargir la tuyauterie et permettre d'abaisser les taux payés par chaque pays avec une garantie, dépendant uniquement de la bonne volonté des bourses et des banques.

Face à votre banquier, si vous avez une bonne caution, un immeuble par exemple, il vous sera plus facile d'obtenir un prêt. Avec la Grèce et le Portugal, la garantie est très légère. Ce qui explique pourquoi rien ne fonctionne. Le taux du bon du trésor de l'Allemagne est toujours trois fois inférieur à celui du Portugal, de l'Espagne et de l'Italie. Une monnaie unique ne s'emprunte pas à des taux différents. Le Nevada emprunte au même taux que le Texas. Alors pourquoi cela ne fonctionne pas dans la zone euro. Pourquoi la Grèce n'emprunte t-elle pas au même taux que l'Allemagne ou la France ?

Le rôle du MES consiste à remettre un masque sur le visage de chaque pays. La subtilité se trouve ici : le MES sera indépendant des États membres qui jouiront de l'immunité diplomatique. Les pays membres du MES seront donc intouchables et exemptés d'impôts. Le MES pourra demander aux autres États de verser des contributions (des milliards d'euros) dans les 7 jours, « sans conditions » (article 9 alinéa 3), autrement les dirigeants du MES attaqueront en justice les États membres qui sont en retard de paiement. Le MES pourra aussi augmenter son capital à tout moment et sans limites, article (10 alinéa 1), et cela sans que les États puissent s'y opposer.

Ce MES et autres sont des « respirateurs financiers » artificiels sur lesquels on branche les pays dont les taux sont devenus trop chers et qui ne peuvent plus emprunter. Parallèlement, on cachera la dette dans un produit financier structuré, comme on cache aux patients la réalité de leur état (c'est le rôle du « *Euro Medium Term Notes* »).

Pourquoi maintenir un tel système ? Nous avons vu que la France n'a retrouvé sa pleine autorité sur les puissances d'argent qu'après la guerre. La situation actuelle montre que l'État doit reprendre les rênes pour mettre de l'ordre. Mais pourquoi ne le fait-on pas ? En raison de l'indépendance « douteuse » de la BCE face aux marchés financiers, et également sous la pression et l'inspiration de l'Allemagne.

~ L'Allemagne paiera ou l'euro cessera d'exister

La BCE n'est qu'une doublure de la Bundesbank, et l'euro juste un « étalon-mark », sachant que la Bundesbank elle-même fut créée en 1948 par l'autorité américaine d'occupation, et en partie inspirée de la Fed. Donc la BCE n'est qu'une extension de la Fed. L'Allemagne va utiliser cet avantage que personne ne lui dispute pour mettre à exécution avec la bénédiction et l'appui des Américains[176], une tentative d'asservissement du continent.

L'accord entre le monde de la finance anglo-saxon et l'Allemagne sert à maintenir les pays européens dans les chaînes des banques et de Berlin. Quand l'Allemagne aura assez tiré de profits de l'euro, elle voudra peut-être se débarrasser des PIIGS[177] et créer sa propre zone monétaire, ou bien revenir au mark.

Si elle participe à la collectivisation de la dette (les fameuses euro-obligations) imaginée par l'Institut Bruegel (dont l'un des actionnaires est Goldman Sachs), elle sera obligée de garantir les dettes des autres pays avec une caution solidaire de 4.000 milliards d'euros soit 150% du PIB allemand[178]. Si elle veut faire des transferts d'argent vers les pays les plus en difficultés cela lui coûtera entre 4 et 12,7% de son PIB[179]. Si l'Allemagne poursuit le « *grand saut fédéral* » dans le vide, elle dominera encore plus le continent, mais elle devra payer la note encore plus. C'est ce qui la poussera peut-être à créer sa propre zone monétaire et si la France y participe, elle disparaîtra économiquement.

---

[176] Il faut noter que la Bundesbank fut créée par l'autorité américaine d'occupation en 1948.

[177] On remarquera l'humour germanique derrière le fait de nommer d'autres peuples PIIGS (Portugal, Italie, Irlande Grèce, Espagne) soit « porcs » ou GIPSI (Grèce, Italie, Portugal, Espagne, Irlande) qui veut dire en sens littéral romanichel et en sens imagé prostituées.

[178] On verra une analyse de ce phénomène sur le très bon blog de Laurent Pinsolle www.-gaullistelibre.com/2012/08/le-premier-verrou-anti-federalisme.html.

[179] Voir à ce sujet les études de Patrick Artus et celle de Meryl Lynch.

Après ce que vous venez de voir dans ce livre, croyez-vous qu'il y ait encore suffisamment d'esprits de collaboration (ou de traîtres) dans l'élite française pour vouloir participer à cet *anschluss*, et coller encore aux basques de l'Allemagne[180] ?

Jean Monnet avait voulu fusionner la France et l'Angleterre[181].

Quel homme politique français voudra fusionner la France et l'Allemagne ?

Eh bien, François Hollande a clairement décidé d'être le dernier Président de la République Française ou bien d'être son premier « *Feld-gouverneur* » puisqu'il a donné le pouvoir budgétaire de la France à Bruxelles (via le vote majoritaire de la fin 2012 à l'Assemblée Nationale). L'Union Européenne pourra donc se saisir des comptes de la France, l'envoyer devant la Cour de Justice de l'Union et la faire condamner pécuniairement si elle ne respecte pas les règles de sa maîtrise du déficit à... 0,5% maximum !!!! déjà qu'on y arrivait pas avec 3%!!!

Mieux : l'article 8.1 encourage la France ainsi que les autres États à se dénoncer entre eux (!!!), autrement dit rapporter à la Commission que tel ou tel État truque ses comptes (pour ne pas être condamnée)[182] alors que le déficit de 0,5% du PIB est strictement irréalisable. Vous y retrouvez aussi la logique de la « justice payante » à l'américaine !!!

Ce pouvoir budgétaire extorqué aux États par le biais de leurs élites politiques et de leurs haut fonctionnaires constitue une marche forcée vers la fusion des États et à la fin de toute démocratie. Non satisfaite par ce nouvel abandon de souveraineté, Bruxelles exige, en plus, de resserrer la discipline budgétaire par une série de nouvelles lois de contrôles et de surveillance des comptes, lois intitulées vulgairement « *6-pack* » et « *2-packs* », des références exclusivement américaines[183].

[180] Voir les entretiens avec Michel Pinton, Jean Serisé et Claude Pierre-Brossolette.

[181] Voir par exemple le télé-film sur la vie de Charles de Gaulle de France 2 *Le Grand Charles*.

[182] On se reportera à la lecture du TSCG par Frédéric Lordon du 26 septembre 2012 paru su son site « *la pompe à phynances* ».

[183] Publicité de « Joe 6-pack », avec « l'américain moyen » affalé devant sa télévision avec un pack de 6 bières Budweiser (youtube.com/watch?v=xjZ18rJwE6A).

Pour plus de détails sur ces règlements, lire le site-blog « *contre-lacour.over-blog* » de Magali Pernin, une spécialiste du droit européen.

Enfin, en décembre 2012, Berlin a finalement obtenu le contrôle des 220 plus grandes banques françaises par la Banque Centrale Européenne, moyen de priver la France (et autres pays) de toute possibilité de contrôle juridique sur ses banques. Nous ne pourrons plus leur demander des comptes au sens juridique du terme. Bruxelles pouvant directement se servir dans nos poches (via le TSCG) elle n'a plus rien à demander aux Peuples. Au passage, les banquiers sont discrètement mis sous un parapluie juridique en béton, alors que les Peuples sont endettés à l'infini (selon la décision de Mario Draghi d'acheter, <u>au nom des peuples de la zone euro</u>, tous les bons du trésor pourris grecs, espagnols, etc., qu'il faut).

Dans tous les cas, les mesures d'austérité vont s'accumuler les unes aux autres et elles seront d'autant plus mal perçues socialement qu'elles sont fondamentalement injustes, puisque les gouvernements demandent aux peuples de payer les erreurs des banquiers. Le graphique ci-dessous de France-24[184] vous montre que la montée de la violence et du chaos est proportionnelle à la violence de l'austérité.

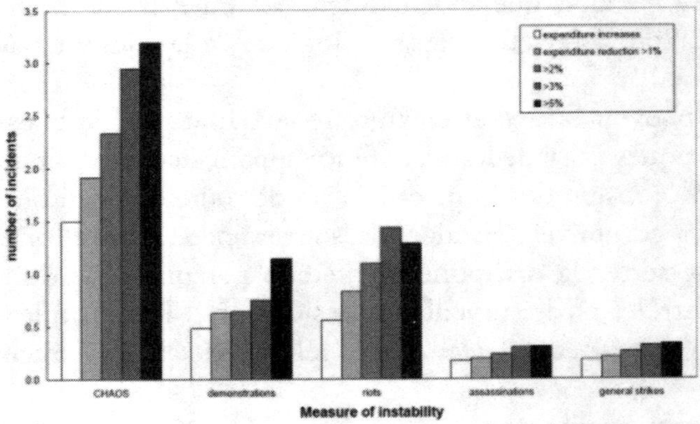

Figure 1: Frequency of incidents and the scale of expenditure cuts

[184] www.france24.com/fr/20110815-emeute-austerite-trouble-manifestation-histoire-europe-crise-espagne-grece-angleterre-etude-voth

~ 17 ~
Comment les Américains manipulent l'euro de l'intérieur

« Les marionnettes n'amusent
que les enfants et gens d'esprits »

Georges Sand

Depuis plus d'un an, la question anime les salles de rédaction. Les Américains complotent contre l'euro et orchestrent la rumeur selon laquelle les agences de notation comme Moodys, Standard and Poors et Fitch dégradent les notes des divers pays européens, qui sans cela se porteraient comme un charme. Mais est-ce vrai ? Chose étrange, ce fut Laurence Parisot, la patronne du MEDEF, qui ouvrit le bal dans le Figaro le 28 août 2011[185] :

> « *On a assisté à une sorte de* ***guerre psychologique et à une tentative de déstabilisation de la zone euro****.*
>
> *Les marchés ont surréagi, étant par nature très sensibles aux rumeurs, même organisées.*
>
> *La morale de l'histoire, c'est que nous ne devons pas être naïfs et tomber dans le panneau de l'auto-disqualification : si l'Europe a été attaquée, ce n'est pas parce qu'elle est faible, mais parce qu'elle est forte ; et si elle est enviée, c'est parce qu'elle est enviable.* »

À la question « ***Qui serait à l'origine de ce complot ?*** », elle répondit :

[185] http ://www.lefigaro.fr/conjoncture/2011/08/28/04016-20110828ARTFIG00207-parisot-d enonce-un-complot-americain-contre-l-europe.php.

*« Je parlerais plutôt d'une "**orchestration**" **outre-Atlantique** des difficultés de l'Europe.*

Voyez les rumeurs sur les banques françaises, qui se sont diffusées immédiatement alors qu'elles étaient absolument infondées.

Nos banques sont parmi les plus solides au monde.

Des "unes' de médias américains annonçaient pourtant la mort de telle ou telle et même la fin de la zone euro.

Nous sommes passés d'attaques sur l'Espagne à des attaques sur l'Italie, puis sur la France, jusqu'à des rumeurs de dégradation de l'Allemagne la semaine dernière !

Quand des publications américaines très lues par les investisseurs et les analystes financiers titrent sur de fausses annonces dramatiques, des questions se posent ».

La vérité est donc d'ailleurs. La campagne de presse relaye les opinions des divers journalistes de gauche, d'ordinaire si américanophiles[186]. Nicolas Demorand, du journal *Libération,* spécule sur le fait que l'annonce de Standard & Poors sur le AAA de l'Union Européenne « *balaye et ridiculise* » les efforts d'Angela Merkel et de Nicolas Sarkozy (alors président). C'était pour leur signifier que « *le tête-à-tête de l'Elysée comptait pour du beurre* » soulignait André Schlecht dans l'Alsace ; « *une gifle (...) une sorte de coup d'État à froid, réalisé par un commando de petits soldats anonymes des agences de notation, pour le compte des marchés financiers* » écrivit Claude Cabanes dans l'Humanité qui se retrouvait, comme toujours quand on parle d'Europe, sur la même ligne que le patronat français.

Quand des journalistes français aboient dans la même direction, la vérité est le plus souvent dans la direction opposée.

~ Confidences d'un banquier français

Monsieur L. gère de très grandes fortunes au siège d'une grande banque française et écrit parfois (sous pseudonyme) dans la presse professionnelle. En tant que spécialiste des marchés européens, son poste lui donne « *une vision en aplomb des salles de marché* ».

[186] Vous pouvez retrouver ces différents morceaux de bravoure sur www.ladepeche.fr/article/2011/12/07/1233963-menaces-sur-le-triple-a-complot-americain-ou-menace-opportun e.html

Comme nous voulions savoir si « *les Américains veulent vraiment détruire l'euro ?* », il eut un petit sourire :

« Vous confondez l'État américain avec les banques américaines. Vous pensez que le banquier américain est patriote ? Et moi ? Vous pensez que je suis patriote ?

Je suis patriote, et le banquier américain aussi, d'ailleurs il a son petit drapeau, mais arrivé à son bureau, business is business. À terme il est possible que les États-Unis veuillent détruire l'euro pour récupérer une partie des avoirs mondiaux placés en euro, mais pour le moment, ils l'ont plutôt sauvé.

En décembre 2011, dans certaines salles de marché, on était persuadés que l'euro aurait du mal à passer l'hiver. Et d'un coup, la FED a fait un "swap" c'est-à-dire un échange de monnaie avec la BCE, celle-ci refusant d'émettre de la monnaie sous la pression de Berlin.

La Fed a sauvé la BCE d'elle-même. Cela vient confirmer les rumeurs faisant état des pressions incessantes américaines pour que l'euro tienne et en faveur d'un nouveau « bon fédéral ».

Ce que vous devez comprendre, c'est que l'euro est le bébé des banques américaines et particulièrement de Goldman Sachs.

Les équipes techniques qui ont mis l'euro sur pied, dans la majorité des pays, étaient celles de Goldman que ce soit à titre d'opérateurs ou bien de consultants.

Cela ne vous a pas surpris qu'on vous dise que Goldman Sachs avait truqué les comptes de la Grèce ? Ça paraît normal à tout le monde. Mais pourquoi la Grèce n'a-t-elle pas fait appel aux banques françaises ? ***Vous nous croyez trop bêtes pour ne pas savoir truquer des comptes ?*** *».*

La raison ? Pour forcer la porte des marchés européens et de l'Europe.

Avant, si une affaire concernait la France, cela se passait entre le Crédit Agricole, la Société Générale et la BNP. Maintenant on doit faire avec les banques étrangères ».

Mais alors d'où sont venues les différentes opérations de déstabilisation des marchés européens, à la suite des différents plans de sauvetage. Notre spécialiste nous répond avec un aplomb formidable : « *De nous* ! ».

« *Pour ce qui est de la France, des banques françaises et de la mienne en particulier, il ne s'agissait que de coups de semonce car on* (l'État français) *nous avait promis qu'on ne perdrait pas un centime sur le cas grec.*

Bon, on a eu le temps de se débarrasser du plus lourd, on a perdu peu, mais on a perdu quand même, il nous fallait donc envoyer "un message".

Que l'État américain utilise ses banques comme levier de sa puissance est une chose, mais c'est aussi l'un de leurs instruments et pour l'instant ce sont les banques américaines qui ont la main. Quant aux agences de notation, elles n'osent pas s'attaquer aux Américains autant qu'elle le devraient, mais si on regarde bien, elles ne s'attaquent pas aux Européens autant qu'elles le devraient.

Ce que je pense de l'euro ? Comme mon maître (Milton Friedman), *je suis contre...*

Les États doivent être évalués par les marchés et l'euro fausse cette évaluation avec les taux d'intérêt qu'il abaisse artificiellement. Ce qui fait d'ailleurs une incitation à s'endetter encore plus. Il faut en sortir, même si la sortie aura un coût minimum ».

On s'aperçoit donc que les Américains n'ont aucun intérêt à détruire un outil qui leur permet de maintenir l'Europe sous leur coupe. Du moins pour l'instant. De plus, si l'euro venait à disparaître, sur qui les traders américains vont-ils pouvoir se jeter ? Existe-t-il une autre grande monnaie boiteuse dans le monde ?

Qui crie au complot ? Des journalistes qui n'oseraient jamais écrire sur la réalité de l'influence américaine en Europe et dont les patrons (journaux, radios et télévision) appartiennent, pour certains à des intérêts américains, du moins « atlantistes »..., des membres du grand patronat qui ont toujours été du côté des Américains contre la France.

Nous avons déjà vu quels lobbies étaient derrière la création de l'euro. C'est donc pour éviter de voir la réalité en face que ces gens préfèrent mollement accuser les Américains, et cela pour éviter de nommer l'Allemagne, et surtout de dévoiler le vrai visage de l'Union Européenne, une colonie américaine qui entend bien le rester.

~ 18 ~
Combien a déjà été pris à la France et combien vont-ils encore prendre ?

« Voilà ! l'Europe, hélas !
Écrase du talon ce pays qui fut pourpre
et n'est plus que haillon.
L'État s'est ruiné dans ce siècle funeste.
Et vous-vous disputez à qui
prendra le reste ! »

Victor Hugo
Ruy Blas, III, 2

Grâce à la loi du 3 janvier et à ses suites, la France a aujourd'hui une dette d'environ 1.700 milliards d'euros, dont environ 1.400 milliards représentant les seuls intérêts dus aux banques et aux marchés.

C'est la conséquence directe d'un choix de servitude volontaire fait dans les années 70, celui de la Banque de France soumise aux marchés privés qui n'aura qu'un seul effet, payer les banques pour un service que la France assurait elle-même gratuitement depuis plus d'un siècle. L'objectif de cette servitude a été la réalisation de la monnaie unique européenne. Mais les vrais bénéficiaires directs sont les bailleurs, les banques et les marchés, auprès desquels la France place sa dette.

Quand le peuple achetait la dette, la promesse de la Nation était de rembourser le citoyen de sa participation au financement des grands travaux dont le citoyen profitait directement (exemple : autoroutes, TGV, etc.). En revanche, les bailleurs de fonds qui prêtent aujourd'hui à la France, eux, n'ont qu'une seule promesse à tenir, celle de rapporter des dividendes les plus élevés possible à leurs seuls actionnaires. Ils sont dans une autre logique.

Sur ces 1.400 milliards, environ 400 sont des intérêts sur les intérêts et l'État doit emprunter encore plus sur les marchés pour rembourser ces mêmes marchés. Ces chiffres soulignent l'absurdité de la situation dans laquelle nous nous trouvons.

Pourtant ils ne sont que la face brute du phénomène. C'est dans la vie quotidienne, dans le fonctionnement de l'État que les conséquences de cette situation se font le plus sentir.

Dans les prochains mois, ces effets se feront sentir avec d'autant plus de violence que nos élites continueront à mentir et à maintenir le système debout par pure idéologie. Angela Merkel n'a-t-elle pas déclaré en juin 2012, à propos de l'euro : « *N'assassinez pas le rêve* ».

~ La France ruinée, exsangue et endettée

La dette est vivante car elle génère de nouvelles dettes et finit par tout orienter. Elle pousse les politiques à choisir les pires solutions pour sauver leur idée de l'euro. Si on prend l'exemple de la France, ses seules dépenses hebdomadaires se **montent approximativement à 9 milliards d'euro, dont 2 milliards pour le seul remboursement de la dette, et 1 pour le service de la dette, les intérêts ! ! ! Et, pour assurer ces dépenses, l'État ne dispose que de 5 milliards de recettes fiscales, ce qui l'oblige à emprunter 4 milliards chaque semaine pour ne pas faire un défaut de paiement !**

Nous sommes dans l'incapacité de rembourser tout ce que nous avons emprunté depuis 1974... sauf si on ne paye plus les intérêts. L'aggravation est donc continuelle. Ceci est confirmé par la Cour des Comptes dans son rapport sur les finances 2011 qui prévoyait déjà que la dette publique française passera le cap du 90% du PIB en 2012.

Alors qu'ont fait nos politiques, Jacques Chirac, Dominique de Villepin, Michel Rocard, Edouard Balladur, Lionel Jospin, Jean-Pierre Raffarin ? Leur première tentation a été de vendre tout de suite les bijoux de famille. Selon Jean Roux, ancien commissaire aux comptes[187], déjà en janvier 2007, plus de 50% du patrimoine productif de l'État avait été vendu.

---

[187] Jean Roux, *La grande braderie du patrimoine public des Français*, éditeur François-Xavier de Guibert.

Sur les 700 à 800 milliards d'actifs négociables de la France (immeubles, forêts, entreprises publiques, participations dans des entreprises stratégiques, mobilier d'État, etc.) en 1986, il n'en restait déjà plus que 200 à 250, soit **500 milliards d'actifs qui auraient été vendus en moyenne à 60% de leur valeur réelle ! ! ! La France a été dépecée.**

À partir de ces biens vendus par l'État dans l'urgence, propriétés pourtant payées et rentables, fruits des Grands Travaux et des Plans des années 1960, certains acheteurs ont rentabilisé très rapidement leurs investissements en se payant « *sur la bête* ». Comme le souligne Roland Hureaux, ancien membre de la Cour des Comptes :

> « *Entre les lobbyistes discrets des fonds de pension américains, les dirigeants d'entreprises publiques rêvant de stock-options, banques d'affaires et fonds d'investissement en cheville avec Bercy d'où ils sont parfois issus*[188]»

...se sont nouées des relations incestueuses qui ont participé à la décadence de l'esprit public et au dépeçage. Les autoroutes par exemples. Elles appartenaient aux Français. À vous donc... Elles ont été bradées par l'ancien Premier Ministre Dominique de Villepin pour 60% de leur valeur. Leurs acheteurs sont rentrés dans leur investissement en moins de 3 ans ! ! ! Et maintenant, elles génèrent des bénéfices sur votre dos. Pourtant il s'agissait de votre propriété indûment bradée, et cela uniquement à cause de la loi du 3 janvier 1973 imposée par Valéry Giscard d'Estaing, celui qui nous écrira aussi la Constitution Européenne devenue Traité de Lisbonne. **En clair, cela revient à saisir votre appartement, que vous avez déjà payé, le vendre à un émir quelconque qui va ensuite vous le louer ! ! !**

Mais ce n'est pas tout. Quand on ne privatise pas les autoroutes, on privatise les services. Un exemple encore inédit est la privatisation de la perception des impôts. Elle est en cours de test avec la taxe sur les poids lourds. Celle-ci sera perçue par une société italienne *Autostrate per Detalia*[189]. Elle va prendre la totalité de la procédure en

---

[188] Roland Hureaux, l'antipolitique, éditions Privat, 2007.

[189] On peut noter pour faire un peu d'humour que la presse italienne a ironisé sur la provenance des fonds de cette société au moment où monsieur Borloo a décidé de réaliser cette expérience test.

charge, hormis le recouvrement (en cas de non-paiement) et les contrôles. On estime que 20% de cet impôt sera perdu pour la France (entre ce que prendra la société italienne et la part perdue lors de la perception, alors que les pertes de l'État, quand il récolte ses impôts lui même, sont au maximum de 15%, et de 3% pour la TVA). L'indépendance de la France depuis nos premiers rois s'est construite sur le droit de lever l'impôt. C'est comme cela que cela commence. **N'oublions pas qu'aujourd'hui les policiers grecs sont déjà à louer.** Comment appelle-t-on une police privée ?

~ Les poches des Français vidées par une centaine de taxes !

Que nous préparent-ils d'autre ? Ont-ils vraiment compris ce qu'ils ont fait ? La première réponse nous a été donnée le 16 avril 2012 avec la mise en vente par la Bourse de Francfort, d'un contrat sur la dette française à 10 ans. Cette nouvelle possibilité, les spéculateurs l'utiliseront pour parier sur notre dette[190] ce qui fera monter les taux que la France devra payer. De cela, nous en sommes certains. Si le pays est si endetté aujourd'hui, c'est simplement parce qu'on lui a patiemment enlevé tous les moyens d'agir sur sa dette.

La première étape sera évidemment une augmentation des impôts indirects (tabac, alcools, etc.) avant d'épurer les classes moyennes par une augmentation des impôts directs (le revenu).

La seconde étape est différente, bien plus sournoise et terrifiante pour l'avenir. Bruxelles travaille déjà sur le **deuxième volet de la « Directive Delors-Lamy »** qui vise à aller encore plus loin dans la désintermédiation, c'est-à-dire laisser encore plus de marge de manœuvre et de libertés aux marchés financiers, et ceci pour une seule raison, frapper directement au portefeuille **les établissements de caisse d'épargne**[191].

Monsieur Martin et Madame Dupont ne placent pas suffisamment leurs économies sur les marchés financiers. Ils préfèrent les garder dans leur bas de laine ou dans différentes caisses à des taux modestes certes, mais en sécurité.

---

[190] Voir l'article de Philippe Murer sur marianne2.fr/Une-autre-crise-de-la-dette-a-venir_a2166 00.html

[191] Nous devons souligner que dans l'état actuel des banques, le processus de passage direct de l'épargne populaire vers les marchés sera facilité par l'application de Bâle III.

Si les Français sont les écureuils de l'Occident, il est alors grand temps de récolter leurs noisettes. Et de les tondre. L'économie française par exemple vit sur l'épargne des Français en moyenne pour 75%. Cet argent sera dirigé de force sur les places financières. Plusieurs banques disparaîtront mécaniquement dans l'affaire. On verra une nouvelle concentration des banques.

L'épargne des Français équivaut à environ 1.800 milliards, dont les deux tiers se trouvent dans des produits d'assurance-vie. Alors que cela pourrait être pour la France un véritable atout, l'utiliser pour développer notre propre économie, Bruxelles veut nous en empêcher, juste pour tout canaliser, par définition vers les États-Unis. C'est pour cela que personne n'en parle.

Donc, si on envoie cette épargne sur les marchés, ils poursuivent jusqu'au bout la logique de la loi du 3 janvier 1973, et veulent terminer le casse du millénaire. Arrivé à ce point, le rapport de force sera donc un **nouveau servage**. Les seigneurs sont juste remplacés par les banquiers et les financiers.

L'autre moyen pour voler l'épargne des Français sera l'incorporation de la dette en la cachant dans l'inflation et dans l'augmentation des charges. Quel choix aura votre boucher ? Votre primeur ? Augmenter les prix. Des études faites en Allemagne prouvent[192] que le montant des intérêts (dans les prix des biens de consommation) prend des proportions de plus en plus grandes. Exemple : le prix de l'électricité va doubler en 10 ans, suivi du prix du gaz et de l'eau. Il serait intéressant de connaître la part de la dette dans cette hausse.

[192] Analyse des travaux de Margaret Kennedy par André-Jacques Holbecq.

~ 19 ~
Comment sortir de loi du 3 janvier ?

« Il vaut mieux l'indépendance
qu'un Marché Commun vassalisé.
Et même, s'il fallait choisir entre
l'indépendance et le Marché Commun,
il vaudrait mieux l'indépendance
que le Marché Commun »

Charles de Gaulle

Sommes-nous condamnés à vivre dans la prison de la dette ? Existe-t-il des possibilités techniques de sortir de ce processus ? L'euro n'est pas une vraie monnaie, juste un projet politique pour neutraliser les différents pays européens (pour le compte du gouvernements américain) en : 1) les fédéralisant de force, 2) permettant aux élites européennes d'abandonner leurs responsabilités, et 3) en autorisant les Allemands à réaliser leur ancien projet de domination du continent.

Alors, un autre euro est-il possible ? Dans le cadre d'une monnaie unique, il importe d'unir les pays qui ont une identité économique semblable, par voie de conséquence aider les pays du sud à se développer avec des transferts d'argent de l'épargne des pays du Nord. C'est techniquement possible, mais n'aura certainement pas lieu. Le prix exorbitant de l'euro permet également à l'Amérique de récupérer nos industries de haute technologie, **donc de mettre la main sur nos emplois de demain. Ces postes partiront vers la zone dollar** comme on le voit en ce moment même avec EADS qui, dès lors, pourra fabriquer et vendre aux États-Unis. Donc Washington ne laissera pas l'euro devenir un instrument de puissance, ce dont d'ailleurs l'élite européenne ne veut pas.

Quant à l'Allemagne, elle continue à vampiriser l'Europe en la mettant en « rareté monétaire », comme la crise de la dette des années 1980 a détruit la zone du Franc-CFA en Afrique. L'Allemagne finira par saigner ses clients. Si elle sort de la zone euro ou provoque sa dissolution, le taux du Mark sera encore pire que celui de l'euro, mais si elle accepte une baisse de l'euro, elle perd son emprise sur la France et les pays du sud.

Compte tenu du poids de l'Allemagne dans l'Union Européenne, tout blocage de sa part sera impossible à contourner. En clair, tant qu'on garde l'euro, nous ne pourrons jamais sortir du cycle de la dette.

~ L'euro est déjà mort

L'euro est aujourd'hui avant tout un étalon-mark. Tout le monde pouvait dévaluer par rapport à l'or quand on avait l'étalon-or[193]. C'est impossible avec l'euro. Or il est tout autant impossible de maintenir l'économie française dans un moule créé pour l'économie allemande. S'entêter à refuser de dévaluer comme nous le faisons, se paye déjà de milliers d'emplois détruits, indépendamment du libre échange.

Le meilleur exemple est celui de la Suède qui, en 1993, avait réussi à réduire son déficit de 11,3% à 1,7% avec depuis une croissance à plus de 3% en moyenne. En Argentine, en l'an 2000, ce fut le même cas. Roberto Lavagna, ministre argentin de l'Économie et de la Production le raconte[194] :

> « *La crise argentine fut essentiellement la conséquence d'une monnaie fixe avec le dollar, 1 peso pour 1 dollar, depuis 1991 (...)*
>
> *Cela impliqua* ***une perte de compétitivité, une désindustrialisation et un chômage de masse*** ».

---

[193] En 1930, les pays du bloc or, la France, l'Italie, la Suisse, la Belgique et les Pays-Bas ont souffert de la crise tant qu'ils avaient maintenu de force une parité avec l'or (par rapport à l'état de leur économie). Pierre Laval avait préféré ce qu'on appelle une déflation, « le peuple paiera ». Cela avait gravement nui à notre outil militaire et malheureusement vous connaissez la suite... En 1935, la Belgique fut contrainte de dévaluer de 28%. Son économie se relèvera beaucoup plus vite. La reprise sera cassée par la guerre.

[194] Entretien paru dans la revue Perspectives Libres Numéro 5 de juin 2012, Éditée par l'Association des amis de la Revue Libres.

Nous nous trouvons aujourd'hui exactement dans la même situation avec l'euro, monnaie étrangère sur laquelle nous ancrons notre économie alors qu'elle ne nous est pas adaptée. Il continue :

> « *Les pays en crise doivent dépasser* ***la "politique de la terreur"*** *que mènent les centres du pouvoir financier,* ***la presse particulièrement, qui relaie les intérêts de ce secteur,*** *et la bureaucratie internationale dont l'affectation des postes est liée au respect de la pensée unique.*
>
> *La Grèce entre dans sa 5e année de récession (* ***chute de 20% du PIB total*** *), couplée à une concentration des revenus et sa perspective est de devoir faire face à une décennie de régression permanente.*
>
> ***Qu'y-a-t-il de pire que cela ?***
>
> ***Pire pour qui ?***
>
> ***Pour les banques créancières, pour la BCE ? Pour l'Europe germanique qui verrait son projet menacé ?*** »

Finalement, Roberto Lavagna dévalua le peso de 75%. Que croyez-vous qu'il arriva ? L'Argentine se remit sur les rails. On dit toujours dans ce cas que les marchés se vengeront... Que fut la vengeance des marchés ? Quand l'Argentine revint sur les marchés pour emprunter, elle mit 3 jours à trouver des investisseurs car la dette de l'État, c'est toujours rentable !

Que faire ? Soit l'euro est démonté collégialement[195], ce qui serait souhaitable, soit nous en sortons par décision unilatérale comme l'Argentine qui avait fait un bras d'honneur au dollar américain[196], soit il explosera de lui-même, mais seulement après nous avoir détruits.

Certes, cela aura un prix élevé avant de toucher les bénéfices, avec le retour à la santé économique. Mais autrement, ce sera juste **une mort lente** pour la France ainsi que pour les autres pays européens.

---

[195] Pour voir l'ensemble des projets européens : forumdemocratique.fr/

[196] Les plans de sortie sont prêts grâce au travail intègre de quelques économistes de différents courants, on peut citer Jacques Nikonoff, Jacques Sapir, Jean-Jacques Rosa et Alain Cotta. Sur la possibilité de la « francisation » de la dette et sur le devenir des dettes détenues par les étrangers en cas de mort de l'euro, on consultera les notes de Jacques Sapir et celles de Jean-Michel Quatrepoint.

Le pays qui sortira de l'euro avant les autres (de manière techniquement adroite) s'en remettra avant les autres. Si votre voisin qui tient le même commerce que vous (donc il est aussi votre concurrent) est racketté comme vous par un gangster, et qu'il lui envoie la police avant vous, il pourra baisser ses prix puisque la dépense du racket, répercutée sur ses clients, a disparu. Moins cher, il vendra plus que vous. En clair, l'euro n'est ni plus ni moins qu'un racket organisé.

~ Mario Draghi et l'Europe Frankenstein

Le 21 décembre 2011, la BCE a prêté **523 milliards d'euros sur 3 ans à un taux de 1% aux banques,** avec comme « consigne » d'investir dans les PME ou les dettes des pays membres (mais sans garanties). Le résultat fut que de cette somme, les banques en ont replacé 489 milliards à la... BCE (! ! !) avec une rémunération à 0,25%[197]. Le reste a été prêté aux pays entre 3 et 7%... Le gain sur des sommes pareilles est non négligeable pour les banques, mais nul pour les économies. En théorie, la BCE n'avait même pas le droit de prêter aux banques.

Mais la réalité est que les banques ont refusé d'utiliser cet argent pour les pays, sauf en contrepartie physique de monuments, d'îles[198], de villes, de brevets, de matières premières, de terres arables, d'immeubles, etc. De cette manière, le système, épuisé, peut mettre des années à mourir, exactement comme l'Union Soviétique.

Pour sortir de la loi du 3 janvier 1973, il importe de retrouver sa monnaie. Mais pas seulement.

---

[197] Morad El Hattab et Philippe Jumel, *Kriz*, Léo Scheer, 2012.

[198] Des parlementaires allemands avaient demandé que l'île grecque de Corfou soit donnée en gage à l'Allemagne en contrepartie des plans «de sauvetage». Pour bien sentir le côté « affectif » de cette proposition, il faut se rappeler que Corfou abritait, avant la Première Guerre mondiale le Palais de l'Achilleion, construit par Sissi, impératrice d'Autriche. Le palais fut racheté par Guillaume II (admirateur d'Achille) pour en faire sa résidence d'été. Ce fut l'un des pions dans la politique allemande de « présence » en Méditerranée. Le Kaiser s'y rendait sur son yacht en uniforme d'amiral. À partir de 1916 le bâtiment fut occupé par les troupes serbes et françaises qui le transformèrent en hôpital. En 1917 le roi Constantin I -beau-frère de Guillaume II- fut renversé et la Grèce déclara la guerre à l'Allemagne. En 1919 le Traité de Versailles nationalisa le palais au titre des réparations de guerre.

La « une » du Spiegel sur la mort inévitable de la monnaie euro... Der Spiegel

Les journalistes allemands se sont révoltés contre la politique européenne de leurs dirigeants, témoin cette « une » désormais célèbre de Focus de février 2010. Focus

La « Une » du Economist sur le scandale du LIBOR (été 2012) manipulé par les banques en sous-main pour voler encore plus d'argent aux petits épargants et permettre à leurs banques de ne pas couler. The Economist

Le coût catastrophique de la sortie des Grecs, vu par le Guardian. Cette « une » souligne la fragilité de la zone. The Guardian

~ Retrouver la Banque de France intacte...

Voici un tableau comparatif qui résume deux modèles de société par le biais de leur Banque Centrale. Pour la France, le passage d'un modèle à l'autre s'est opéré via la loi du 3 janvier. Plus grave, les Français n'ont jamais été informés des conséquences phénoménales que cela impliquait. La loi du 3 janvier n'a pas été présentée aux citoyens comme suit :

Banque Centrale soumise à l'État	Banque Centrale indépendante de l'État
La dette est gérée par l'État	La dette est gérée par les marchés
L'inflation est préférée à la dette	La dette est préférée à l'inflation
Les États dominent la finance	La finance domine les États
La création de la monnaie passe plutôt par la Banque Centrale	La création de la monnaie passe plutôt par les banques privées ou banques publiques de second degré
Les bilans bancaires sont normaux	Les bilans bancaires explosent
Les inégalités de patrimoine et de revenus ont tendance à se réduire	Les inégalités de patrimoine et de revenus ont tendance à se creuser
La financiarisation est muselée	La financiarisation est généralisée
Modèle « Etat-Nation »	Modèle « Mondialisation »
Les emplois restent en France	Les emplois quittent la France
Modèle social plutôt apte à la démocratie	Modèle social-démocratique de plus en problématique
Risque systémique sous contrôle	Risques systémiques constants et élevés
Le citoyen peut être à la fois épargnant, travailleur et consommateur	Le citoyen est rarement les trois.
Le monde de la finance est paralysé par l'État	L'État est paralysé par le monde de la finance
Les échanges avec l'extérieur sont maîtrisés	Les échanges avec l'extérieur échappent à l'État

Si le Peuple Français avait pu choisir par référendum entre ces deux modes de vie, nul doute que la loi du 3 janvier aurait été rejetée. Ce choix de société n'a bien sûr jamais été posé aux Français.

La Banque de France restaurée dans ses droits pourrait immédiatement recréer le système d'avances à l'État, orienter le crédit et gérer notre monnaie de manière à contrôler nos échanges, faciliter nos exportations et maîtriser l'inflation (tout en permettant l'accession à la propriété). Elle remettrait le monde la finance à sa place, à savoir financer l'économie réelle.

Pour conclure, n'oublions pas que parmi les plus grands actes de civilisation, il existe une méthode radicale, celle de l'effacement des dettes. De l'Égypte des pharaons à Solon le Grec, les grandes civilisations effaçaient régulièrement les dettes pour éviter la destruction de leur société par la logique de l'envie et de la haine. Le Code d'Hammourabi, le plus ancien code de loi parvenu jusqu'à nous, parlait des « jubilés » où on effaçait les dettes. Alors pourquoi les politiques français, députés, sénateurs, ont-ils accepté si facilement que la France soit mise en esclavage ?

~ 20 ~
Pourquoi les Français n'ont-ils rien vu ?

« Bien informés, les hommes sont des citoyens.
Mal informés, ils deviennent des sujets »

Alfred Sauvy

La loi du 3 janvier est un hold-up pur et simple, qui, pour la seule France, a déplacé 1300 milliards d'euros de l'économie réelle (citoyens, entreprises) vers les marchés financiers dans le but de créer l'euro et de développer la finance au lieu de l'économie de travail. Un magot sublime avec un crime sans bruit. Mais pourquoi nous le découvrons que seulement maintenant ? Y eut-il des politiques et/ou des économistes pour nous prévenir ?

~ Les prophètes maudits : Claude Gruson et Maurice Allais

Seul prix Nobel d'économie français (1988), Maurice Allais fut d'abord un grand physicien dont les travaux feront évoluer l'astronomie avant de passer à l'économie. Dans les années 1960 et 1970, il fut un auteur discuté, admiré. Puis il publia ses travaux sur le libre-échange et la création monétaire dont nous avons parlé précédemment. D'un seul coup, les micros et les caméras disparurent. Pour un prix Nobel, ce n'est pas commun. Alors qu'il était respecté par les économistes les plus influents de l'époque comme Paul Samuelson ou Milton Friedman, il se retrouva réduit au silence dans son propre pays. En Union Soviétique, il aurait connu l'internement de force. En Europe, c'est une assignation à résidence médiatique surveillée. Il résume parfaitement les propos d'Alexandre Soljenitsyne : « *Je viens d'un pays où on ne peut rien dire, et j'arrive dans un pays où l'on peut tout dire ; mais c'est indifférent* ».

Claude Gruson est encore moins connu. Mort en 2000, cet ancien conseiller de Pierre Mendès-France, fut l'un des pères de la Comptabilité Nationale Française au service du Plan. Ce grand croyant protestant avait mis sa foi chrétienne au service du partage des technologies avec les pays du tiers-monde. Dès 1977, il publia sur la « *Tyrannie du libre-échange* », autrement dit la dette comme le « *Rocher de Sisyphe des Nations* »[199].

Ces deux hommes ont été éliminés du monde de la recherche et des médias, malgré leur carrière et leurs distinctions. Même la diffusion de leurs œuvres reste confidentielle. Seul Internet permettra de propager les travaux de Maurice Allais. Quant à Claude Gruson, il reste toujours un inconnu. Leur mise à l'index suffit à montrer la puissance des réseaux qui soutiennent la finance libérale.

~ Aveuglement et stupéfaction

Depuis 1973, on ne vit que deux moments où le débat sur la loi du 3 janvier aurait pu sortir devant le peuple : le référendum sur le Traité de Maastricht de 1992 et celui sur le Traité Constitutionnel de 2005. Mais pourquoi rien n'est remonté à la surface ? En 1992, le député Philippe Séguin avait défendu bec et ongles le maintien du franc et de la Banque de France. Extrait de son discours à l'Assemblée Nationale :

> « *On nous dit que la monnaie unique fera* ***baisser les taux d'intérêt****...*
>
> *Mais cela est plus que douteux, dès lors qu'il va falloir intégrer des pays plus sujets à l'inflation et ensuite tout dépendra de la politique de la Banque Centrale Européenne qui sera indépendante, c'est-à-dire incontrôlable.*
>
> *On dit encore, en effet, que la monnaie unique entre les mains d'une Banque Centrale indépendante permettra de mieux assurer* ***la lutte contre l'inflation*** *: mais nul ne peut garantir que les dirigeants de cette banque, qui n'auront de comptes à rendre à personne, feront toujours la meilleure politique possible !*
>
> *Ou alors doit-on considérer* ***l'irresponsabilité*** *comme le gage le plus sûr de l'efficacité ?*

[199] *L'Humanité en Perdition*, Claude Laigle, Edilivres, 2012.

L'expérience de la Fed aux États-Unis est-elle à cet égard concluante ?

Le comportement actuel de la Bundesbank est-il si encourageant ?

Certes non, d'ailleurs les plus grandes figures de l'orthodoxie monétaire, comme l'Américain Milton Friedman ou le Français Maurice Allais, sont farouchement opposés au principe de l'indépendance de la Banque Centrale.

En vérité, il n'y a pas de meilleure incitation à bien gérer la monnaie que la concurrence monétaire, même si cette incitation est loin d'être sans défaut.

Or, que nous propose-t-on, sinon de supprimer la concurrence entre les monnaies européennes ?»

Rappelons que Jacques Delors avait promis que l'euro ferait baisser les taux d'intérêt. Philippe Séguin soulignait donc les risques de l'indépendance de la Banque Centrale et affirmait que la politique de lutte contre l'inflation « *est synonyme de taux d'intérêt réels élevés, donc de frein à l'investissement et à l'emploi et d'austérité salariale* ». Bien sûr, ce discours n'anticipe en rien la crise qui arrivera 15 ans plus tard, mais il posait déjà le problème comme aucun homme politique français ne l'a jamais fait. Ce qui avait cruellement manqué à cette époque, ce furent des médias libres. Mais notez que la victoire du « non » en mai 2005 avait tout juste permis à un simple professeur de lycée, Etienne Chouard, de devenir célèbre via Internet, simplement parce qu'il avait lu intégralement lu le traité et qu'il s'était révolté.

Aujourd'hui, une grande majorité des Français sent que cela va de mal en pis, mais refuse toujours de s'interroger sur les choix de la génération de nos parents. Dans *La Lettre Volée* d'Edgar Allan Poe, les policiers cherchent une lettre durant tout le récit. Mais cette lettre a toujours été sous leurs yeux, juste pliée en deux. Le grand philosophe Clément Rosset avait parlé de « *l'invisibilité du visible* ». On ne voyait pas parce qu'on ne voulait pas voir ce que l'historien Pierre Nora résume parfaitement :

« *On peut entendre sans écouter, écouter sans comprendre, savoir sans croire, croire sans réaliser, réaliser sans agir* »[200]

[200] Historien public, Gallimard, 2011.

Certes, les bonimenteurs, les mercenaires au service des grandes banques, les économistes à gages, les journalistes faisant des « ménages » (pardon aux techniciens de surface) ne manquèrent pas, mais ils ne sont pas les seuls responsables.

~ Est-ce un gouvernement ou une succursale de banque ?

L'une des raisons de notre aveuglement collectif est que nous pensons toujours que nos députés nous défendent, et défendent les intérêts de la France. Or qui est réellement représenté aujourd'hui ? Est-ce vraiment le Peuple Français ?

Si on regarde la liste des conseillers du Premier Ministre Jean-Marc Ayrault ou celle du Président de la République François Hollande[201], on se dit que si la « *Finance est son ennemi* », le gouvernement doit être bien renseigné. En effet les conseillers les plus proches de Jean-Marc Ayrault sont :

– Christian de Boissieu, Banque Neuflize OBC.

– Jean-Hervé Lorenzi, Compagnie Financière Edmond de Rothschild.

– Patrick Arthus, Natixis.

– Jean-Paul Betbèze, Crédit Agricole.

– Daniel Cohen, Banque Lazard.

– Augustin Landier, dirige son propre fonds d'investissements.

– Olivier Garnier, Société Générale.

– Mathilde Lemoine, HSBC France.

Parmi eux, certains ont atterri chez le Président de la République :

– Daniel Cohen, Banque Lazard.

– Jean-Hervé Lorenzi, Compagnie Financière Edmond de Rothschild.

– Emmanuel Macron, Banque Rothschild.

[201] Il ne s'agit pas là d'une attaque personnelle, une liste analogue serait sortie avec Nicolas Sarkozy proche d'Alain Minc, de Michel Pébereau, de Camdessus et ayant lui-même ses propres « young leaders » à savoir Alain Juppé, Valérie Pécresse, Laurent Wauquiez, Nathalie Kosciusko-Morizet et Jeannette Bougrab.

Emmanuel Macron, jeune homme de 34 ans, inspecteur général des Finances et issu de la commission Jacques Attali, se trouve au sein du pouvoir, le Secrétariat Général de l'Elysée. Et parmi les ministres socialistes, nous retrouvons Michel Sapin (aux Finances), l'un des grands avocats de la libéralisation totale des marchés.

Plus impressionnant encore est le nombre de nos ministres qui sont passés par des *think tank* proches des milieux financiers, comme par exemple les « *young leaders* » issus de la très sélective *French-American Foundation*, inventée par le président américain Gérald Ford et... Valéry Giscard d'Estaing en 1976 ! Elle a pour but de développer « *des liens durables entre des jeunes professionnels français et américains talentueux et pressentis pour occuper des postes clefs dans l'un ou l'autre pays* »[202]. François Hollande a suivi ce programme en 1996 avec Pierre Moscovici (également vice-président du *Cercle de l'Industrie,* lobby représentant les grandes multinationales européennes et fondé en 1993 par Raymond Lévy et Dominique Strauss-Kahn. Imaginez que Marisol Touraine et Aquilino Morelle (plume de François Hollande) ont suivi ce programme en 1998, comme Arnaud Montebourg en 2000 et Nadjat Valleau-Belkacem en 2006.

La *French-American Foundation*, soutenue par la Banque Lazard, fut présidée de 1997 à 2001 par John Negroponte en personne. Qui est-ce ? Tout simplement l'un des plus grands espions de la CIA. Entre 2005 et 2007, il a été le premier directeur à coordonner tous les services secrets américains, le *US Intelligence Community* qui regroupe les 15 plus grandes agences de renseignement dont les trois plus connues le FBI, la CIA et le NSA.

Parmi les très proches de cette fondation, et grand ami de François Hollande, on ne peut oublier Olivier Ferrand, président du *think tank* Terra Nova, qui était déjà (selon l'avis général de la presse et de ses amis) ministrable à terme. Bien sûr, personne ne soutient que, sous prétexte de sortir de tel ou tel club, ou parce qu'ils fréquentent telle personne, veut dire qu'ils prendront telle ou telle décision et seront mécaniquement entre les mains des lobbies.

---

[202] www.atlantico.fr/decryptage/gouvernement-hollande-formation-plus-atlantiste-qu-on-pourrait-croire-benjamin-dormann-366638.html

Toutefois, on peut s'interroger sur la discrétion qui entoure cette appartenance au point que, si le site internet américain de la fondation se félicite de la réussite de ses poulains, le site français, lui, n'en souffle mot[203]. C'est bien dommage car il aurait aussi pu être commenté par les *young leaders* des médias : Laurent Joffrin du *Nouvel Observateur*, Christine Ockrent ex-*RFI*, Olivier Nora, pdg des *éditions Fayard*, Emmanuel Chain ex-*M6*, Pascal Richet de *Rue89,* Denis Olivennes d'*Europe 1*, Bernard Guetta de *France Inter*, de *Paris-Match* et du *Journal du Dimanche*, Mathieu Pigasse du *Monde* et des *Inrockuptibles* ou encore les éditorialistes du journal *Le Monde*, Louis Dreyfus et Erik Izraelewicz. Vous retrouverez une liste bien plus complète, journalistes, politiques, etc., dans le livre remarquable (et censuré par les médias) *Ils ont acheté la presse* de Benjamin Dormann[204].

Ce simple exemple met en lumière un autre aspect du monde de l'après-loi de janvier 1973. La proximité entre les politiques, médias et milieux d'affaires n'est certes pas une nouveauté, mais ces connivences avaient été maîtrisées en partie. Aujourd'hui hélas, une nouvelle classe (la « hyper-classe » selon Jacques Attali), fille des coucheries des journalistes et des politiques avec les puissances financières, dirige vraiment le pays.

---

[203] www.frenchamerican.org.

[204] Editions Jean Piccolec, Paris, 2012.

~ 21 ~
La dernière conséquence de la loi du 3 janvier 1973

« Un jour viendra le temps de la lutte pour la souveraineté du Monde »

Friedrich Nietzsche

Cette réalité que les Français n'ont pas voulu voir, est celle de la prise du pouvoir politique par les puissances de l'argent. Une OPA hostile sur nos vies et notre société. Et c'est justement avec les dettes souveraines que ces empires financiers ont pu grossir. Aujourd'hui, ils nous étouffent.

Selon l'étude *The Network of Global Corporate Control*[205] publiée par l'*Institut Fédéral de Technologie* de Zurich par Stefania Vitali (économiste), James Glattfelder (spécialiste en réseaux complexes), et Stefano Battiston (*Laboratoire de Physique Statistique* de l'École Normale Supérieure) le 28 juillet 2011, l'économie mondiale actuelle est dominée par quelques groupes seulement, tous issus de la finance et/ou de la banque-assurance. Et elles sont trop grandes pour tomber, les *too big too fail*.

Les résultats sont accablants. Partant de 43.000 groupes sélectionnés dans la liste de l'OCDE, les auteurs ont analysé les recoupements, les participations et les filiales en analysant les degrés de contrôle des acteurs les uns sur les autres. Résultat : une structure en forme de nœud-papillon qui draine tous les profits vers des activités financières. L'existence de ce nœud soulève de nouvelles et importantes questions « *tant pour les chercheurs que pour les organes d'élaboration*

205 Rapport disponible sur http ://arxiv.org/abs/1107.5728.

des politiques », notent les auteurs. La conclusion est que 80% de l'ensemble des 43.000 multinationales étudiées sont contrôlées par 730 « entités » : des banques, des compagnies d'assurance et de grands groupes industriels. **Mais le nœud se fait au niveau de 147 multinationales qui possèdent à elles-seules 40% de l'ensemble.**

Au sein de ces « 147 », qui bien sûr se contrôlent entre-elles, 50 sont une « *super entité* » constituant un véritable Titan économique. Au sein de ces 50 dominants, on retrouve principalement les banques comme les Barclays Bank, JP Morgan, Merrill Lynch, Goldman Sachs, Morgan Stanley, Bnp-Paribas, Société Générale, Banque-Populaire-Caisse d'Épargne, Crédit Suisse, Deutsche Bank, Bank of New York Mellon et des compagnies d'assurance comme Natixis et Axa.

Seule la monétisation de la dette et le libre échange leur ont donné ce pouvoir. Dès lors, peut-on encore considérer que des États sont démocratiques si l'influence de ces groupes (qui agissent en sous-main) est occultée par les politiques et les journalistes face au citoyen.

Qui a donné aux banques (exemple JP Morgan, Goldman Sachs) le droit de posséder la nourriture par exemple ?

On sait au moins comment ils y sont parvenus. Le libre-échange et la financiarisation ont servi de bélier pour enfoncer les forteresses des pays indépendants, puis pour entrer par effraction dans nos vies. Et c'est la dette, et avant tout la dette d'État (car c'est la plus rentable et la plus sûre) qui leur a servi de marchepied puis de chaîne.

Comment ont-ils réussi ?

En empêchant les États d'émettre leur monnaie et en nous mettant à la porte de nos propres banques centrales.

Voilà l'aboutissement de la loi du 3 janvier 1973, promulguée par Valéry Giscard d'Estaing.

~ Conclusion ~

La France effacée des cartes

«Bon appétit, messieurs, ô ministres intègres !
Conseillers vertueux ! Voilà votre façon de servir,
Serviteurs qui pillez la maison !
Donc vous n'avez pas honte et vous choisissez l'heure,
L'heure sombre où l'Espagne agonisante pleure !
Donc vous n'avez ici pas d'autres intérêts
Que remplir votre poche et vous enfuir après !
Soyez flétris, devant votre peuple qui tombe,
Fossoyeurs qui venez le voler dans sa tombe ! »

Victor Hugo
Ruy Blas, III, 2

Pour nous Français, la loi du 3 janvier fut une expropriation en 1973. Il en advint de même plus tard pour les autres pays. Les politiques ont commencé par nous reléguer très loin, pour que nous ne puissions pas voir leur escroquerie (racket serait plus juste) alors que nous les avions élus pour servir l'État et défendre les intérêts de la France.

Si on regarde l'étendue du désastre aujourd'hui, on peut même se demander ce que les Français ont fait à leurs représentants pour mériter une telle punition, la mise en esclavage par la dette.

À l'heure de ces lignes, octobre 2012, il est clair pour tout le monde que le système (Parti Socialiste, soutenu par celui de l'UMP) ira jusqu'au bout de cette logique d'intérêts financiers au seul service de la disparition de la France. Le général de Gaulle avait écrit à ce propos que seul le peuple avait toujours empêché la France de « *rouler dans l'abîme d'où on ne revient pas* ». La politique des expédients et des politiques de « *rigueur* » n'aura qu'un temps : les marchés financiers demanderont toujours de plus en plus de gages et d'hypothèques en échange de leurs interventions pour « sauver » la France et les autres. Il suffit de voir comment ils ont détruit la Grèce, le Portugal, l'Espagne, l'Italie et l'Irlande. Notez au passage que ces « prêteurs » (ou acheteurs de notre dette) n'ont pu être garantis en « dernier ressort » que par le principe même de la dette qui a été développée à leur seule intention.

Des solutions bien plus radicales devront être trouvées. La dette est avant tout une chaîne pour les nations ; elle consomme leur temps et dissipe leur capacité d'agir. Comme le souligne Maurizio Lazzarato, « *elle nous prend nos possibles* », notre faculté de choix.

La loi du 3 janvier 1973 fut une étape française dans une grande transformation du monde, un véritable bond en arrière par rapport à l'époque de l'après-guerre où les pays avaient trouvé les moyens de réaliser un progrès démocratique sans précédent dans l'histoire, même s'il fut inachevé. Au moins, elles maîtrisaient leurs monnaies. C'est la classe politique entière qui a baissé la garde et qui a abandonné le pays. C'est pire qu'un complot. Comme le dit très bien Christian Noyer, actuel gouverneur de la banque qui fut naguère la Banque de France : « *la volonté d'autonomie des États doit s'effacer* »[206].

L'autonomie (petit rappel historique) est le principe de se donner sa propre *auto* loi *nomos*. Pour les Grecs, c'était l'une des définitions de la liberté. Autrement dit, c'est vous qu'on efface d'un revers de main. On n'est jamais mieux mis au rancard que par ses enfants. En réalité, ils ne nous ont même pas trahis car pour cela il eut fallu que nous existions vraiment à leurs yeux. Le peuple n'existe pas à leurs yeux, il n'a pas son mot à dire, il est trop bête.

Avant de mourir, le gaulliste Jacques Dauer, président fondateur de l'*Académie du Gaullisme*, l'un des fidèles parmi les fidèles du général avait dîné avec le secrétaire général du RPR, Jérôme Monod[207] à l'initiative de ce dernier. La discussion s'envenima sur le projet européen et les positions de Jacques Chirac. Excédé, Monod aura cette phrase terrible, et totalement contre-productive pour sa mission :

---

206 http ://lexpansion.lexpress.fr/economie/noyer-appelle-l-europe-a-aller-vers-davantage-d e-federalisme_308350.html

207 Haut fonctionnaire, secrétaire général du RPR, puis industriel, président de la Lyonnaise des Eaux.

« *Monsieur je suis industriel, et je vous le répète : votre France, c'est fini !* »

Le processus enclenché en 1973 fut un règlement de comptes entre les deux « France ». Celle qui s'est battue contre les Allemands, qui a reconstruit à partir de 1945, qui a voulu vivre, et celle qui n'y croyait plus et qui préférait être un petit bout de l'Europe et qui pense que la France « *c'est fini* ». Cette démission, cet abandon de l'élite par mépris, par intérêt ou par idéologie est le grand drame de la France d'aujourd'hui. Maurice Allais l'avait également souligné :

« *Il est aujourd'hui pour le moins paradoxal de constater que, pendant des siècles, l'Ancien Régime avait préservé jalousement le droit de l'État de battre monnaie, et le privilège exclusif d'en garder le bénéfice, la république démocratique a abandonné pour une grande part ce droit et ce privilège à des intérêts privés*[208] ».

Les intérêts des uns, l'idéologie des autres, la bêtise de tous, nous condamnent à voir au moins une partie du processus de cavalerie se dérouler sous nos yeux et s'effondrer. C'est là que la vraie nature de leur idéologie vient au jour, elle vous enlève le doute (*vous avez toujours raison*), l'empathie (*vous êtes le bien, les autres sont des ignorants ou des ennemis du bien*) et le remords (*si cela tourne mal ce n'est pas de ma faute* ou comme le dit à qui veut l'entendre Jacques Delors *c'est parce qu'on ne m'a pas écouté*). Espérons que les faits les arrêteront ou que quelqu'un y parviendra, car ils ne le feront jamais d'eux-mêmes.

Pour les citoyens, s'insurger est parfois le seul devoir si cela se passe dans la responsabilité et pas par des mouvements qui se contentent de s'indigner et qui ne vont guère plus loin. Notre élite a failli car la loi de janvier 1973 peut se résumer par « *comment remplacer un système qui fonctionnait par un système qui ne fonctionne pas et qui met la France, vous, moi, sous dépendance des banques puis des marchés financiers* ».

Plus simplement, comment arriver à payer plus cher à d'autres, souvent des étrangers, pour quelque chose que nous faisions parfaitement bien nous-mêmes.

---

[208] L'impôt sur le capital et la réforme monétaire, 1976.

En nous expropriant de notre Banque Centrale comme l'ont été une partie des peuples du monde (ceux sous l'influence ou la domination américaine), le pouvoir financier a vampirisé l'État et maintenant il étend chaque jour son emprise. Le professeur Bernard Conte[209] le résume brillamment avec le jeu du Monopoly :

« Le vainqueur est le joueur qui ruine ses adversaires. Dans le jeu, la banque joue un rôle central. La banque :

1) gère la totalité de l'argent et les titres de propriété qui ne sont pas encore achetés par les joueurs, verse les salaires et les primes, vend les propriétés et dirige les ventes aux enchères, vend les maisons et les hôtels, prête de l'argent sur des propriétés hypothéquées ».

2) Généralement un joueur est élu ou désigné banquier. Il s'occupe de la banque et dirige les ventes aux enchères. Il est important que ce joueur sépare les biens de la banque (argent, titres de propriété) des siens pour ne pas les mélanger.

Supposons que le banquier-joueur soit « indélicat » (soit un tricheur, un bankster) et qu'il puisse abuser de la « naïveté » de ses concurrents en « privatisant » la Banque.

En utilisant les réserves de la banque comme si elle lui appartenait, le banquier-joueur peut acheter les propriétés sur lesquelles son pion s'arrête, sans être limité par ses disponibilités monétaires...

De plus, lorsqu'un concurrent ne souhaite pas acheter une propriété sur laquelle son pion est placé et que celle-ci est mise aux enchères par la Banque, le banquier-joueur n'a aucune limite financière pour surenchérir et acquérir la propriété. Peu lui importe l'inflation des prix de l'immobilier (la bulle immobilière) puisqu'il puise dans le stock d'argent de la (sa) Banque.

Cette démarche est sans limite car « la banque ne fait jamais faillite : elle peut mettre en circulation autant d'argent que nécessaire sous forme de reconnaissance de dettes écrites sur du papier ordinaire »

Il apparaît que le banquier-joueur peut faire marcher la planche à billets pour acheter les propriétés, pour y construire maisons et hôtels qui lui permettent de rançonner ses concurrents, de les plumer, de les conduire à la faillite et ensuite de racheter leurs biens pour pas grand-chose.

---

[209] conte.u-bordeaux4.fr.

En fait, le comportement du Banquier-joueur (ou Bankster) rappelle celui de l'oligarchie financière internationale qui, à l'instar de la Banque Centrale américaine privée (la Fed), utilise la création monétaire pour acheter, avec du papier, la planète entière ».

À elle seule, la loi du 3 janvier 1973, avec ses tenants et aboutissants, résume la cupidité criminelle d'une caste aussi méprisante que suffisante, au service d'une Union Européenne et de l'Agence France Trésor succursales des États-Unis.

Au service de leur pouvoir, les marchés financiers et l'UE peuvent compter sur la servilité des journalistes. Ces derniers, trop heureux de fréquenter la classe dominante (que leur niveau de revenus ne leur permettrait pas de fréquenter) se gardent bien d'en dénoncer les travers de peur de perdre leur emploi et leurs petits avantages (voyages de presse, petit-déjeuners au Crillon et avantages en nature). Que peut-on attendre par exemple du journal Le Monde qui appartient à un banquier, Mathieu Pigasse ? Que peut-attendre de Libération qui appartient à Edouard de Rothschild ? De tous les journaux du groupe Lagardère et du Figaro de Serge Dassault, tous deux marchands d'armes, dépendants de l'État ?

Au-delà des logiques d'intérêt unissant les financiers, les hommes de presse et les politiques, qu'attendre de la plupart des journalistes pour qui Bruxelles est une religion et qui, pour la protéger, censureront et mentiront sans qu'on ait à leur demander ou à les forcer. Il est donc logique que les conséquences de la loi du 3 janvier n'aient jamais été mises en avant, ni critiquées. La presse, dans sa très grande majorité, est entièrement soumise parce qu'elle est contrôlée et/ou possédée par des gens proches soit de Bruxelles, soit des États-Unis (JP Morgan possède 10% de TF1 par exemple) soit du gouvernement en place. Cela permet de maintenir les peuples en général et les Français en particulier dans un état de désinformation « économique » permanent, comme vous avez pu le constater. Les effets à long terme de cette désinformation sont de maintenir et d'amplifier une « politique de terreur » empêchant la prise de conscience, le diagnostic et la mise en place de solutions. À long terme, elle provoquera, à un moment donné ou à un autre, l'effondrement psychologique de la population à qui on explique à longueur de journée (par exemple

BFM-TV, France2, TF1 ou Canal+) que ce qu'elle vit n'existe pas. Une population profondément traumatisée et apeurée (en temps de paix) sera réduite à l'état de foule malléable et agressive où les plus violents profiteront du désastre social (exemple : émeutes spontanées de Londres de l'été 2011). Karl Marx appelait cette sous-classe le *Lumpenproletariat*, qu'aujourd'hui on qualifie de « *racaille* ».

Pour éviter d'avoir à parler sérieusement des crises économiques (mondiale et de l'euro) comme ce fut le cas lors de la dernière campagne présidentielle, les télévisions rivalisent de créativité pour trouver les sujets les plus stupides afin de dévier la colère et occuper « *le temps de cerveau disponible* ». Les plans d'austérité s'appelant les uns les autres, il n'y aura pas de solution à cette crise sans :

1) L'intervention réelle de Banques Centrales rétablies dans leurs droits.

2) Des salaires calqués sur l'inflation et une inflation « à la française » qui étouffera la dette.

3) Un retour des notions d'État et de Frontières.

4) Un nettoyage du système politique et économique actuel qui, en plus d'avoir failli et volé les Français, les pousse, jour après jour, vers l'effondrement et la violence.

Le système actuel est en grande partie un système virtuel condamné à l'effondrement. En d'autres termes, nous sommes partis pour une nouvelle Révolution Française.

Annexe I

Comprendre l'esprit de 1973 avec Jean-Paul Sartre & Edmond de Rothschild

Les textes suivants nous ont semblé représentatifs des deux courants d'opinion dominants des années 1970 : celui des post « soixante-huitards » et celui des giscardiens.

« Les militants socialistes et la construction européenne »

L'opinion de Jean-Paul Sartre du 10 février 1977 dans la presse :

Nous vivons à l'époque des mystifications. À lire la presse, à écouter la radio, à voir s'agiter M. Giscard devant la télévision, on pourrait croire que nous sommes simplement dans une période un peu difficile, certes, mais qui ne tardera pas à s'améliorer... avec quelques sacrifices de la part des ouvriers et des paysans, bien entendu.

Tout cela n'est pas sérieux. Depuis quelques semaines, au contraire, la situation internationale et nationale se dégrade et se déstabilise sous nos yeux. Issus de la crise de 1973 et de la **guerre économique ouverte par les États-Unis contre l'Europe et le Japon**, de nouveaux rapports de force, une nouvelle division internationale du travail, entraînent la dégradation de l'économie, l'accroissement du chômage, la décomposition des structures politiques de l'Angleterre et de l'ensemble des pays de l'Europe méridionale. Le temps nous est désormais mesuré à tous. En France, la montée vers le pouvoir du national-travaillisme de M. Chirac montre qu'effectivement « *le ventre est encore fécond d'où est sortie la bête immonde* ».

Dans un tel contexte, une réflexion nouvelle s'impose à l'ensemble des forces de gauche et d'extrême gauche. Aujourd'hui, si je m'adresse à vous publiquement, militants du parti socialiste, c'est parce qu'aucun des projets essentiels de l'adversaire de classe au pouvoir ne pourra se réaliser sans l'accord, au moins tacite, de votre parti. M. Giscard le sait et le dit ouvertement. Sans votre consentement, ses projets européens et sa politique d'austérité sont à terme voués à la faillite. Les avances qu'il multiplie à la direction du P.S. suffisent à le prouver.

Je comprends, même si je ne les partage pas, les espoirs qui ont poussé tous ceux qui, écoeurés ou lassés par la droite qui gouverne le pays sans interruption depuis bientôt vingt-cinq ans, ont rejoint le parti qui leur paraissait le plus efficace, le mieux apte à les accueillir et à modifier l'équilibre des forces. À ces nouveaux militants socialistes, je n'ai pas à cacher, au cas où ils l'ignoreraient, que j'ai naguère combattu de mon mieux la politique algérienne et pro-américaine de la S.F.I.O. De M. Mollet et que je demeure aujourd'hui irréductiblement hostile aux thèses « atlantiques » des principaux dirigeants du parti socialiste actuel. Toutefois, par-delà ces divergences, la montée des périls me paraît si dangereuse pour l'avenir de la liberté que je veux m'adresser à vous dans l'espérance que votre parti réfléchisse encore collectivement avant de s'engager dans le « chemin européen » où il est poussé aujourd'hui.

L'Europe que nous présentent MM. Carter, Schmidt, Giscard et Andreotti est sans rapport aucun avec l'internationalisme prolétarien, sans rapport avec l'Europe des travailleurs dont rêve depuis un siècle le mouvement ouvrier occidental. Dans l'esprit de ses promoteurs, il s'agit, au contraire, dans la dynamique actuelle des forces de classe de construire **une Europe du capital, qui sera nécessairement dominée par les sociétés multinationales germano-américaines**. Un examen des forces en présence montre, au contraire, que l'Assemblée européenne élue dans un tel contexte servira seulement d'instrument institutionnel à cette domination. (...).

Au contraire, le programme commun de gouvernement, dont

on peut penser ce que l'on veut mais dont quelques dispositions, si elles étaient vraiment appliquées, suffiraient à provoquer la fureur de la droite et à la précipiter vers une sorte de coup d'État légal. L'importance du parti socialiste au sein des forces de gauche devrait donc normalement conduire ses militants à une réflexion approfondie sur cette question vitale. Or ce n'est pas cela. Au contraire, le problème de l'Europe est pudiquement éludé, sans doute sous le prétexte qu'il oppose trop gravement les deux principaux partis de l'union de la gauche.

Un appel a récemment été lancé « *pour la constitution d'un comité d'action contre l'Europe germano-américaine et l'élection d'un Parlement à son service* ». Que dit cet appel ? **Il dit que l'inflation, le chômage, la dégradation des monnaies, la récession, ne seront pas résolus par les plans d'austérité lancés par les gouvernements capitalistes de l'Europe du Sud, car ils résultent nécessairement du nouvel ordre international imposé à l'Europe par les États-Unis et ses alliés de la République fédérale allemande.**

Cette politique d'austérité s'abattra nécessairement sur les masses, non sur les privilégiés. Elle ne s'appliquera ni dans la facilité, ni dans la joie. Les salariés auront évidemment tendance à les refuser. Il faudra alors la leur imposer en utilisant contre eux les pouvoirs de l'État. C'est ainsi que les dirigeants de la droite comptent se sortir de la crise en modifiant la légalité. C'est pourquoi des États forts d'un type nouveau se profilent aujourd'hui à l'horizon de la crise.

L'Europe devient une nouvelle Amérique latine. Tandis que l'Allemagne de l'Ouest est devenue la première puissance économique militaire et politique et de l'Europe, les bourgeoisies de l'Europe du Sud se débattent, ou sombrent, dans des difficultés inextricables. Il est probable qu'elles préféreront se soumettre sans conditions au « *leadership* » germano-américain plutôt que de passer la main à ce qu'elles appellent les coalitions socialo-marxistes. Ceux qui pensent sincèrement que, dans un pareil contexte, ils bâtiront une Europe indépendante feraient bien de se méfier et de réfléchir. Le temps est loin où le général de Gaulle s'opposait à l'hégémonie américaine. L'élection d'un Parlement européen au suffrage universel, préparée en commun en France par MM. Giscard et Chirac, n'est qu'une abdication de fait devant **la stratégie et la pression américaine : abdication qui conduit directement à un proconsulat allemand sur l'Europe.**

Militants socialistes, allez-vous ratifier un tel projet en votant avec Giscard et avec le RPR ? Les événements politiques qui surviennent en France en ce moment même s'éclairent singulièrement à la lumière de l'analyse précédente. La société libérale avancée touche à son terme. Elle peut déboucher à tout moment sur l'avènement d'hommes et de forces qui ne feraient pas grand cas des libertés ni même de la légalité. Un beau matin, comme en RFA, la chasse aux « collectivistes » pourrait bien s'ouvrir.

Il est parfaitement illusoire de compter sur la dynamique des luttes en Europe pour infléchir le cours des choses. Les appuis manquent sur le plan européen, même au niveau des partis socialistes. Il est évident, en particulier, que la social-démocratie allemande est depuis sa reconstitution en 1945 un des instruments privilégiés de l'impérialisme américain en Europe. Elle a, d'abord, puissamment contribué à la reconstitution du capitalisme en Allemagne de l'Ouest en orientant la classe ouvrière vers la collaboration avec les anciens maîtres nazis du grand capital et de la banque allemande. Elle a ouvert ensuite elle-même la chasse aux « sorcières de gauche » qui s'amplifie aujourd'hui en R.F.A. Plus de cinq cent mille enquêtes y sont aujourd'hui ouvertes dans le cadre des lois scélérates sur les *Berufsverbote* et la police de la République fédérale y pratique l'assassinat et la torture légale de certains adversaires de l'ordre capitaliste. Le chancelier « *socialiste* » Schmidt a enfin lancé le réarmement de son pays. En violation directe des traités, il s'engage même aujourd'hui dans la fabrication de bombes atomiques au Brésil et en Afrique du Sud. Il rejette brutalement tout projet sérieux d'aide au tiers-monde. Il pousse l'arrogance jusqu'à intervenir publiquement dans les affaires intérieures du Portugal et de l'Italie, car il dispose de la force et des appuis nécessaires. La ligne de son gouvernement prolonge et précède en effet naturellement **la nouvelle stratégie définie par la Commission Trilatérale aux États-Unis**.

Certes, la décision de votre parti sur l'Europe est tout entière entre vos mains. Mais je veux conclure cette lettre sur l'idée que la façon même dont les partisans de l'Europe capitaliste s'efforcent d'obtenir la ratification d'un projet qui engage tout un peuple dans une voie irréversible est suspecte et devrait provoquer son rejet par tout partisan de la démocratie dans ce pays.

M. Giscard, en effet, manœuvre et s'efforce d'escamoter le débat. Il intrigue dans les coulisses. Il multiplie les pressions et les concessions de pure forme. Il se vante même publiquement de disposer par avance de l'accord de votre parti pour ratifier son projet. L'honnêteté, le courage, l'honneur, auraient voulu qu'il ouvre un large débat devant le pays et que celui-ci soit directement consulté. Ce n'est pas le cas. Mes amis du Comité d'action et moi-même avons fait depuis quelques semaines l'expérience de la volonté d'étouffer et d'escamoter le débat sur l'Europe, pratiquée par l'immense majorité de la presse, par la radio et par la télévision. En m'adressant à vous directement, j'ai encore l'espoir que vous l'engagerez avec nous, à la fois dans votre parti et devant l'opinion publique tout entière.

Si la gauche doit diriger un jour ce pays, elle se doit, à l'inverse de la droite, de regarder la vérité en face. **On ne peut espérer séparer aujourd'hui la politique intérieure des problèmes internationaux, ni transformer la société en France sans combattre l'hégémonie germano-américaine sur l'Europe occidentale.**

Jean-Paul SARTRE

Interview d'Edmond de Rothschild

Équivalent de l'époque du magazine *Challenges*, Edmond de Rothschild, banquier, patron de la Compagnie Financière du même nom (et cousin de Guy de Rothschild, patron de la banque Rothschild) explique sa position et celle des milieux d'affaires sur l'Europe dans le numéro 775 d'*Entreprise* du 18 juillet 1970, pages 62 à 65.

Entreprise : Face à ces firmes multinationales, vous estimez néanmoins que les affaires petites et moyennes conservent toutes leurs chances ?

Edmond de Rothschild : Les structures économiques vont suivre la même évolution que les structures politiques. Dans ce dernier domaine, l'Europe de l'ouest – c'est-à-dire les six pays du Marché commun plus la Grande-Bretagne, peut-être l'Irlande et les pays scandinaves selon des modalités à définir – vont constituer **une Europe politique fédérale.** Mais parce que chaque individu éprouve le besoin de se situer dans un milieu restreint, il s'identifiera à une province, que ce soit le Wurtemberg ou la Savoie, la Bretagne, l'Alsace Lorraine.

(...)

Dans ces conditions la structure qui va disparaître, le verrou qui doit sauter, c'est la Nation parce qu'elle est inadaptée au monde moderne : tantôt trop petite, tantôt trop grande.

De même que la province, au plan politique, bénéficiera d'une beaucoup plus grande autonomie au sein de l'Europe que le département au sein de la nation, de même, au plan des structures industrielles, la petite ou moyenne entreprise à laquelle l'individu pourra s'identifier sera beaucoup plus autonome qu'aujourd'hui.

En revanche l'entreprise ayant un petit nombre d'actionnaires, dirigée par un groupe familial et qui faisait figure de grande firme dans le capitalisme de la fin du dix-neuvième siècle et même jusqu'à ces dernières années, **celle-là va disparaître**. Les chocolateries Menier d'autrefois représentent, par exemple, le prototype de ce qui ne pourra plus exister : elles avaient leurs propres plantations de cacao, leurs propres bateaux, leurs propres ateliers de fabrication de cageots ! Sauf dans la chimie, l'impérialisme familial et l'intégration verticale vont disparaître.

Les entreprises petites et moyennes ne perdront rien à cette disparition, alors qu'elles ont beaucoup à gagner au développement des grandes affaires multinationales. C'est pourquoi je vois se dessiner, dans un avenir à dix ou vingt ans, des perspectives qui sont beaucoup plus brillantes pour elles que ne l'est la situation présente. La complexité de la grande entreprise et la multitude des opérations qu'elle doit effectuer rend, en effet, plus que jamais indispensable le recours à des sous-traitants spécialisés. (...)

Annexe II

Le cœur financier de la planète

Liste des 50 entreprises ayant la plus grande influence au monde par rapport aux participations qu'elles possèdent via des participations croisées dans les autres entreprises/multinationales.

1 BARCLAYS : banque et services financiers
2 CAPITAL GROUP : gestion de fonds de pension
3 FMR : gestion d'actifs pour compte de tiers (gestion de fortune) et services financiers
4 AXA : assureur, gestion d'actifs
5 STATE STREET : services financiers
6 JP MORGAN CHASE : finance et assurance
7 LEGAL & GENERAL : assureur, services financiers
8 VANGUARD GROUP : société d'investissement
9 UBS : banque, services financiers
10 MERRILL LYNCH : société de gestion
11 WELLINGTON MANAGEMENT : société de gestion
12 DEUTSCHE BANK : banque, services financiers
13 FRANKLIN RESOURCES : société de gestion
14 CREDIT SUISSE : banque, services financiers
15 WALTON ENTERPRISES : société de gestion dédiée à la fortune de la famille Walton
16 BANK OF NEW YORK MELLON : banque, services financiers
17 NATIXIS : banque de financement et d'investissement
18 GOLDMAN SACHS : banque d'investissement
19 T. ROWE PRICE : société de gestion
20 LEGG MASON : société de gestion
21 MORGAN STANLEY : banque d'investissement
22 MITSUBISHI UFJ FINANCIAL : banque, services financiers
23 NORTHERN TRUST : société de gestion
24 SOCIÉTÉ GÉNÉRALE : banque, services financiers

25 BANK OF AMERICA : banque, services financiers
26 LLOYDS TSB : banque, assureur, services financiers
27 INVESCO : société de gestion
28 ALLIANZ : assureur, services financiers
29 TIAA : assurance, fond de pension
30 OLD MUTUAL PUBLIC : assurance, services financiers
31 AVIVA : assurance, services financiers
32 SCHRODERS : société de gestion
33 DODGE & COX : société de gestion
34 LEHMAN BROTHERS HOLDINGS. : ex-banque tous ses actifs sont en ce moment même revendus
35 SUN LIFE FINANCIAL : assureur
36 STANDARD LIFE : assureur, services financiers
37 CNCE : banque, services financiers
38 NOMURA HOLDINGS : banque d'investissement, services financiers
39 THE DEPOSITORY TRUST : Société de compensation (clearing), services financiers aux clients institutionnels
40 MASSACHUSETTS MUTUAL LIFE : assureur, société de gestion
41 ING GROEP : banque, services financiers
42 BRANDES INVESTMENT PARTNERS : société de gestion
43 UNICREDITO ITALIANO : banque, services financiers
44 DEPOSIT INSURANCE CORPORATION OF JAPAN : fond de garantie bancaire du Japon
45 VERENIGING AEGON : assureur, société de gestion, services financiers
46 BNP PARIBAS : banque, services financiers
47 AFFILIATED MANAGERS GROUP : société de gestion, hedge fund
48 RESONA HOLDINGS : banque, services financiers
49 CAPITAL GROUP INTERNATIONAL : fonds de pension
50 CHINA PETROCHEMICAL : entreprise pétrolière

Annexe III
Le *Rapport Pébereau*

LETTRE DE MISSION

Liberté • Égalité • Fraternité
RÉPUBLIQUE FRANÇAISE

LE MINISTRE DE L'ECONOMIE, DES FINANCES ET DE L'INDUSTRIE

Paris, le 08 JUIL. 2005

Monsieur le Président, Cher Michel,

La France a des atouts très importants dans la compétition mondiale mais vit désormais au dessus de ses moyens après avoir accumulé des déficits publics considérables depuis vingt-cinq ans. La dette publique dépasse mille milliards d'euros, soit plus de dix sept mille euros par Français. Pour la première fois, en 2006, l'impôt sur le revenu payé par l'ensemble des ménages français ne servira pratiquement qu'à rembourser les intérêts de la dette publique au lieu de servir à préparer l'avenir et à renforcer le service public. Cette situation reflète la difficulté de la France à mettre en œuvre les réformes nécessaires au redressement de ses finances publiques et donc à la pérénité de son modèle de société.

Seul un grand débat national permettra de sensibiliser les Français à l'impératif d'une gestion plus prévoyante des finances publiques mais aussi plus responsable face au vieillissement démographique et aux défis économiques qui sont les nôtres.

En raison de votre compétence économique et financière, de votre expérience européenne et internationale, j'ai décidé de vous confier le soin de préparer et animer ce débat. Vous vous attacherez en particulier à :

- mettre en évidence les conditions dans lesquelles la dette publique actuelle s'est constituée ;
- définir les orientations et les mesures nécessaires pour assurer le redressement de nos finances publiques et réduire leurs charges pour le futur,
- et proposer toutes mesures de nature à dégager des marges de manoeuvre nouvelles en appui des réformes que doit mettre en œuvre notre pays, y compris les mesures relatives à la gestion de la dette elle-même.

Je souhaite que la commission que vous allez présider ait le souci de consulter les forces vives de notre pays.

Vous disposerez naturellement du plein appui des administrations du Ministère de l'Economie, des Finances et de l'Industrie.

Je souhaite que votre rapport me soit remis à la fin de l'automne et vous prie de croire, Monsieur le Président, à l'assurance de ma considération distinguée.

Avec mes remerciements,

Thierry Breton

Monsieur Michel PEBEREAU
Président de BNP PARIBAS
3 rue Dantin
75002 PARIS

MINISTÈRE DE L'ÉCONOMIE
DES FINANCES ET DE L'INDUSTRIE

Lettre de mission Dette 24062005BIS.doc

Le rapport de Michel Pébereau (conseiller technique au cabinet de Giscard d'Estaing et futur proche d'Edouard Balladur) sur la dette publique fut commandé en 2005 par Thierry Breton, alors Ministre de l'Économie. Parmi ses conclusions[210], nous relevons, page 17 :

> « *L'alourdissement de l'endettement des administrations publiques ne leur a pas été imposé.*
>
> *Il est le résultat d'une gestion des dépenses publiques qui n'a pas été suffisamment rigoureuse depuis 25 ans.*
>
> *La dette est en fait une facilité à laquelle la France a cédé en raison des lourdeurs et des incohérences de son organisation administrative, et plus fondamentalement, de ses pratiques politiques et collectives* ».

Toutefois le rapport reconnaît que « *paradoxalement, c'est dans les années qui ont suivi immédiatement la négociation de Maastricht, en 1991, qu'elle a le plus rapidement augmenté : entre 1991 et 1997, la part de la dette dans la production nationale est passée de 36,2 à 58,5%, soit une augmentation de près de 60%* » (page 16).

Il faut rappeler que dans la commission de Michel Pébereau (président de BNP-Paribas) nous retrouvons monsieur Camdessus (ancien directeur du FMI, ancien gouverneur de la Banque de France), Alain Lambert (ancien ministre délégué au Budget), Pascal Lamy (ancien commissaire européen, ancien directeur de l'OMC), Jacques de la Rosière (ancien gouverneur de la Banque de France, ancien directeur général du FMI) et Xavier Musca (le conseiller qui convaincra Nicolas Sarkozy de s'attacher au AAA « *avec les dents* ») pour les plus importants. Heureusement que la dette est de la faute des Français.

[210] www.minefi.gouv.fr/notes_bleues/nbb/nbb301/pebereau.pdf

Annexe IV

La dette et l'indépendance nationale

La dette est non seulement un instrument d'influence des banques et des marchés sur l'État, mais également entre les États eux-mêmes.

FRANCE

Les États-Unis possèdent 202 milliards d'euros de dettes totales françaises.

L'Angleterre en possède 227 milliards d'euros.

L'Allemagne en possède 123 milliards d'euros.

Le Japon en possède 82 milliards d'euros...

L'Italie en possède 37,6 milliards.

La Suisse en possède 16,22 milliards.

(source www.bbc.co.uk/news/business-15748696 de novembre 2011, sources FMI et BRI)

(pour la Suisse, source BRI, 2010)

DETTE TOTALE PAR HABITANT DÉTENUE PAR L'ÉTRANGER...

Français :	66.508 euros
Espagnol :	41.366 euros
Portugais :	38.081 euros
Irlandais :	380.969 euros
Italien :	32.875 euros
Japonais :	15.934 euros
Grec :	38.073 euros
Anglais :	117.580 euros
Allemand :	50.659 euros
Américain :	35.156 euros

sources : BBC, FMI, BRI

Annexe V

Les Listes des députés et sénateurs qui avaient voté les différentes lois affectant le statut de la Banque de France.

Vous trouverez les noms des parlementaires qui ont voté les différentes loi qui ont affecté le statut de la Banque de France. La loi dite du 3 janvier 1973 fut présentée le 3 octobre 1972 au Sénat. Elle sera adoptée une première fois devant le Sénat puis renvoyée par l'Assemblée Nationale. Adoptée définitivement le 18 décembre 1972 par les 2 chambres. Elle sera officialisée par le Journal Officiel du 3 janvier 1973.

Le second texte est le Traité de Maastricht adopté par la loi constitutionnelle du 25 juin 1992. Celle-ci fut adoptée devant l'Assemblée Nationale en deuxième lecture le 25 juin 1992. Elle fut adoptée devant le Sénat le 18 juin 1992 (c'est un anti-18 juin).

Le troisième texte est la loi du 4 août 1993 sur le statut de la Banque de France. Elle fut présentée le 13 juillet au Sénat.

Le quatrième texte est la loi du 12 mai 1998. Elle fut présentée le 7 avril à l'Assemblée Nationale et le 29 avril au Sénat.

Le cinquième texte est la loi constitutionnelle adoptant le Traité de Lisbonne du 13 février 2008. Elle fut adoptée par l'Assemblée Nationale le 13 février et par le Sénat le 29 janvier.

Le dernier texte est le vote adoptant le MES du 21 février 2012

Nous livrons ici à nos lecteurs une transcription des débats du Parlement, seul fait foi l'original du Journal Officiel dont nous donnons les références.

Loi n°73-7 du 3 janvier 1973
Direction et administration de la Banque de France

Note : la loi n°73-7 du 3 janvier 1973, n'a pas fait l'objet d'un scrutin public mais a été votée à main levée, aussi il est impossible de savoir qui individuellement a nommément voté « pour » ou voté « contre ». Cependant le résultat du scrutin est annoncé comme suit :

Le Président : Personne ne demande plus la parole ? Je mets aux voix l'ensemble du projet de loi.

Guy Ducoloné : Le groupe communiste vote contre.

Charles Privat : Le groupe socialiste également.

L'ensemble du projet de loi est adopté[211].

Il est possible qu'un ou plusieurs communistes et/ou socialistes aient voté pour.

Loi constitutionnelle n° 92-554 du 25 juin 1992 ajoutant à la Constitution un titre "Des Communautés européennes et de l'Union Européenne"

Suite aux référendum du 7 février 1992, par le Parlement réuni en Congrès.

Scrutin n° 673, 2e séance du 18 juin 1992, *sur l'ensemble du projet de loi constitutionnelle ajoutant à la Constitution un titre : « Des Communautés européennes et de l'Union Européenne » (deuxième lecture)*[212]

Nombre de votants 433 ; Nombre de suffrages exprimés 431 ; Majorité absolue 216 ; Pour l'adoption 388 ; Contre 43 ; **L'Assemblée Nationale a adopté.**

---

[211] Extrait du Journal Officiel de la séance de l'Assemblée Nationale de la séance unique du 18 Décembre 1972, p.6293. archives.assemblee-nationale.fr/4/cri/1972-1973-ordinaire1/086.pdf

[212] Archives.assemblee-nationale.fr/9/cri/1991-1992-ordinaire2/077.pdf

Ont voté pour : Maurice Adevah-Pœuf, Jean-Marie Alaize, Jean Albouy, Edmond Alphandéry, Jacqueline Alquier, Nicole Ameline, Jean Anciant, Bernard Angels, Robert Anselin, Henri d'Attilio, Jean Auroux, Jean-Marc Ayrault, Jean-Paul Bachy, Jean-Pierre Baeumler, Jean-Pierre Balduyck, Jean-Pierre, alligand, Gérard Bapt, Régis Barailla, Claude Barande, Bernard Bardin, Alain Barrau, Raymond Barre, Jacques Barrot, Claude Bartolone, Philippe Bassinet, Christian Bataille, Jean-Claude Bateux, Umberto Battist, Dominique Baudis, François Bayrou, Jean Beaufils, René Beaumont, Guy Bêche, Jacques Becq, Jean Bégault, Roland Beix, André Bellon, Jean-Michel Belorgey, Serge Beltrame, Georges Benedetti, Pierre de Benouville, Jean-Pierre Bequet, Michel Bérégovoy, Pierre Bernard-Reymond, François Bernardini, Michel Berson, André Billardon, Bernard Bioulac, Claude Birraux, Jacques Blanc, Jean-Claude Blin, Roland Blum, Jean-Marie Bockel, David Ohbot, Jean-Claude Bois, Gilbert Bonnemaison, Alain Bonnet, Augustin Bonrepaux, André Borel, Bernard Bosson, Huguette Bouchardeau, Jean-Michel Boucheron (Charente), Jean-Michel Boucheron (Ille-et-Vilaine), Jean-Claude Boulard, Jean-Pierre Bouquet, Claude Bourdin, René Bourget, Pierre Bourguignon, Jean Bousquet, Loïc Bouvard, Jean. Pierre Braine, Pierre Brana, Jean-Guy Branger, Jean-Paul Bret, Maurice Briand, Jean Briane, Jean Brocard, Albert Brochard, Alain Brune, Denise Cacheux, Jean-Paul Calloud, Alain Calmat, Jean-Marie Cambacérès, Jean-Christophe Cambadelis, Jacques Cambolive, André Capet, Jean-Marie Caro, Michel Cartelet, Bernard Carton, Elie Castor, Bernard Cauvin, Robert Cazalet, René Cazenave, Aimé Césaire, Guy Chanfrault, Jean-Paul Chanteguet, Jean Charbonnel, Hervé de Charette, Bernard Charles, Marcel Charmant, Michel Charzat, Georges Chavanes, Jean-Claude Chermann, Daniel Chevallier, Paul Chollet, Didier Chouat, Pascal Clément, André Clert, Michel Coffineau, François Colcombet,, Georges Colin, Louis Colombani, Georges Colombier, René Couanau, Yves Coussain, Jean-Yves Cozan, Michel Crépeau, Jean-Marie Daillet, Marc-Philippe Daubresse, Pierre-Jean Davaud, Martine David, Jean-Pierre Defontaine, Marcel Dehoux, André Delattre, Francis Delattre, Jacques Delhy, Jean-François Deniau, Albert Denvers, Léonce Deprez, Bernard Derosier, Jean Desanlis, Freddy Deschaux-Beaume, Jean-Claude Dessein, Michel Destot, Paul Dhaille, Willy Diméglio, Michel Binet, Marc Dolez, Yves Dollo, Jacques Dominati, René Dosière, Maurice Dousset, Raymond Douyère, Julien Dray, René Drouin, Claude Ducert, Pierre Ducout, Jean-Louis Dumont, Dominique Dupilet, Adrien Durand, Georges Durand, Yves Durand, Jean-Paul Durieux, Paul Duvaleix, Janine Ecochard, Charles Ehrmann, Henri Emmanuelli, Pierre Esteve, Claude Evin, Laurent Fabius, Albert Facon, Jacques Farran, Charles Fèvre, Jacques Fleury, Jacques Floch, Pierre Forgues, Raymond Forni, Alain Fort, Jean-Pierre Foucher, Michel Françaix, Serge Franchis, Roger Fronzani, Georges Frêche, Yves Fréville, Michel Fromet, Jean-Paul Fuchs, Claude Faillard, Claude Gaits, Claude Galant, Bertrand Gallet, Dominique Gambier, Gilbert Gantier, Pierre Garmendia, René Garrec, Marcel Garrouste, Kamilo Gata, Jean-Yves Gateaux, Jean Gatel, Claude Gatignol, Jean Gaubert, Francis Geng, Germain Gengenwin, Claude Germon, Edmond Gerrer, Jean Giovanelli, François-Michel Gonnot, Joseph Gourmelon, Hubert Gouze, Gérard Gouzes, Léo Grézard, Gérard Grignon, Hubert Grimault, Ambroise Guellec, Jean Guigné, Jean-Yves Haby, François d'Harcourt, Edmond Hervé, Jacques Heuclin, Pierre Hiard, François Hollande, Roland Huguet, Xavier Hunault, Jacques Huyghues des Etages, Jean-Jacques Hyest, Bernadette Issac-Sibille, Gérard Istace, Marie Jacq, Denis Jacquat, Michel Jacquemin, Frédéric Jalton, Henry Jean-Baptiste, Jean-Jacques Jégou, Jean-Pierre Joseph, Noel Josèphe, Alain Journet, Aimé Kergueris, Christian Kert, Emile Koehl, Jean-Pierre Kucheida, André Labarrère,

Jean Laborde, Jean Lacombe, Marc Lafilleur, Pierre Lagorce, Jean-François Lamarque, Alain Lamassoure, Jérome Lambert, Michel Lambert, Edouard Landrein, Jean-Pierre Lapaire, Claude Laréal, Dominique Larifla, Jean Laurain, Jacques Lavédrine, Gilbert Le Bris, Marie-France Lecuir, Jean-Yves Le Déaut, Jean-Marie Leduc, Robert Le Foll, Bernard Lefranc, Jean Le Garrec, Jeen-Marie Le Guen, André Lejeune, Georges Lemoine, Guy Lengagne, Alexandre Léontieff, François Léotard, Pierre Equiller, Roger Léron, Alain Le Vern, Maurice Ligot, Claude Lise, Robert Loïdi, Gérard Longuet, Guy Lordinot, Jeanny Lorgeoux, Maurice Louis-Joseph-Dogué, Jean-Pierre Luppi, Alain Madelin, Bemard Madrelle, Jacques Mahéas, Guy Malandain, Marie-Claude Malaval, Thierry Mandon, Raymond Marcellin, Jean-Pierre Marché, Roger Mas, René Massat, Marius Masse, François Massot, Gilbert Mathieu, Didier Mathus, Jean-François, attei, Joseph-Henri Maujouan du Gasset, Pierre Mauroy, Pierre Méhaignerie, Pierre Merli, Georges Mesrdn, Philippe Mestre, Pierre Métais, Charles Metzinger, Michel Meylan, Henri Michel, Didier Migaud, Charles Millon, Claude Miqueu, Gilbert Mitterrand, Marcel Mocoeur, Guy Monjalon, Gabriel Montcharmont, Louise Moreau, Alain Moyne-Bressand, Bernard Nayral, Alain Néri, Jean-Marc Nesme, Jean-Paul Nunzi, Jean Oehler, Pierre Ortet, Arthur Paecht, Monique Papon, Michel Pelchat, Jean-Pierre Pénicaut, Francisque Perrut, Jean-Claude Peyronnet, Michel Pezet, Jean-Pierre Philibert, Yann Piat, Christian Pierret, Yves Pillet, Charles Pistre, Jean-Paul Planchou, Bernard Poignant, Ladislas Poniatowski, Alexis Pota, Maurice Pourchon, Jean Proriol, Jean Proveux, Jean-Jack Pueyranne, Jean-Claude Ramos, Guy Ravier, Alfred Recours, Daniel Refiler, Marc Reymann, Alain Richard, Jean Rigal, Jean Rigaud, Gaston Rimareix, Roger Rinchet, Dominique Robert, Gilles de Robien, François Rochebloine, Alain Rodet, Jacques Roger-Machart, José Rossi, André Rossinot, Yvette Roudy, René Rouquet, Francis Saint-Ellier, Michel Sainte-Marie, Rudy Salles, Philippe Sanmarco, Jean-Pierre Santa Cruz, André Santini, Jacques Santrot, Gérard Saumade, Robert Savy, Bernard Schreiner (Yvelines), Roger-Gérard, Schwartzenberg, Robert Schwint, Jean Seitlinger, Patrick Seve, Henri Sicre, Bernard Stasi, Marie-Josèphe Sublet, Yves Tavernier, Paul-Louis Tenaillon, Jean-Michel Testu, Michel Thauvin, André Thien Ah Koon, Pierre-Yvon Trémel, Edmond Vacant, Daniel Vaillant, Philippe Vasseur, Emile Vernaudon, Pierre Victoria, Joseph Vidal, Alain Vidalies, Gérard Vignoble, Jean-Paul Virapoullé, Jean Vittrant, Michel Voisin, Marcel Wacheux, Aloyse Warhouver, Jean-Jacques Weber, Pierre-André Wiltzer, Claude Wolff, Jean-Pierre Worms, Adrien Zeller.

Ont voté contre : François Asensi, François d'Aubert, Jean-Yves Autexier, Marcelin Berthelot, Alain Bocquet, Christine Boutin, Jean-Pierre Brard, Jacques Brunhes, René Carpentier, Roland Carraz, Jean-Pierre Chevénement, Jean-François Delahais, André Duroméa, Jean-Claude Gayssot, Pierre Goldberg, Roger Gouhier, Alain Griotteray, Georges Hage, Guy Hermier, Muguette Jacquaint, André Lajoinie, Jean-Claude Lefort, Daniel Le Meur, Roger Lestas, Paul Lombard, Georges Marchais, Alain Mayond, Gilbert Millet, Robert Montdargent, Ernest Moutoussamy, Jean-Pierre de Peretti della Rocca, Louis Pierna, Jean-Luc Préel, Jacques Rimbault, André Rossi, Christian Spiller, Marie-France Stirbois, Michel Suchod, Jean Tardito, Fabien Thiémé, Théo Vial-Massat, Yves Vidal, Philippe de Villiers.

Scrutin public à la tribune, séance du Congrès du mardi 23 juin 1992 – *sur le projet de loi constitutionnelle ajoutant à la Constitution un titre : « Des communautés européennes et de l'Union Européenne »*[213]

Résultats du pointage

Nombre de votants 679 ; Nombre de suffrages exprimés 665 ; Majorité requise pour l'adoption du projet de révision (3/5 des suffrages exprimés) 399 ; Pour l'adoption 592 ; Contre 73 ; **Le Congrès du Parlement a adopté.**

Ont voté pour : François Abadie, Maurice Adevah-Poeuf, Philippe Adnot, Michel d'Aillières, Jean-Marie Alaize, Jean Albouy, Paul Alduy, Guy Allouche, Edmond Alphandéry, Jacqueline Alquier, Nicole Ameline, Jean Anciant, Bernard Angels, Robert Andin, Maurice Arreckx, Jean Arthuis, Alphonse Arzel, Henri d'Attilio, Jean Auroux, François Autain, Germain Authié, Jean-Marc Ayrault, Jean-Paul Bachy, Jean-Pierre Baeumler, José Balarello, Jean-Pierre Balduyck, René Ballayer, Jean-Pierre Balligand, Gérard Bapt, Régis Barailla, Claude Barande, Bernard Badin, Michel Barnier, Alain Barrau, Bernard Barraux, Raymond Barre, Jacques Barrot, Claude Bartolone, Philippe Bassinet, Christian Bataille, Jean-Paul Bataille, Jean-Claude Bateux, Umberto Battist, Dominique Baudis, Gilbert Baumet, Jean-Pierre Bayle, François Bayrou, Jean Beaufils, René Beaumont, Guy Bèche, Jacques Becq, Jean Bégault, Roland Beix, Gilbert Belin, Jacques Bellanger, André Bellon, Jean-Michel Belorgey, Claude Belot, Serge Beltrame, Georges Benedetti, Pierre de Benouville, Jean-Pierre Bequet, Georges Berchet, Michel Bérégovoy, Pierre Bernard, Roland Bernard, Daniel Bernardet, François Bernardini, Michel Bers«, Jean Besson (Drôme), André Bettencourt, Jacques, Bialski, Pierre Bernés, André Billardon, Jacques Bimbenet, Bernard Bioulac, Claude Birraux, François Blaizot, Jacques Blanc, Jean-Pierre Blanc, Jean-Claude Blin, Maurice Blin, Roland Blum, Jean-Marie Bockel, Marc Boeuf, David Bohbot, André Bohl, Roger Boileau, Jean-Claude Bois, Gilbert Bonnemaison, Alain Bonnet, Christian Bonnet, Augustin Bonrepaux, Marcel Bony, André Borel, Bernard Bosson, Huguette Bouchardeau, Jean-Michel Boucheron, Jean-Claude Boulard, Jean-Pierre Bouquet, Claude Bourdin, Joël Bourdin, René Bourget, Philippe de Bourgoing, Pierre Bourguignon, Jean Bousquet, Loic Bouvard, Raymond Bouvier, André Boyer, Jean Boyer, Louis Boyer, Jean-Pierre Braille, Pierre Brans, Jean-Guy Bramer, Jean-Paul Bret, Maurice Briand, Jean Briare, Louis Brives, Jean Brocard, Albert Brochard, Alain Brune, Guy Cabanel, Denise Cacheux, Jean-Paul Calloud, Alain Calmat, Jean-Marie Cambacérès, Jean-Christophe Cambadelis, Jacques Cambolive, Jean-Pierre Cantegrit, André Capet, Jacques Carat, Jean-Marie Caro, Paul Caron, Michel Cartelet, Ernest Cartigny, Bernard Carton, Robert Castaing, Elle Castor, Louis de Catuelan, Joseph Caupert, Bernard Calvin, Robert Cazalet, René Cazenave, Aimé Césaire, Jacques Chaban-Delmas, Jean-Paul Chambriard, Guy Chanfrault, Jean-Paul Chanteguet, Jean Charbonnel, Hervé de Charette, Bernard Charles, Marcel Charmant, Michel Charzat, Guy-Michel Chauveau, Georges Chavanes, Jean-Claude Chermann, William Chervy, Daniel Chevallier, Roger Chinaud, Paul Chollet, Didier Chouat, Auguste Chupin, Pas-

213 www.senat.fr/comptes-rendus-seances/5eme/pdf/1992/06/v19920623_0001_0016.pdf

cal Clément, André Clert, Jean Clouet, Jean Cluzel, Michel Coffineau, François Colcombet, Daniel Colin, Georges Colin, Henri Collard, Yvon Collin, Francisque Collomb, Louis Colombani, Georges Colombier, Claude Cornac, Charles-Henri de Cossé-Brissac, Marcel Costes, René Couanau, Raymond Courrière, Roland Courteau, Yves Coussain, Jean-Yves Cozan, Michel Crépeau, Michel Crucis, Jean-Marie Daillet, Marc-Philippe Daubresse, André Dengue, Marcel Demy, Pierre-Jean Daviaud, Martine David, Jean-Pierre Defontaine, Marcel Dehoux, Jean-Pierre Delalande, Jean Delaneau, André Delattre, Francis Delattre, André Delehedde, André Delelis, Gérard Delfau, Jacques Delhy, Jean-Pierre Demerliat, Jean-François Deniau, Albert Devers, Léonce Deprez, Bernard Derosier, Jean Desanlis, Freddy Deschaux-Beaume, Rodolphe Désiré, Jean-Claude Dessein, Michel Destot, Patrick Devedjian, Paul Dhaille, André Diligent, Willy Dimeglio, Michel Dinet, Marc Dolez, Yves Dollo, Jacques Dominati, René Dosière, Maurice Dousset, Raymond Douyère, Julien Dray, Michel Dreyfus-Schmidt, René Drouin, Jean-Michel Dubernard, Claude Ducert, Pierre Ducout, Jean Dumont, Jean-Louis Dumont, Dominique Dupilet, Ambroise Dupont, Adrien Durand, Georges Durand, Yves Durand, Hubert Durand-Chastel, Jean-Paul Durieux, Bernard Dussaut, Paul Duvaleix, Janine Ecochard, André Egu, Charles Ehrmann, Jean-Paul Emin, Pierre Esteve, Claude Estier, Claude Evin, Laurent Fabius, Albert Fada, Hubert Falco, Jacques Farran, Jean Faure, Charles Fèvre, Jacques Fleury, Jacques Floch, Pierre Forgues, Raymond Forai, Alain Fort, André Fosset, Jean-Pierre Foucher, Jean-Pierre Fourcade, Michel Françaix, Serge Franchis, Jean François-Poncet, Roger Franzoni, Georges Frêche, Yves Fréville, Michel Fromet, Jean-Paul Fuchs, Claude Fuzier, Claude Gaillard, Claude Gaits, Claude Galametz, Bertrand Gallet, Henri Gallet, Dominique Gambier, Gilbert Gantier, Aubert Garda, Pierre Garmendia, René, Garrec, Marcel Garrouste, Kamilo Gate, Jean-Yves Gateaud, Jean Gatel, Claude Gatignol, Jean Gaubert, Gérard Gaud, Jean-Claude Gaudin, Francis Geng, Germain Genganvie, Jacques Centon, Claude Germon, Edmond Gerrer, François Giacobbi, Jean Giovannelli, Jean-Marie Girault, Paul Girod, Henri Goetschy, Jacques Golliet, François-Michel Corniot, Joseph Gourmelon, Yves Goussebaire-Dupin, Hubert Gonze, Gérard Gouzes, Léo Grézard, Gérard Grignon, Roland Grimaldi, Hubert Grimault, Ambroise Guellec, Jean Guigné, Robert Guillaume, Bernard Guyomard, Jean-Yves Haby, François d'Harcourt, Marcel Henry, Rémi Herment, Edmond Hervé, Jacques Heuclin, Pierre Hiard, Daniel Hoeffel, François Hollande, Jean Hachai, Roland Huguet, Xavier Hunault, Claude Huriet, Jacques Huyghues des Etages, Jean-Jacques Hyest, Bernadette Isaac-Sibille, Gérard Istace, Marie Jacq, Denis Jacquet, Michel Jacquemin, Frédéric Jalton, Pierre Jeambrun, Henry Jean-Baptiste, Jean-Jacques Jegou, Charles Jolibois, Jean-Pierre Joseph, Noël Josèphe, Alain Journet, Louis Jung, Aimé Kerguéris, Christian Kert, Emile Koehl, Jean-Pierre Kucheida, André Labarrère, Philippe Labeyrie, Jean Laborde, Jean Lacombe, Pierre Lacour, Marc Laffineur, Pierre Laffitte, Pierre Lagorce, Jean-François Lamarque, Alain Lamassoure, Jérôme Lambert, Michel Lambert, Edouard Landrain, Jean-Pierre Lapaire, Jacques Larché, Claude Laréal, Dominique Larifla, Tony Laue, Robert Laucournet, Jean Laurain, Bernard Laurent, Jacques Lavédrine, Henri Le Breton, Gilbert Le Bris, Jean Lecanuet, Marie-France Lecuir, Jean-Yves Le Déaut, Jean-Marie Leduc, Robert Le Foll, Bernard Lefranc, Jean Le Garrec, Bernard Legrand, Jean-Marie Le Guen, André Lejeune, Edouard Le Jeune, Georges Lemoine, Guy Lengagne, Charles-Edmond Lenglet, Alexandre Léontieff, François Léotard, Pierre Lequiller, Roger Léron, Marcel Lesbros, François Lesein, Alain Le Vent, Maurice Ligot, Claude Lise, Roger Lise, Robert Loidi, Gérard Longuet, Guy Lordinot, Jeanny Lorgeoux, Maurice Louis-Joseph-

Dogué, François Louisy, Pierre Louvot, Roland du Luart, Marcel Lucotte, Jean-Pierre Luppi, Jacques Machet, Jean Madelain, Alain Madelin, Bernard Madrelle, Philippe Madrelle, Jacques Mahéas, Guy Malandain, Marie-Claude Malaval, Kléber Malécot, Thierry Mandon, Michel Manet, Raymond Marcellin, Jean-Pierre Marché, Hubert Martin, Roger Mas, René Massat, Marius Masse, Jean-Pierre Masseret, François Massot, François Mathieu, Serge Mathieu, Didier Mathus, Jean-François Mattei, Joseph-Henri Maujoiian du Gasset, Pierre Mauroy, Pierre Méhaignerie, Jean-Luc Mélenchon, Louis Mercier, Pierre Merli, Georges Mesmin, Philippe Mestre, Pierre Mitais, Charles Metzinger, Michel Meylan, Henri Michel, Didier Migaud, Daniel Millaud, Charles Million, Claude Miqueu, Michel Miroudot, Gilbert Mitterrand, Marcel Moceur, Guy Monjalon, René Monory, Claude Mont, Gabriel Montcharmont, Christiane Mora, Louise Moreau, Michel Moreigne, Jacques Mossion, Georges Mouly, Jacques Moutet, Alain Moyne-Bressand, Bernard Nayral, Alain Néri, Jean-Marc Nesme, Michel Noir, Jean-Paul Nunzi, Jean Oehler, Henri Olivier, Pierre Ortet, Georges Othily, Arthur Paecht, Monique Papon, François Patriat, Michel Pelchat, Bernard Pellario, Albert Peu, Jean-Pierre Pénicaut, Guy Penne, Jean Pépia, Daniel Percheron, Louis Perrein, Francisque Perrut, Hubert Peyou, Jean Peyrafitte, Jean-Claude Peyronnet, Michel Pezet, Jean-Pierre Philibert, Louis Philibert, Robert Piat, Yann Piat, Christian Pierret, Yves Pillet, Charles Pistre, Jean-Paul Planchou, Main Poher, Bernard Poignant, Ladislas Poniatowski, Alexis Pots, Roger Poudonson, Richard Pouille, Jean Pourchet, Maurice Pourchon, Claude Pradille, Jean Proriol, Jean Proveux, Jean Puech, Jean-Jack Queyranne, Roger Quilliot, Albert Ramassamy, Jean-Claude Ramos, Guy Ravier, Alfred Recours, René Réguault, Daniel Refiler, Henri Revol, Marc Reymann, Alain Richard, Jean Rigal, Jean Rigaud, Gaston Rimareix, Roger Rinchet, Dominique Robert, Guy Robert, Gilles de Robien, Jacques Rocca Serra, François Rochebloine, Alain Rodet, Jacques Roger-Machart, José Rossi, André Rossinot, Yvette Roudy, Gérard Roujas, René Rouquet, André Rouvière, Francis Saint-Ellier, Michel Sainte-Marie, Rudy Salles, Philippe Sanmarco, Jean-Pierre Santa Cruz, André Santini, Jacques Santrot, Gérard Saumade, Claude Saunier, Robert Savy, Pierre Schiélé, Bernard Schreiner (Yvelines), Roger-Gérard Schwartzenberg, Robert Schwint, Jean Seitlinger, Françoise Seligmann, Maurice Sergheraert, Franck Sérusclat, Patrick Sève, Henri Sicre, René-Pierre Signé, Raymond Soucaret, Michel Souplet, Bernard Stasi, Marie-Josèphe Sublet, Pierre-Christian Taittinger, Fernand Tardy, Yves Tavernier, Paul-Louis Tenaillon, Jean-Michel Testu, Michel Thauvin, André Thien Ah Koon, Jacques Thyraud, Jean-Pierre Tizon, Georges Treille, Pierre-Yvon Trémel, François Trucy, Edmond Vacant, Daniel Vaillant, André Vallet, Pierre Vallon, Philippe Vasseur, Albert Vecten, Emile Vernaudon, André Vézinhet, Pierre Victoria, Joseph Vidal, Marcel Vidal, Alain Vidalies, Gérard Vignoble, Robert-Paul Vigouroux, Xavier de Villepin, Jean-Paul Virapoullé, Louis Virapoullé, Jean Vittrant, Albert Voilquin, Michel Voisin, Marcel Wacheux, Aloyse Warhouver, Jean-Jacques Weber, Pierre-André Wiltzer, Claude Wolff, Jean-Pierre Worms, Adrien Zeller

Ont voté contre : François Asensi, François d'Aubert, Jean-Yves Autexier, Bernard Barbier, Marie-Claude Beaudeau, Jean-Luc Bécart, Maryse Bergé-Lavigne, Marcelin Berthelot, Léon Bertrand, Danielle, Bidard-Reydet, Alain Bocquet, Christine Bouda, Jean-Pierre Brard, Jacques Brunhes, René Carpentier, Roland Carraz, Jean-Pierre Chevènement, Pierre Croze, Jean-François Delahais, André Duroméa, Paulette Fost, Jacqueline Fraysse-Cazalis, Jean Garda, Henri de Gastines, Jean-Claude Gayssot, Pierre Goldberg, Roger Gouhier, Alain Griotteray, Georges Hage,

Guy Hermier, Muguette Jacquaint, André Lajoinie, Charles Lederman, Jean-Claude Lefort, Auguste Legros, Max Lejeune, Daniel Le Meur, Roger Lestas, Félix Leyzour, Paul Lombard, Paul Loridant, Hélène Luc, Georges Marchais, Pierre Mauger, Alain Mayoud, Gilbert Millet, Louis Minetti, Robert Montdargent, Ernest Moutoussamy, Robert Pagés, Jean-Pierre de Peretti Della Rocca, Louis Pierna, Michel Poniatowski, André Pourny, Jean-Luc Preel, Henri de Raincourt, Ivan Renar, Jacques Rimbault, Jean Roger, André Rossi, Jean Royer, Bernard Seillier, Paul Souffrin, Christian Spiller, Marie-France Stirbois, Michel Suchod, Jean Tardito, Fabien Thiémé, Théo Vial-Massat, Yves Vidal, Philippe de Villiers, Hector Viron, Robert Vizet

Loi n° 93-980 du 4 août 1993 relative au statut de la Banque de France et à l'activité et au contrôle des établissements de crédit

Scrutin public n°133 – *sur l'ensemble du projet de loi relatif au statut de la Banque de France et à l'activité et au contrôle des établissements de crédit (texte de la commission mixte paritaire modif : par les amendements n°s 1, 2, 3 rectifié et 4 du Gouvernement) (vote unique).*[214]

Nombre de votants 567 ; Nombre de suffrages exprimés 561 ; Majorité absolue 281 ; Pour l'adoption 466 ; Contre 95 : **L'Assemblée Nationale a adopté.**

Ont voté pour : Jean-Pierre Abelin, Jean-Claude Abrioux, Bernard Accoyer, Pierre Albertini, Nicole Ameline, Jean-Paul Anciaux, Jean-Marie André, René André, André Angot, Daniel Arata, Henri-Jean Arnaud, Jean-Claude Asphe, Philippe Auberger, Emmanuel Aubert, François d'Aubert, Raymond-Max Aubert, Jean Auclair, Gauthier Audinot, Martine Aurillac, Pierre Bachelet, Roselyne Bachelot, Jean-Claude Bahu, Patrick Balkany, Claude Barate, Gilbert Barbier, Didier Bariani, Francois Baroin, Raymond Barre, Jacques Barrot, André Bascou, Hubert Bassot, Jean-Pierre Bastiani, Dominique Baudis, Jacques Baumel, Charles Baur, Jean-Louis Beaumont, René Beaumont, Pierre Bédier, Jean Bégault, Didier Béguin, Christian Bergelin, Jean-Louis Bernard, André Berthol, Jean-Gilles Berthommier, Jean-Marie Bertrand, Léon Bertrand, Jean Besson, Raoul Béteille, Jérôme Bignon, Jean-Claude Bireau, Claude Birraux, Jacques Blanc, Michel Blondeau, Roland Blum, Gérard Boche, Jean de Boishue, Marie-Thérèse Boisseau, Philippe Bonnecarrère, Yves Bonnet, Jeanine Bonvoisin, Franck Borotra, Emmanuelle Bouquillon, Alphonse Bourgasser, Bruno Bourg-Broc, Jean Bousquet, Loïc Bouvard, Michel Bouvard, Jacques Boyon, Jean-Guy Branger, Lucien Brenot, Philippe Briand, Jean

[214] archives.assemblee-nationale.fr/10/cri/1992-1993-extraordinaire2/013.pdf

Briane, Jacques Briat, Louis de Broissia, Jacques Brossard, Dominique Bussereau, Christian Cabal, Jean-Pierre Calvel, François Calvet, Jean-François C., Bernard Carayon, Pierre Cardo, Grégoire Carneiro, Antoine Carré, Gilles Carrez, Michel Cartaud, Gérard Castagnéra, Nicole Catala, Jean-Charles Cavaillé, Jean-Pierre Cave, Robert Cazalet, Richard Cazenave, Charles Ceccaldi-Raynaud, Jacques Chaban-Delmas, René Chabot, Jean-Yves Chamard, Edouard Chammougon, Jean-Paul Charié, Jean Charroppin, Jean-Marc Chartoire, Philippe Chaulet, Georges Chavanes, Ernest Chénière, Gérard Cherpion, Jacques Chirac, Paul Chollet, Jean-François Chossy, Colette Codaccioni, Jean-Pierre Cognat, Daniel Colin, Louis Colombani, Thierry Cornillet, Gérard Cornu, François Cornu-Gentille, Rêne Couanau, Anne-Marie Couderc, Raymond Couderc, Bernard Coulon, Charles de Courson, Alain Cousin, Bertrand Cousin, Yves Coussain, Jean-Michel Couve, René Couvheines, Charles Cova, Jean-Yves Cozan, Henri Cuq, Jacques Cyprès, Christian Daniel, Alain Danilet, Olivier Darrason, Olivier Dassault, Gabriel Deblock, Bernard Debré, Jean-Louis Debré, Jean-Claude Decagny, Lucien Degauchy, Arthur Dehaine, Jean-Pierre Delalande, Francis Delattre, Richard Dell'Agnola, Pierre Delmar, Jean-Jacques Delmas, Jean-Jacques Delvaux, Jean-Marie Demange, Claude Demassieux, Christian Demuynck, Jean-François Deniau, Léonce Deprez, Jean Desanlis, Jean-Jacques Descamps, Alain Devaquet, Patrick Devedjian, Emmanuel Dewees, Claude Dhinnin, Serge Didier, Jean Diébold, Willy Dimeglio, Eric Doligé, Laurent Dominati, Maurice Dousset, André Droicourt, Guy Drut, Jean-Michel Dubernard, Eric Duboc, Philippe Dubourg, Danielle Dufeu, Xavier Dugoin, Christian Dupuy, Georges Durand, André Durr, Charles Ehrmann, Jean-Paul Emorine, Christian Estrosi, Jean-Claude Etienne, Jean Falala, Hubert Falco, Michel Fanget, André Fanton, Jacques-Michel Faure, Pierre Favre, Jacques Féron, Jean-Michel Ferrand, Gratien Ferrari, Charles Fèvres, Gaston Flosse, Nicolas Forissier, Jean-Pierre Foucher, Jean-Michel Fourgous, Gaston Franco, Marc Fraysse, Yves Fréville, Bernard Fromen, Jean-Paul Fuchs, Claude Gaillard, Robert Galley, Rany Galy-Dejean, Gilbert Gantier, Etienne Garnier, René Garrec, Daniel Garrigue, Pierre Gascher, Henri de Gastines, Claude Gatignol, Jean De Gaulle, Hervé Gaymard, Jean Geney, Germain Gengenwin, Aloys Geoffroy, Alain Gest, Jean-Marie Geveaux, Charles Gheerbrant, Michel Ghysel, Claude Girard, Valery Giscard d'Estaing, Jean-Louis Goasduff, Claude Goasguen, Michel Godard, Jacques Godfrain, François-Michel Gonnot, Georges Gorse, Jean Gougy, Philippe Goujon, Christian Gourmelen, Michel Godard, Marie-Fanny Gournay, Jean Gravier, Jean Gremetz, Gérard Grignon, Hubert Grimault, François Grosdidier, Louis Guédon, Ambroise Guellec, Olivier Guichard, Lucien Guichon, Evelyne Guilhem, François Guillaume, Jean-Jacques Guillet, Michel Habig, Jean-Yves Haby, Gérard Hamel, Michel Hannoun, François d'Harcourt, Joël Hart, Pierre Hellier, Pierre Hériaud, Patrick Hoguet, Françoise Hostalier, Philippe Houillon, Pierre-Rémy Houssin, Elisabeth Hubert, Robert Huguenard, Michel Hunault, Jean-Jacques Hyest, Amédée Imbert, Michel Inchospé, Bernadette Isaac-Sibille, Yvon Jacob, Denis Jacquat, Michel Jacquemin, Henry Jean-Baptiste, Gérard Jeffrey, Jean-Jacques Jegou, Antoine Joly, Jean Juventin, Aimé Kergueris, Jean Kiffer, Joseph Klifa, Patrick Labaune, Marc Laffineur, Pierre Laguilhon, Henri Lalanne, Jean-Claude Lamant, Edouard Landrain, Pierre Lang, Philippe Langenieux-Vignard, Harry Lapp, Gérard Larrat, Louis Lauga, Thierry Lazaro, Bernard Leccia, Pierre Lefebvre, Marc Le Fur, Philippe Legras, Pierre Lellouche, Jean-Claude Lemoine, Jacques Le Nay, Jean-Claude Lenoir, Gérard Léonard, Jean-Louis Leonard, Serge Lepeltier, Arnaud Lepercq, Pierre Lequiller, Bernard Leroy, Roger Lestas, André Lesueur, Edouard Leveau, Alain Levoyer, Maurice Ligot, acques Limouzy, Jean de Lipkowski, François Loos, Arsène Lux, Alain Madalle, Claude Malhuret, Jean-François Mancel, Daniel Mandon, Raymond Marcellin, Yves Marchand, Claude-Gérard Marcus, Thierry Mariani, Hervé Mariton, Alain Marleix, Alain Marsaud, Jean Marsaudon, Christian Martin, Philippe Martin, Henriette Martinez, Patrice Martin-Lalande, Jacques Masdeu-Arus, Jean-Louis Masson, Philippe Mathot, Jean-François Mattei, Pierre Mazeaud, Michel Mercier, Pierre Merli, Denis Merville, Georges Mesmin, Gilbert Meyer, Michel Meylan, Pierre Micaux, Jean-Claude Mignon, Charles Millon, Charles Miossec, Odile Moirin, Aymeri de Montesquiou, Louise Moreau, Jean-Marie Morisset, Alain Moyne-Bressand, Bernard Murat, Renaud Muselier, Jacques Myard, Maurice-Nénou Pwataho, Jean-Marc Nesme, Catherine Nicolas, Yves Nicolin, Hervé Novelli, Roland Nungesser, Patrick Ollier, Arthur Paecht, Dominique Paillé, Françoise de Panafieu, Robert Pandraud, Monique Papon, Pierre Pascalon, Pierre Pasquini, Michel Pelchat, Jacques Pélissard, Daniel Pennec, Jean-Jacques de Peretti, Michel Péricard, Pierre-André Périssol, Francisque Perrut, Pierre Petit, Jean-Pierre Philibert, Yann Piat, Daniel Picotin, Jean-Pierre Pierre-Bloch, Andrée-Maurice Pihouée, Xavier Pintat, Etienne Pinte, Serge Poignant, Ladislas Poniatowski, Bernard Pons, Jean-Pierre Pont, Marcel Porcher, Robert Poujade, Daniel Poulou, Alain Poyart, Jean-Luc Préel, Claude Pringalle, JeanProriol, Pierre Quilès, Jean-Bernard Raimond, Eric Raoult, Jean-Luc Reitzer, Charles Revet, Marc Reymann, Georges Richard, Henri de Richemont, Jean Rigaud, Simone Rignault, Pierre Rinaldi, Yves Rispat, Jean Roatta, Gilles de Robien, Jean-Paul de Rocca Serra, François Rochebloine, Marie-José Roig, Marcel Roques, Serges Roques, Jean Rosselot, André Rossi, José Rossi, Monique Rousseau, François Roussel, Yves Rousset-Rouard, Max Roustan, Jean-Marie Roux, Xavier de Roux, Jean Royer, Antoine Rufenacht, Francis Saint-Ellier, Fréderic de Saint-Sernin, Rudy Salles, André Santini, Joël Sarlot, Bernard Saugey, François Sauvadet, Suzanne Sauvaigo, Jean-Marie Schleret, Bernard Schreiner, Jean Seitlinger, Bernard Serrou, Daniel Soulage, Alain Suguenot, Frantz Taittinger, Paul-Louis Tenaillon, Michel Terrot, André Thien Ah koon, Jean-Claude Thomas, Jean-Pierre Thomas, Franck Thomas-Richard, Jean Tiberi, Alfred Trassy-Paillogues, Gérard Trémègues, André Trigano, Georges Tron, Anicet Turinay, Jean Ueberschlag, Léon Vachet, Jean Valleix, Yves Van Haecke, Christian Vanneste, François Vannson, Philippe Vasseur, Jacques Vernier, Yves Verwaerde, Francoise de Veyrinas, Gérard Vignoble, Jean-Paul Virapoullé, Claude Vissac, Robert-André Vivien, Gérard Voisin, Michel Voisin, Michel Vuibert, Roland Vuillaume, Jean-Jacques Weber, Pierre-André Wiltzer, Adrien Zeller.

Ont voté contre : Gilbert Annette, François Asansi, Henri d'Attilio, Remy Auchedé, Jean Marc Ayrault, Jean-Pierre Balligand, Claude Bartolone, Christian Bataille, Jean-Claude Bateux, Gilbert Baumet, Jean-Claude Bateux, Michel Berson, Gilbert Blessy, Alain Bocquet, Jean-Claude Bois, Augustin Bonrepaux, Jean-Michel Boucheron, Didier Boulaud, Jean-Pierre Braine, Patrick Braouezec, Jean-Pierre Brard, Jacques Brunhes, René Carpentier, Laurent Cathala, Arnaud Cazin d'Honincthun, Bernard Charles, Jean-Pierre Chevènement, Daniel Colliard, Camille Darsières, Martine David, Bernard Davoine, Jean-Pierre Defontaine, Bernard Derosier, Michel Destot, Julien Dray, Pierre Ducout, Dominique Dupilet, Jean-Paul Durieux, Laurent Fabius, Régis Fauchoit, Alain Ferry, Jacques Floch, Pierre Garmendia, Kamilo Gata, Jean-Claude Gayssot, André Gérin, Jean Glavany, Michel Grandpierre, Maxime Gremetz, Jacques Guyard, George Hage, Guy Hermier, Jean-Louis Idiart, Muguette Jacquaint, Frédéric Jalton, Janine Jambu, Serge Janquin, Charles Josselin, Jean-Pierre Kucheida, André Labarriere, Jack Lang, Jean-Yves Le Déaut, Jean-

Claude Lefort, Louis Le Pensec, Alain Le Vern, Martin Malvy, Georges Marchais, Marius Masse, Didier Mathus, Jacques Mellick, Paul Mercieca, Louis Mexandeau, Jean-Pierre Michel, Didier Migaud, Ernest Moutoussamy, Alfred Muller, Véronique Neiertz, Alain Peyrefitte, Louis Pierna, Paul Quillès, Alain Rodet, Ségolène Royal, Georges Sarre, Gérard Saumade, Roger-Gérard Schwartzenberg, Henri Sicre, Jean-Pierre Soisson, Bernard Tapie, Jean Tardito, Christiane Taubira-Delannon, Jean Urbaniak, Paul Vergès, Philippe de Villiers, Aloyse Warhouver, Emile Zuccarelli.

Scrutin n°145 séance du mardi 13 juillet 1993 – *sur l'ensemble du projet de loi relatif au statut de la Banque de France et à l'activité et au contrôle des établissements de crédit, dans la rédaction résultant du texte proposé par la commission mixte paritaire modifié par les amendements nos 1, 2, 3 et 4 du Gouvernement (vote unique en application de l'article 42, alinéa 12, du Règlement).*[215]

Nombre de votants **319** ; Nombre de suffrages exprimés **312** ; Pour **223** ; Contre **89** ; **Le Sénat a adopté.**

Ont voté pour : Philippe Adnot, Michel d'Aillières, Michel Alloncle, Louis Althapé, Maurice Arreckx, Jean Arthuis, Alphonse Arzel, Honoré Bailet, José Ballarello, René Ballayer, Bernard Barbier, Bernard Banaux, Jacques Baudot, Henri Belcour, Claude Belot, Jacques Bérard, Georges Berchet, Jean Bernadaux, Jean Bernard, Daniel Bemardet, Roger Besse, André Bettencourt, Jacques Bimbenet, François Blaizot, Jean-Pierre Blanc, Paul Blanc, Maurice Blin, André Bohl, Christian Bonnet, James Bordas, Didier Borotra, Joël Bourdin, Yvon Bourges, Philippe de Bourgoing, Raymond Bouvier, Eric Boyer, Jean Boyer, Louis Boyer, Jacques Braconnier, Paulette Brisepierre, Louis Brives, Camille Cabana, Guy Cabanel, Michel Caldaguès, Robert Calmejane, Jean-Pierre Camoin, Jean-Pierre Cantegrit, Paul Caron, Ernest Cartigny, Louis de Catuelan, Joseph Caupert, Auguste Cazalet, Raymond Cayrel, Gérard César, Jean-Paul Chambriard, Jacques Chaumont, Jean Chérioux, Roger Chinaud, Jean Clouet, Jean Cluzel, Henri Collard, François Collet, Francisque Collomb, Charles-Henri de Cossé-Brissac, Maurice Couve de Murville, Pierre Croze, Michel Crucis, Etienne Dailly, Marcel Daunay, Désiré Debavelaere, Luc Dejoie, Jean Delaneau, Jean-Paul Delevoye, François Delga, Jacques Delong, Charles Descours, André Diligent, Michel Doublet, Main Dufaut, Pierre Dumas, Jean Dumont, Ambroise Dupont, Hubert Durand-Chastel, André Egu, Jean-Paul Emin, Pierre Fauchon, Jean Faure, Roger Fossé, André Fosset, Jean-Pierre Fourcade, Alfred Foy, Philippe François, Jean François-Poncet, Jean-Claude Gaudin, Philippe De Gaulle, Jacques Genton, Alain Gérard, François Gerbaud, François Giacobbi, Charles Ginésy, Jean-Marie Girault, Paul Girod, Henri Goetschy, Jacques Golliet, Daniel Goulet, Adrien Gouteyron, Jean Grandon, Paul Graziani, Georges Gruillot, Bernard Guyomard, Jacques Habert, Hubert Haenel, Jean-Paul Hammann, Anne Heinis, Marcel Henry, Rémi Herment, Jean Huchon, Bernard Hugo, Jean-Paul Hugot, Claude Huriet, Roger Husson, André Jarrot, Pierre Jeambrun, Charles Jolibois, André Jourdain, Louis Jung, Pierre Lacour, Pierre Laffitte, Pierre Lagourgue, Alain

---

[215] www.senat.fr/comptes-rendus-seances/5eme/pdf/1993/07/s19930713_2571_2635.pdf

Lambert, Lucien Lanier, Jacques Larché, Gérard Larcher, Gérard Larcher, Bernard Laurent, René-Georges Laurin, Marc Lauriol, Henri Le Breton, Dominique Leclerc, Jacques Legendre, Jean-François Le Grand, Edouard Le Jeune, Max Lejeune, Guy Lemaire, Charles-Edmond Lenglet, Marcel Lesbros, François Lesein, Roger Lise, Maurice Lombard, Simon Loueckhote, Pierre Louvot, Roland du Luart, Marcel Lucotte, Jacques Machet, Jean Madelain, Kléber Malécot, André Maman, Philippe Marini, René Marqués, André Martin, Paul Masson, François Mathieu, Serge Mathieu, Michel Maurice-Bokanowski, Jacques de Menou, Louis Mercier, Daniel Millaud, Michel Miroudot, Hélène Missoffe, Louis Moinard, Paul Moreau, Jacques Mossion, Georges Mouly, Philippe Nachbar, Lucien Neuwirth, Charles Ornano, Paul d'Ornano, Joseph Ostermann, Georges Othily, Jacques Oudin, Sosefo Makapé Papilio, Bernard Pellarin, Jean Pépin, Robert Piat, Alain Pluchet, Main Poher, Guy Poirieux, Christian Poncelet, Jean Pourchet, André Pourny, Henri de Raincourt, Jean-Marie Rausch, Henri Revol, Philippe Richert, Roger Rigaudière, Guy Robert, Jean-Jacques Robert, Nelly Rodi, Jean Roger, Josselin de Rohan, Michel Rufin, Pierre Schiélé, Jean-Pierre Schosteck, Jean Simonin, Raymond Soucaret, Michel Souplet, Jacques Sourdille, Louis Souvet, Pierre-Christian Taittinger, Martial Taugourdeau, Jean-Pierre Tizon, Henri Torre, René Trégouët, Georges Treille, François Trucy, Alex Turk, Maurice Ulrich, Jacques Valade, Pierre Vallon, Philippe Vasselle, Albert Vecten, Xavier de Villepin, Serge Vinçon, Albert Voilquin.

Ont voté contre : François Abadie, Guy Allouche, François Autain, Germain Authié, Henri Bangou, Marie-Claude Beaudeau, Jean-Luc Bécart, Jacques Bellanger, Monique Ben Guiga, Maryse Bergé-Lavigne, Roland Bernard, Jean Besson, Jacques Bialski, Pierre Biarnès, Danielle Bidard-Reydet, Marc Bœuf, Marcel Bony, André Boyer, Jacques Carat, Jean-Louis Carrère, Robert Castaing, Francis Cavalier-Benezet, Michel Charasse, Marcel Charmant, William Chervy, Yvon Collin, Claude Cornac, Raymond Courrière, Roland Couteau, Gérard Delfau, Jean-Pierre Demerliat, Michelle Demessine, Rodolphe Désiré, Marie-Madeleine Dieulangard, Michel Dreyfus-Schmidt, Josette Durrieu, Bernard Dussaut, Claude Estier, Léon Fatous, Paulette Fost, Jacqueline Fraysse-Cazalis, Claude Fuzier, Aubert Garcia, Jean Garcia, Gérard Gaud, Roland Huguet, Philippe Labeyrie, Tony Larue, Robert Laucournet, Charles Lederman, Félix Leyzour, Paul Loridant, François Louisy, Hélène Luc, Philippe Madrelle, Michel Manet, Jean-Pierre Masseret, Jean-Luc Mélenchon, Pierre Mauroy, Charles Metzinger, Louis Minetti, Gérard Miquel, Michel Moreigne, Robert Pagés, Albert Pen, Daniel Percheron, Louis Perrein, Jean Peyrafitte, Louis Philibert, Louis Philibert, Roger Quilliot, Paul Raoult, René Regnault, René Regnault, Jacques Rocca Serra, Jacques Rocca Serra, André Bouvière, Claude Saunier, Françoise Seligmann, Franck Sérusclat, Michel Sergent, René-Pierre Signé, Fernand Tardy, André Vallet, André Vezinhet, Marcel Vidal, Robert-Paul Vigouroux, Robert Vizet.

Loi n° 98-357 du 12 mai 1998 modifiant le statut de la Banque de France en vue de sa participation au Système européen de banques centrales

Scrutin Public n°103 : *sur l'ensemble du projet de loi modifiant le statut de la Banque de France en vue de sa participation au système européen de banques centrales (3ème séance du mardi 7 Avril 1998)*[216]

Nombre de votants 149

Nombre de suffrages exprimés 145

Majorité absolue 73

Pour l'adoption 117

Contre 28

L'Assemblée Nationale a adopté.

ANALYSE DU SCRUTIN

Groupe Socialiste (251) *Pour :* 78 membres du groupe, présents ou ayant délégué leur droit de vote. *Contre :* 4, Julien Dray, Yann Galut, Joël Goyheneix et Michel Pajon.

Groupe RPR (139) *Pour :* 25 membres du groupe, présents ou ayant délégué leur droit de vote. *Contre :* 7. Michel Bouvard, Jean-Jacques Guillet, Pierre Lasbordes, Lionnel Luca, Philippe Martin, Jacques Myard et Michel Terrot.

Groupe UDF (113) *Pour :* 14 membres du groupe, présents ou ayant délégué leur droit de vote.

Groupe Communiste (36) *Contre :* 10 membres du groupe, présents ou ayant délégué leur droit de vote.

Groupe Radical, Citoyen et Vert (33) *Contre :* 7 membres du groupe, présents ou ayant délégué leur droit de vote.

Scrutin n° 89, séance du mercredi 29 avril 1998 : *sur l'ensemble du projet de loi modifiant le statut de la Banque de France en vue de sa participation au système européen de banques centrales, dans la rédaction résultant du texte proposé par la commission mixte paritaire (vote unique en application de l'article 42, alinéa 12, du Règlement).*[217]

Le Sénat a adopté.

---

[216] archives.assemblee-nationale.fr/11/cri/1997-1998-ordinaire1/187.pdf

[217] www.senat.fr/seances/s199804/s19980429/s19980429_mono.html

Ont voté pour : François Abadie, Nicolas About, Philippe Adnot, Michel Alloncle, Guy Allouche, Louis Althapé, Jean-Paul Amoudry, Bernard Angels, Philippe Arnaud, Jean Arthuis, Alphonse Arzel, François Autain, Germain Authié, Robert Badinter, Denis Badré, Honoré Bailet, José Balarello, René Ballayer, Janine Bardou, Michel Barnier, Bernard Barraux, Jacques Baudot, Jean-Michel Baylet, Michel Bécot, Henri Belcour, Jacques Bellanger, Claude Belot, Georges Berchet, Maryse Bergé-Lavigne, Jean Bernadaux, Daniel Bernardet, Roger Besse, Jean Besson, Pierre Biarnès, Jacques Bimbenet, Jean Bizet, François Blaizot, Paul Blanc, Maurice Blin, Annick Bocandé, André Bohl, Christian Bonnet, Marcel Bony, James Bordas, Didier Borotra, Joël Bourdin, Yvon Bourges, Philippe de Bourgoing, André Boyer, Jean Boyer, Louis Boyer, Jacques Braconnier, Gérard Braun, Dominique Braye, Paulette Brisepierre, Guy Cabanel, Michel Caldaguès, Jean-Pierre Camoin, Jean-Pierre Cantegrit, Jean-Claude Carle, Jean-Louis Carrère, Robert Castaing, Francis Cavalier-Benezet, Auguste Cazalet, Monique Cerisier-ben Guiga, Gérard César, Gilbert Chabroux, Michel Charasse, Marcel Charmant, Michel Charzat, Jacques Chaumont, Jean Chérioux, William Chervy, Marcel-Pierre Cleach, Jean Clouet, Jean Cluzel, Henri Collard, Yvon Collin, Charles-Henri de Cossé-Brissac, Raymond Courrière, Roland Courteau, Jean-Patrick Courtois, Marcel Daunay, Marcel Debarge, Désiré Debavelaere, Luc Dejoie, Jean Delaneau, Bertrand Delanoë, Jean-Paul Delevoye, Gérard Delfau, Jacques Delong, Jean-Pierre Demerliat, Fernand Demilly, Christian Demuynck, Marcel Deneux, Dinah Derycke, Charles Descours, Rodolphe Désiré, Marie-Madeleine Dieulangard, André Diligent, Jacques Dominati, Michel Doublet, Michel Dreyfus-Schmidt, Alain Dufaut, Xavier Dugoin, André Dulait, Ambroise Dupont, Hubert Durand-Chastel, Josette Durrieu, Bernard Dussaut, Joëlle Dusseau, Daniel Eckenspieller, André Egu, Jean-Paul Emin, Jean-Paul Emorine, Claude Estier, Hubert Falco, Léon Fatous, Pierre Fauchon, Jean Faure, Gérard Fayolle, Hilaire Flandre, Jean-Pierre Fourcade, Bernard Fournier, Alfred Foy, Serge Franchis, Philippe François, Jean François-Poncet, Yann Gaillard, Aubert Garcia, André Gaspard, Patrice Gélard, Jacques Genton, Alain Gérard, Charles Ginésy, Jean-Marie Girault, Paul Girod, Daniel Goulet, Alain Gournac, Jean, randon, Francis Grignon, Louis Grillot, Georges Gruillot, Jacques Habert, Hubert Haenel, Claude Haut, Anne Heinis, Marcel Henry, Pierre Hérisson, Rémi Herment, Roger Hesling, Daniel Hoeffel, Jean Huchon, Bernard Hugo, Jean-Paul Hugot, Roland Huguet, Claude, uriet, Roger Husson, Jean-Jacques Hyest, Pierre Jeambrun, Charles Jolibois, Bernard Joly, André Jourdain, Alain Joyandet, Philippe Labeyrie, Jean-Philippe Lachenaud, Pierre Laffitte, Jean-Pierre Lafond, Serge Lagauche, Alain Lambert, Lucien Lanier, Jacques Larché, Dominique Larifla, Edmond Lauret, Henri Le Breton, Jean-François Le Grand, Edouard Le Jeune, Dominique Leclerc, Jacques Legendre, Guy Lèguevaques, Guy Lemaire, Marcel, Lesbros, François Lesein, Claude Lise, Jean-Louis Lorrain, Simon Loueckhote, Roland du Luart, Jacques Machet, Jean Madelain, Philippe Madrelle, Jacques Mahéas, Kléber Malécot, André Maman, Michel Manet, René Marquès, Marc Massion, Paul Masson, Serge Mathieu, Pierre Mauroy, Georges Mazars, Jacques de Menou, Louis Mercier, Michel Mercier, Lucette Michaux-Chevry, Daniel Millaud, Gérard Miquel, Louis Moinard, Michel Moreigne, Jean-, Baptiste Motroni, Georges Mouly, Philippe Nachbar, Nelly Olin, Joseph Ostermann, Georges Othily, Jacques Oudin, Jean-Marc Pastor, Lylian Payet, Michel Pelchat, Guy Penne, Jean Pépin, Daniel Percheron, Jean Peyrafitte, Jean-Claude Peyronnet, Louis Philibert, Bernard Piras, Bernard Plasait, Alain Pluchet, Jean-Marie Poirier, Guy Poirieux, Christian Poncelet, Jean Pourchet, André Pourny, Danièle Pourtaud, Gisèle Printz, Jean Puech, Roger Quilliot, Jean-Pierre Raffarin,

Henri de Raincourt, Paul Raoult, Jean-Marie Rausch, René Régnault, Victor Reux, Charles Revet, Henri Revol, Philippe Richert, Roger Rigaudière, Roger Rinchet, Jacques Rocca Serra, Louis-Ferdinand de Rocca Serra, Josselin de Rohan, Gérard Roujas, André Rouvière, Michel Rufin, Claude Saunier, Bernard Seillier, Michel Sergent, Franck Sérusclat, René-Pierre Signé, Raymond Soucaret, Michel Souplet, Louis Souvet, Fernand Tardy, Martial Taugourdeau, Henri Torre, René Trégouët, François Trucy, Basile Tui, Alex Türk, Maurice Ulrich, André Vallet, Alain Vasselle, Albert Vecten, André Vezinhet, Marcel Vidal, Robert-Paul Vigouroux, Xavier de Villepin, Serge Vinçon, Henri Weber

Ont voté contre : Jean-Paul Bataille, Marie-Claude Beaudeau, Jean-Luc Bécart, Danielle Bidard-Reydet, Nicole Borvo, Robert Calmejane, Charles Ceccaldi-Raynaud, Charles de Cuttoli, Jean Derian, Michel Duffour, Guy Fischer, Philippe De Gaulle, François Gerbaud, Adrien Gouteyron, Emmanuel Hamel, Christian de La Malène, René-Georges Laurin, Pierre Lefebvre, Maurice Lombard, Paul Loridant, Hélène Luc, Pierre Martin, Louis Minetti, Paul d'Ornano, Robert Pagès, Charles Pasqua, Jack Ralite, Ivan Renar, Jean-Jacques Robert, Jean-Pierre Schosteck, Odette Terrade, Paul Vergès

Autorisation de la ratification du Traité de Lisbonne :

Loi n° 2008-125 du 13 février 2008

ANALYSE DU SCRUTIN N° 83

SÉANCE DU 07/02/2008[218]

SCRUTIN PUBLIC

sur l'article unique du projet de loi autorisant la ratification du traité de Lisbonne modifiant le traité sur l'Union Européenne, le traité instituant la Communauté européenne et certains actes connexes.

Nombre de votants : 410

Nombre de suffrages exprimés : 388

Majorité absolue : 195

Pour l'adoption : 336

Contre : 52

L'Assemblée Nationale a adopté

[218] www.assemblee-nationale.fr/13/scrutins/jo0083.asp

Ont voté pour : Élie Aboud, Yves Albarello, Alfred Almont, Nicole Ameline, Benoist Apparu, Jean Auclair, Martine Aurillac, Sylvia Bassot, Patrick Beaudouin, Jean-Claude Beaulieu, Pierre Bédier, Jean-Yves Besselat, Gabriel Biancheri, Jérôme Bignon, Jean-Marie Binetruy, Claude Birraux, Etienne Blanc, Emile Blessig, Roland Blum, Claude Bodin, Philippe Boennec, Marcel Bonnot, Chantal Bourragué, Michel Bouvard, Françoise Branget, Xavier Breton, Philippe Briand, Chantal Brunel, Michel Buillard, Yves Bur, Patrice Calméjane, Pierre Cardo, Gilles Carrez, Hervé de Charette, Jean-Paul Charié, Jérôme Chartier, Gérard Cherpion, Jean-Louis Christ, Georges Colombier, Geneviève Colot, Jean-François Copé, Louis Cosyns, René Couanau, Edouard Courtial, Jean-Yves Cousin, Alain Cousin, Henri Cuq, Marie-Christine Dalloz, Marc-Philippe Daubresse, Bernard Debré, Jean-Pierre Decool, Bernard Deflesselles, Richard Dell'Agnola, Sophie Delong, Jean-Marie Demange, Yves Deniaud, Patrick Devedjian, Nicolas Dhuicq, Michel Diefenbacher, Jean-Pierre Door, Daniel Fasquelle, Georges Fenech, Jean-Michel Ferrand, Alain Ferry, Daniel Fidelin, André Flajolet, Jean-Claude Flory, Nicolas Forissier, Marie-Louise Fort, Jean-Michel Fourgous, Marc Francina, Arlette Franco, Pierre Frogier, Yves Fromion, Cécile Gallez, Jean-Paul Garraud, Daniel Garrigue, Gérard Gaudron, Jean-Jacques Gaultier, Guy Geoffroy, Bernard Gérard, Alain Gest, Franck Gilard, Louis Giscard d'Estaing, Claude Goasguen, Didier Gonzales, Philippe Gosselin, Philippe Goujon, Michel Grall, Claude Greff, Jean Grenet, Arlette Grosskost, Pascale Gruny, Louis Guédon, Françoise Guégot, Jean-Jacques Guillet, Gérard Hamel, Michel Havard, Michel Heinrich, Laurent Hénart, Michel Herbillon, Antoine Herth, Philippe Houillon, Guénhaël Huet, Sébastien Huyghe, Jacqueline Irles, Denis Jacquat, Paul Jeanneteau, Yves Jego, Maryse Joissains-Masini, Marc Joulaud, Christian Kert, Jacques Kossowski, Fabienne Labrette-Ménager, Marc Laffineur, Marguerite Lamour, Jean-François Lamour, Laure de La Raudière, Pierre Lasbordes, Thierry Lazaro, Marc Le Fur, Pierre Lellouche, Dominique Le Mèner, Jacques Le Nay, Jean-Claude Lenoir, Jean Leonetti, Pierre Lequiller, Céleste Lett, Michel Lezeau, François Loos, Gérard Lorgeoux, Gabrielle Louis-Carabin, Guy Malherbe, Richard Mallié, Jean-François Mancel, Jean-Pierre Marcon, Thierry Mariani, Christine Marin, Jean Marsaudon, Philippe-Armand Martin, Patrice Martin-Lalande, Alain Marty, Jean-Claude Mathis, Jean-Philippe Maurer, Pierre Méhaignerie, Philippe Meunier, Jean-Claude Mignon, Marie-Anne Montchamp, Pierre Morange, Nadine Morano, Pierre Morel-A-L'Huissier, Jean-Marie Morisset, Georges Mothron, Etienne Mourrut, Jean-Pierre Nicolas, Patrick Ollier, Françoise de Panafieu, Bertrand Pancher, Yanick Paternotte, Dominique Perben, Bernard Perrut, Etienne Pinte, Henri Plagnol, Serge Poignant, Bérengère Poletti, Axel Poniatowski, Daniel Poulou, Jean Proriol, Didier Quentin, Eric Raoult, Frédéric Reiss, Franck Riester, Camille de Rocca Serra, Jean-Marie Rolland, Valérie Rosso-Debord, Jean-Marc Roubaud, Martial Saddier, Francis Saint-Léger, François Scellier, André Schneider, Jean-Marie Sermier, Jean-Pierre Soisson, Michel Sordi, Eric Straumann, Michèle Tabarot, Lionel Tardy, Jean-Charles Taugourdeau, Guy Teissier, Jean-Claude Thomas, Dominique Tian, Jean Tiberi, Alfred Trassy-Paillogues, Georges Tron, Jean Ueberschlag, Yves Vandewalle, François Vannson, Isabelle Vasseur, Catherine Vautrin, Patrice Verchère, Philippe Vitel, Gérard Voisin, Michel Voisin, Jean-Luc Warsmann, André Wojciechowski, Gaël Yanno et Marie-Jo Zimmermann. Patricia Adam, Jean-Marc Ayrault, Dominique Baert, Jean-Louis Bianco, Gisèle Biémouret, Patrick Bloche, Daniel Boisserie, Maxime Bono, Marie-Odile Bouillé, Monique Boulestin, Pierre Bourguignon, Danielle Bousquet, Alain Cacheux, Jérôme Cahuzac, Jean-Christophe

Cambadélis, Christophe Caresche, Martine Carrillon-Couvreur, Guy Chambefort, Jean-Paul Chanteguet, Marie-Françoise Clergeau, Pierre Cohen, Catherine Coutelle, Pascale Crozon, Frédéric Cuvillier, Claude Darciaux, Michel Debet, Pascal Deguilhem, Michèle Delaunay, Guy Delcourt, Michel Delebarre, Bernard Derosier, Michel Destot, René Dosière, Tony Dreyfus, Laurence Dumont, Yves Durand, Odette Duriez, Corinne Erhel, Aurélie Filippetti, Geneviève Fioraso, Jean-Claude Fruteau, Jean-Louis Gagnaire, Geneviève Gaillard, Guillaume Garot, Jean Gaubert, Catherine Génisson, Paul Giacobbi, Jean-Patrick Gille, Annick Girardin, Jean Glavany, Gaëtan Gorce, Pascale Got, Marc Goua, Jean Grellier, Elisabeth Guigou, Danièle Hoffman-Rispal, François Hollande, Monique Iborra, Jean-Louis Idiart, Eric Jalton, Armand Jung, Marietta Karamanli, François Lamy, Jack Lang, Jean-Yves Le Bouillonnec, Marylise Lebranchu, Jean-Yves Le Déaut, Michel Lefait, Jean-Marie Le Guen, Annick Le Loch, Patrick Lemasle, Annick Lepetit, Bruno Le Roux, Bernard Lesterlin, Serge Letchimy, Michel Liebgott, Martine Lignières-Cassou, Albert Likuvalu, Victorin Lurel, Louis-Joseph Manscour, Jacqueline Maquet, Jeanny Marc, Jean-René Marsac, Martine Martinel, Sandrine Mazetier, Michel Ménard, Pierre Moscovici, Pierre-Alain Muet, Philippe Nauche, Henri Nayrou, Marie-Renée Oget, Françoise Olivier-Coupeau, George Pau-Langevin, Marie-Françoise Pérol-Dumont, Sylvia Pinel, Martine Pinville, François Pupponi, Catherine Quéré, Jean-Jack Queyranne, Dominique Raimbourg, Simon Renucci, Alain Rodet, Marcel Rogemont, Bernard Roman, René Rouquet, Alain Rousset, Michel Sainte-Marie, Michel Sapin, Christophe Sirugue, Pascal Terrasse, Marisol Touraine, Jean-Louis Touraine, Philippe Tourtelier, Jean Jacques Urvoas, Daniel Vaillant, Françoise Vallet, André Vallini, Manuel Valls, André Vézinhet, Jean-Claude Viollet et Philippe Vuilque, Yves Cochet, François de Rugy, Christian Blanc, Michel Hunault, Yvan Lachaud, Jean-Luc Préel, François Rochebloine, François Sauvadet et Thierry Benoit

Ont voté contre : Georges Ginesta, Patrick Labaune, Geneviève Levy, Jacques Myard, Josette Pons, Thierry Carcenac, Marc Dolez, Jean-Pierre Dufau, Jean-Paul Dupré, Christian Eckert, Henri Emmanuelli, Albert Facon, Michel Françaix, Joël Giraud, Christian Hutin, Serge Janquin, Jean-Pierre Kucheida, Patrick Lebreton, Jean Mallot, Marie-Lou Marcel, Gilbert Mathon, Jean Michel, Germinal Peiro, Jean-Claude Perez, Marie-Line Reynaud, Christiane Taubira, Jacques Valax, Michel Vauzelle, Michel Vergnier, Alain Vidalies, Marie-Hélène Amiable, François Asensi, Huguette Bello, Alain Bocquet, Patrick Braouezec, Jean-Pierre Brard, Marie-George Buffet, Jean-Jacques Candelier, André Chassaigne, Jacques Desallangre, Jacqueline Fraysse, André Gerin, Maxime Gremetz, Jean-Paul Lecoq, Roland Muzeau, Daniel Paul, Jean-Claude Sandrier, Michel Vaxès, Véronique Besse, Nicolas Dupont-Aignan, Jean Lassalle et François-Xavier Villain.

Scrutin n° 76, séance du 29 janvier 2008 : *sur l'ensemble du projet de loi constitutionnelle, adopté par l'Assemblée Nationale, modifiant le titre XV de la Constitution*[219]

[219] www.senat.fr/scrutin-public/2007/scr2007-76.html#correctif

Le Sénat a adopté.

Ont voté pour : Nicolas Alfonsi, Gilbert Barbier, Jean-Michel Baylet, André Boyer, Yvon Collin, Gérard Delfau, François Fortassin, Nathalie Goulet, Pierre Laffitte, Daniel Marsin, Aymeri de Montesquiou, Georges Mouly, Georges Othily, Michel Thiollière, François Vendasi, Robert Badinter, Jean Besson, Nicole Bricq, Monique Cerisier-ben Guiga, Charles Josselin, Jean-Pierre Plancade, André Rouvière, Patricia Schillinger, Catherine Tasca, Richard Yung, Nicolas About, Jean-Paul Amoudry, Philippe Arnaud, Jean Arthuis, Denis Badré, Claude Biwer, Didier Borotra, Jean Boyer, Marcel Deneux, Yves Détraigne, Muguette Dini, Daniel Dubois, Jean-Léonce Dupont, Pierre Fauchon, Françoise Férat, Christian Gaudin, Adrien Giraud, Jacqueline Gourault, Jean-Jacques Jégou, Joseph Kergueris, Jean-Claude Merceron, Michel Mercier, Catherine Morin-Desailly, Philippe Nogrix, Anne-Marie Payet, Yves Pozzo di Borgo, Daniel Soulage, André Vallet, Jean Marie Vanlerenberghe, François Zocchetto, Jean-Paul Alduy, Pierre André, Gérard Bailly, José Balarello, Bernard Barraux, René Beaumont, Michel Bécot, Claude Belot, Pierre Bernard-Reymond, Roger Besse, Laurent Béteille, Joël Billard, Jean Bizet, Jacques Blanc, Paul Blanc, Pierre Bordier, Joël Bourdin, Brigitte Bout, Jean-Guy Branger, Dominique Braye, Paulette Brisepierre, Louis de Broissia, François-Noël Buffet, Christian Cambon, Jean-Pierre Cantegrit, Jean-Claude Carle, Auguste Cazalet, Gérard César, Jean-Pierre Chauveau, Marcel-Pierre Cléach, Christian Cointat, Gérard Cornu, Raymond Couderc, Jean-Patrick Courtois, Philippe Dallier, Serge Dassault, Isabelle Debré, Robert del Picchia, Christian Demuynck, Gérard Dériot, Béatrice Descamps, Denis Detcheverry, Éric Doligé, Philippe Dominati, Michel Doublet, Alain Dufaut, André Dulait, Catherine Dumas, Ambroise Dupont, Bernadette Dupont, Louis Duvernois, Jean-Paul Émin, Jean-Paul Emorine, Michel Esneu, Jean-Claude Etienne, Hubert Falco, Jean Faure, André Ferrand, Gaston Flosse, Alain Fouché, Jean-Pierre Fourcade, Bernard Fournier, Jean François-Poncet, Yves Fréville, Yann Gaillard, René Garrec, Joëlle Garriaud-Maylam, Jean-Claude Gaudin, Gisèle Gautier, Jacques Gautier, Patrice Gélard, Alain Gérard, François Gerbaud, Charles Ginésy, Francis Giraud, Paul Girod, Alain Gournac, Adrien Gouteyron, Francis Grignon, Louis Grillot, Georges Gruillot, Charles Guené, Michel Guerry, Hubert Haenel, Françoise Henneron, Pierre Hérisson, Marie-Thérèse Hermange, Michel Houel, Jean-François Humbert, Christiane Hummel, Benoît Huré, Jean-Jacques Hyest, Soibahadine Ibrahim Ramadani, Pierre Jarlier, Jean-Marc Juilhard, Christiane Kammermann, Fabienne Keller, Alain Lambert, Marc Laménie, Élisabeth Lamure, Gérard Larcher, Robert Laufoaulu, Jean-René Lecerf, Dominique Leclerc, Jacques Legendre, Jean-François Le Grand, Philippe Leroy, Gérard Longuet, Simon Loueckhote, Roland du Luart, Lucienne Malovry, Philippe Marini, Pierre Martin, Colette Mélot, Lucette Michaux-Chevry, Alain Milon, Jean-Luc Miraux, Dominique Mortemousque, Bernard Murat, Philippe Nachbar, Jacqueline Panis, Monique Papon, Jean Pépin, Jackie Pierre, François Pillet, Xavier Pintat, Louis Pinton, Rémy Pointereau, Ladislas Poniatowski, Hugues Portelli, Catherine Procaccia, Jean Puech, Jean-Pierre Raffarin, Henri de Raincourt, Charles Revet, Henri Revol, Henri de Richemont, Philippe Richert, Yves Rispat, Josselin de Rohan, Roger Romani, Janine Rozier, Bernard Saugey, Bruno Sido, Esther Sittler, Louis Souvet, Yannick Texier, Henri Torre, André Trillard, Catherine Troendle, François Trucy, Jacques Valade, Alain Vasselle, Jean-Pierre Vial, Jean-Paul Virapoullé

Ont voté contre : Éliane Assassi, François Autain, Marie-France Beaufils, Pierre Biarnès, Michel Billout, Nicole Borvo Cohen-Seat, Robert Bret, Jean-Claude Danglot, Annie David, Michelle Demessine, Évelyne Didier, Guy Fischer, Thierry Foucaud, Brigitte Gonthier-Maurin, Gélita Hoarau, Robert Hue, Gérard Le Cam, Josiane Mathon-Poinat, Jack Ralite, Ivan Renar, Odette Terrade, Bernard Vera, Jean-François Voguet, Bernard Seillier, Bernard Angels, Maryse Bergé-Lavigne, Alima Boumediene-Thiery, Michel Charasse, Pierre-Yves Collombat, Roland Courteau, Jean Desessard, Michel Dreyfus-Schmidt, Josette Durrieu, Charles Gautier, Jean-Pierre Godefroy, Annie Jarraud-Vergnolle, Alain Journet, Bariza Khiari, André Lejeune, Alain Le Vern, Marc Massion, Jean-Luc Mélenchon, Jean-Pierre Michel, Marcel Rainaud, Robert Tropeano, André Vantomme, André Lardeux, Charles Pasqua.

Traite sur le Mécanisme de Stabilité Européen : Projet de loi n° 4336 21 Février 2012

Analyse du scrutin n° 861

Première séance du 21/02/2012[220]

Scrutin public sur l'ensemble du projet de loi autorisant la ratification du traité instituant le mécanisme européen de stabilité.

Nombre de votants : 438
Nombre de suffrages exprimés : 305
Majorité absolue : 153
Pour l'adoption : 261
Contre : 44

L'Assemblée Nationale a adopté

Ont voté pour : Yves Albarello, Alfred Almont, Jean-Paul Anciaux, Edwige Antier, Jean Auclair, Martine Aurillac, Pierre-Christophe Baguet, Patrick Balkany, Jean Bardet, Brigitte Barèges, Sylvia Bassot, Patrick Beaudouin, Jacques Alain Bénisti, Éric Berdoati, Jean-Louis Bernard, Jean-Yves Besselat, Jérôme Bignon, Jean-Marie Binetruy, Claude Birraux, Etienne Blanc, Émile Blessig, Roland Blum, Claude Bodin, Joseph Bossé, Jean-Claude Bouchet, Gilles Bourdouleix, Bruno Bourg-Broc, Chantal Bourragué, Michel Bouvard, Valérie Boyer, Françoise Branget, Xavier Breton, Françoise Briand, Philippe Briand, Yves Bur, Dominique Bussereau, Dominique Caillaud, Patrice Calméjane, Bernard Carayon, Olivier Carré, Gilles Carrez, Joëlle Ceccaldi-Raynaud, Yves Censi, Gérard Cherpion, Jean-Louis Christ, Dino Cinieri, Éric Ciotti, Pascal Clément, Philippe Cochet, Georges Colombier, Geneviève Colot, Jean-François Copé, Alain Cousin, Jean-Yves Cousin, Jean-Michel

220 www.assemblee-nationale.fr/13/scrutins/jo0861.asp

Couve, Marie-Christine Dalloz, Olivier Dassault, Bernard Debré, Jean-Pierre Decool, Bernard Deflesselles, Rémi Delatte, Richard Dell'Agnola, Sophie Delong, Yves Deniaud, Bernard Depierre, Vincent Descoeur, Patrick Devedjian, Nicolas Dhuicq, Éric Diard, Michel Diefenbacher, Jacques Domergue, Cécile Dumoulin, Jean-Pierre Dupont, Paul Durieu, Christian Estrosi, Gilles d' Ettore, Daniel Fasquelle, Yannick Favennec, Jean-Michel Ferrand, Alain Ferry, Daniel Fidelin, André Flajolet, Jean-Claude Flory, Nicolas Forissier, Marie-Louise Fort, Jean-Michel Fourgous, Marc Francina, Yves Fromion, Sauveur Gandolfi-Scheit, Jean-Paul Garraud, Gérard Gaudron, Jean-Jacques Gaultier, Hervé Gaymard, Guy Geoffroy, Bernard Gérard, Alain Gest, Franck Gilard, Georges Ginesta, Jean-Pierre Giran, Didier Gonzales, Jean-Pierre Gorges, François Goulard, Michel Grall, Jean Grenet, Anne Grommerch, Jacques Grosperrin, Arlette Grosskost, Serge Grouard, Pascale Gruny, Louis Guédon, Françoise Guégot, Jean-Claude Guibal, Jean-Jacques Guillet, Christophe Guilloteau, Gérard Hamel, Michel Havard, Michel Heinrich, Michel Herbillon, Antoine Herth, Françoise Hostalier, Philippe Houillon, Guénhaël Huet, Sébastien Huyghe, Jacqueline Irles, Christian Jacob, Denis Jacquat, Yves Jego, Maryse Joissains-Masini, Marc Joulaud, Alain Joyandet, Didier Julia, Christian Kert, Jacques Kossowski, Patrick Labaune, Fabienne Labrette-Ménager, Jacques Lamblin, Marguerite Lamour, Jean-François Lamour, Raymond Lancelin, Pierre Lang, Laure de La Raudière, Pierre Lasbordes, Charles de La Verpillière, Thierry Lazaro, Robert Lecou, Jean-Marc Lefranc, Marc Le Fur, Jacques Le Guen, Dominique Le Mèner, Jacques Le Nay, Jean-Louis Léonard, Pierre Lequiller, Céleste Lett, Geneviève Levy, Gérard Lorgeoux, Gabrielle Louis-Carabin, Daniel Mach, Guy Malherbe, Richard Mallié, Jean-François Mancel, Christine Marin, Hervé Mariton, Alain Marleix, Henriette Martinez, Patrice Martin-Lalande, Alain Marty, Jean-Philippe Maurer, Pierre Méhaignerie, Christian Ménard, Gérard Menuel, Damien Meslot, Philippe Meunier, Jean-Claude Mignon, Pierre Morange, Pierre Morel-A-L'Huissier, Philippe Morenvillier, Jean-Marie Morisset, Georges Mothron, Etienne Mourrut, Alain Moyne-Bressand, Renaud Muselier, Jean-Marc Nesme, Jean-Pierre Nicolas, Yves Nicolin, Hervé Novelli, Françoise de Panafieu, Bertrand Pancher, Yanick Paternotte, Béatrice Pavy, Jacques Pélissard, Dominique Perben, Bernard Perrut, Michel Piron, Henri Plagnol, Serge Poignant, Axel Poniatowski, Josette Pons, Jean Proriol, Didier Quentin, Michel Raison, Frédéric Reiss, Jean-Luc Reitzer, Jacques Remiller, Bernard Reynès, Franck Riester, Arnaud Robinet, Camille de Rocca Serra, Marie-Josée Roig, Jean-Marie Rolland, Michel Rossi, Valérie Rosso-Debord, Jean-Marc Roubaud, Max Roustan, Martial Saddier, Francis Saint-Léger, Paul Salen, Bruno Sandras, François Scellier, André Schneider, Jean-Pierre Schosteck, Jean-Marie Sermier, Fernand Siré, Jean-Pierre Soisson, Michel Sordi, Daniel Spagnou, Eric Straumann, Alain Suguenot, Michèle Tabarot, Jean-Charles Taugourdeau, Guy Teissier, Michel Terrot, Jean-Claude Thomas, Dominique Tian, Jean Tiberi, Alfred Trassy-Paillogues, Georges Tron, Jean Ueberschlag, Yves Vandewalle, François Vannson, Isabelle Vasseur, Catherine Vautrin, Patrice Verchère, Jean-Sébastien Vialatte, René-Paul Victoria, Philippe Vitel, Gérard Voisin, Michel Voisin, Eric Woerth, Gaël Yanno et Michel Zumkeller, Jean-Pierre Abelin, Thierry Benoit, Christian Blanc, Charles de Courson, Jean Dionis du Séjour, Francis Hillmeyer, Olivier Jardé, Yvan Lachaud, Jean-Luc Préel, André Santini et Francis Vercamer.

Ont voté contre : Gisèle Biémouret, Christophe Bouillon, Julien Dray, Olivier Dussopt, Henri Emmanuelli, Martine Faure, Hervé Feron, Pierre Forgues,

Pascale Got, Sandrine Hurel, Régis Juanico, Gilbert Le Bris, Kléber Mesquida, Catherine Quéré, Marie-Line Reynaud, Chantal Robin-Rodrigo, Odile Saugues, Pascal Terrasse, Philippe Tourtelier et Jacques Valax, Marie-Hélène Amiable, François Asensi, Martine Billard, Alain Bocquet, Patrick Braouezec, Jean-Pierre Brard, Marie-George Buffet, Jean-Jacques Candelier, André Chassaigne, Marc Dolez, Jacqueline Fraysse,André Gerin, Pierre Gosnat, Jean-Paul Lecoq, Roland Muzeau, Daniel Paul, Jean-Claude Sandrier et Michel Vaxès, Véronique Besse, Nicolas Dupont-Aignan, Noël Mamère, Anny Poursinoff, François de Rugy et Dominique Souchet.

Bibliographie

Allais Maurice, La crise mondiale d'aujourd'hui, Clément Juglar,1998

Aunac Pierre, Une économie au service de l'homme, L'Harmattan, 2000

Bouvier Jean, Les relations entre l'État et la Banque de France depuis les années 1950, Revue d'Histoire, vol 13, 1987

Burnham James, L'ère des organisateurs, Calmann-Lévy, 1969

Chevènement Jean-Pierre, La Faute de M. Monet, Fayard, 2006

Chevènement Jean-Pierre , La France est-elle finie ?, Fayard, 2011

Cohen Antonin, De Vichy à la communauté européenne, PUF, 2012

Collectif, Protectionnisme : Protéger ou disparaître, Perspectives Libres numéro 5, Association des amis de la Revue Libres, Juin 2012

Conte Bernard, La tiers-mondialisation de la planète, Presses Universitaires de Bordeaux, 2009

Corm Georges, Le nouveau gouvernement du monde, La Découverte, 2010

Debray Régis, Eloge de la frontière, Gallimard, 2010

Deloire Christophe-Dubois Christian, Circus politicus, Albin Michel, 2012

Denord François, Néo-Libéralisme Version française, Demopolis, 2007

Derudder Pierre-Holbecq André-Jacques, La dette publique, une affaire rentable, Yves Michel, 2009

Dormann Benjamin, Ils ont acheté la presse, Jean Piccolec, 2012

Duchaussoy Vincent, La Banque de France et l'Etat, Harmattan, 2011

Dupont-Aignan Nicolas, L'arnaque du siècle l'Euro les banques et la mondialisation, Editions du Rocher, 2011

Eichengreen Barry, Un privilège exorbitant, Odile Jacob, 2011

El Hattab Morad, Jumel Philippe, La Finance mondiale : tout va exploser, Léo Scheer, 2008

El Hattab Morad, Jumel Philippe, Kriz, d'une crise à l'autre, Léo Scheer, 2012

El Hattab Morad, Jumel Philippe, Bensadoun Roger : La Génération 68 au service de la mondialisation, David Reinharc, 2008

El Hattab Morad, Silverschmidt Iirvin, La vérité sur la crise, 2010

Faligot Roger, et Guisnel Jean : Histoire secrète de la Ve République, La Découverte, 2007

Garaud Marie-France, La fête des fous, Plon, 2006

Gayraud Jean-François, Thual François, Géostratégie du crime, Odile Jacob, 2012

Goldfinger Charles, La Géofinance, Seuil, 1986

Ruffin François, Leur grande trouille, Ed. LLL 2011.

Holbecq André-Jacques, Argent, dette et banques, Yves Michel, 2010.

Hureaux Roland, Les hauteurs Béantes de l'Europe, FXG, 2008

Husson Edouard, Norman Palma, Le capitalisme malade de sa monnaie, FXG, 2009

Jovanovic Pierre, Blythe Masters, Le jardin des livres, 2011

Juillot Eric, La déconstruction européenne, Xenia, 2011

Lafay Gérard, 12 clefs pour comprendre la crise, Harmattan, 2011

Lasne Laurent, De Gaulle une ambition sociale foudroyée, Éditions du tiers livre, 2009

Laughland John, La liberté des nations, FXG, 2001

Lazzarato Morizio, La fabrique de l'homme endetté, Editions Amsterdam, 2011

Laigle Claude, L'humanité en perdition, Edilivre, 2012

Leconte Pierre, Les Faux-monnayeur, FXG, 2008

Lietaer Bernard, Au Coeur de la monnaie, Yves Michel, 2011

Mauduit Laurent, Les imposteurs de l'économie, Jean-Claude Gawsewitch, 2012

Nikonoff Jacques, Sortons de l'euro, Mille et une nuits 2011

Pinton Michel, Husson Edouard, Une histoire de France, 2000

Quatrepoint Jean-Michel, La dernière bulle, Mille et une nuits, 2009

Reinert Erik, Comment les pays riches sont devenus riches, pourquoi les pays pauvres restent pauvres, éditions du Rocher, 2012

Rochet Claude, Gouverner par le Bien commun, FXG, 2001

Rosa Jean-Jacques, L'Euro comment s'en débarrasser, Grasset, 2011

Roux Jean, La grande braderie du patrimoine public des français FXG 2006

Sanguinetti Alexandre, J'ai mal à ma peau de gaulliste, Grasset, 1978

Sapir Jacques, La démondialisation, Seuil, 2011

Sauzey François, Anti-Prince, Tempus, 2011

Shaxson Nicolas, Les paradis fiscaux, André Versaille éditeur, 2012

Silverbach Norbert : Petit manuel d'économie en attendant la fin du monde, David Reinharc, 2011

Susbielle Jean-François, Le déclin de l'empire européen, First éditions, 2009

alienaeconomics.blogspot.com/

cib.natixis.com/

ecosocietal.wordpress.com

frappermonnaie.wordpress.com/apropos/

monnaie.wikispaces.com/

revolution-monetaire.blogspot.com/

www.aft.gouv.fr/

www.banque-france.fr

www.cades.fr/

www.ccomptes.fr

www.fauxmonnayeurs.org/

www.imf.org/external/index.htm

www.lacrisedesannees2010.com/

www.manifestepourundebatsurlelibreechange.eu/

www.ofce.sciences-po.fr/pdf/revue-textes/110/2-110.p

www.prosperite-et-partage.org

www.russeurope.hypothese.org

Tables des Matières

VOUS AVEZ AIMÉ CE LIVRE ?

VOUS ALLEZ PARTICULIÈREMENT AIMER

LE RETOUR AU STANDARD OR

du Pr. Antal Fekete

(son livre est en format de lingot d'or)

« *Les économistes actuels sont des charlatans, des bonimenteurs qui, tout en se délectant de leur propre gloire, sont totalement incapables de prévoir un effondrement financier, même quand ils le regardent fixement dans les yeux, comme l'a montré leur misérable performance de 2007. Pire encore, ils sont même totalement incapables d'admettre leurs propres erreurs. Ils sont une malédiction jetée sur le corps politique et des verrues sur le corps académique. Ils conduisent le monde vers un désastre monétaire et économique sans précédent à la minute où je vous parle* »

Pour le Pr Fekete, le système reposant sur la monnaie-papier est arrivé à son terme, exactement comme les billets de banque de John Law ont disparu en fumée sous Louis XV. Et il explique aussi pourquoi Nicolas Sarkozy avait vendu l'or de la France de toute urgence alors que le cours était au plus bas. Avec ce livre, vous allez également découvrir que l'économie est quelque chose de très simple, mais que les pseudo-économistes l'ont volontairement rendue compliquée, afin de cacher les mécanismes de la monumentale escroquerie du dollar. Un livre exceptionnel qui vous donne aussi les clés pour sauver votre épargne.

BLYTHE MASTERS

la banquière à l'origine de la crise mondiale ce qu'elle a fait, ce qu'elle va faire

de Pierre Jovanovic

Le début de son livre :

Le premier a avoir imaginé un vrai credit default swap (permutation de l'impayé) n'est pas Blythe Masters, ni les alchimistes de la Bankers Trust, mais bien l'écrivain français Honoré de Balzac. Habitué à être poursuivi par les banquiers, donc par la force des choses à les fréquenter, il a fini par comprendre leur véritable nature. Le credit default swap est donc, dans l'esprit d'avant-garde, français. Grâce à la « permutation de l'impayé » moderne, Blythe Masters est devenue aujourd'hui la femme la plus puissante ayant jamais vécu sur cette terre, et cela depuis l'invention de l'écriture. Même si on additionnait toutes les richesses de Catherine la Grande, de la Reine Victoria, de l'Impératrice Théodora, de Hatchepsout et de Catherine de Médicis, cela ne représenterait même pas un quart de la puissance financière dont elle dispose. En d'autres temps, elle aurait été déifiée.

Aujourd'hui, la déesse des banquiers veut simplement passer inaperçue. Vous allez comprendre pourquoi. Le rédacteur en chef des pages économie du New York Times, Joe Nocera, a publié en décembre 2010 son livre sur « *l'histoire cachée de la crise* » dont le titre percutant est *All the devils are here*, en français *Tous les diables sont là*. Curieusement, dans son ouvrage, non seulement il est totalement passé à côté des rôles majeurs de Blythe Masters et du banquier-théoricien le plus influent que les Etats-Unis aient jamais connu (et que vous découvrirez ici), mais en plus il s'est bien gardé d'expliquer son titre qui laisse sous-entendre qu'un exorciste est attendu à Wall Street. Ceci est confirmé d'ailleurs par le titre d'un autre livre, Devil's Casino, de la journaliste de Vanity Fair, Vicky Ward. Pour Nocera, les grandes banques mondiales ont en effet mis au point un piège « diabolique » de dettes, constituées de produits financiers dérivés, sachant qu'aujourd'hui, il n'existe pas assez d'argent sur toute la planète, ni même dans la périphérie de Pluton, pour payer toutes les dettes en cours et à venir, et qui s'accumulent depuis 2007 avec les faillites des premières banques de prêts immobiliers. En effet, si vous pensez vraiment que la crise est derrière nous, sachez qu'il reste encore « *4,3 millions de maisons qui sont soit en retard de plus de 90 jours soit en cours de saisie* » selon LPS Applied Analytics dans leur rapport November 2010 Mortgage Performance Data1. Multipliez 4,3 millions par environ 200.000 dollars (une estimation basse) et vous obtenez 860.000.000.000 minimum, soit 860 milliards de dollars, de quoi faire sauter toutes les banques de la Terre, de Mars, Vénus, Neptune et Pluton réunies. Depuis 2007, la permutation de l'impayé de Blythe Masters a très bien fonctionné : elle est passée des petites banques aux grandes, puis des grandes aux banques centrales, puis des centrales sur les méga banques comme le Fonds Monétaire International puisque le vol des clients et des contribuables n'a pas suffi. Comme l'avait si bien noté le Pr. Nouriel Roubini fin 2010, « *Personne ne viendra de la planète Mars pour sauver les derniers sur la liste* », les « super-souverains », à savoir le FMI et la Banque Centrale Européenne. La banqueroute universelle est donc inévitable, mais entre-temps le système veut à tout prix vous faire croire qu'il fonctionne normalement, et cela afin que vous ne retiriez pas votre argent de la banque. Pourtant, Blythe Masters a refusé des interviews à *Newsweek,* au *Times,* au *Telegraph* et même aux télévisions américaines et anglaises. Normal : sa banque veut à tout prix que son nom reste dans l'ombre, que Blythe Masters soit oubliée, et que son nom ne devienne jamais connu car le grand public ne comprendrait alors qu'une chose, que la JP Morgan est la grande responsable de cette crise. C'est pour cela qu'après la faillite de la banque Lehman Brothers, la femme qui a inventé les « *armes financières de destruction massive* » n'a jamais été vue à la une de *Newsweek*, de *Fortune* ou de *Forbes*. Même le magazine féminin *Elle* est passé à côté... Hélas, un article du *Guardian* de Londres l'a immortalisée à jamais comme LA FEMME qui a déclenché la crise mondiale, et cela grâce au livre de Gillian Tett, une journaliste visionnaire du *Financial Times*. Songez que le prestigieux *Time Magazine* avait dressé le 11 février 2009 la liste des « *25 personnes responsables de la crise financière* » et que son nom n'y figurait même pas ! Ni sur la liste des « *25 responsables* » du quotidien britannique *The Guardian*, légèrement différente de celle du *Times*. Et Dieu seul sait si tous les journalistes de ces deux titres avaient remué ciel et terre pour avoir les noms des principaux acteurs de la crise. Incroyable ! Dès le début, j'avais informé Blythe Masters que j'allais écrire ce livre, mais aussitôt, elle a reçu l'interdiction de la direction de la communication de la JP Morgan de me parler. L'ayant surnommée dans la Revue de Presse Internationale *La Catherine de Médicis des Subprimes*, et ayant lu à l'antenne le poème acide d'un lecteur tombé fou amoureux d'elle (jovanovic.com/blythe-masters.htm), cela n'avait manifestement pas plu à la banque, bien que l'humour anglais de Lady Masters aurait dû apprécier la prose à sa juste valeur (à terme). J'ai décidé d'écrire ce livre après avoir découvert la portée phénoménale de ses actions et surtout son rôle majeur (bien que son nom n'apparaissait quasiment nulle part en 2008) dans le déclenchement de la plus grande crise économique que l'histoire de l'Humanité ait connue. Je crois d'ailleurs que depuis la fameuse Eve du jardin d'Eden mythique, jamais aucune femme n'a eu une telle influence sur la destinée des hommes. Avec une différence capitale cependant : contrairement à Eve, Blythe Masters est bien réelle, elle boit de temps en temps des cocktails à base de gin, elle achète des grands appartements en Floride, court dans Central Park, participe à des concours d'équitation, a un vrai petit jardin sur le toit de son immeuble de Tribeca, bref elle est humaine et vit parmi nous dans cet espace-temps. Seul problème, plus personne ne peut l'approcher aujourd'hui. Pourtant, c'est elle la véritable Eve, une Eve furieusement moderne et cela parce que jeune, elle était « *tombée amoureuse* » de l'arbre des fruits dérivés, fruits qu'elle offrit généreusement à tous les banquiers : « *Je suis tombée amoureuse des crédits dérivés en tant que concept* » avait-elle déclaré au (SUITE DANS LE LIVRE)

« *L'OR DES FOUS* »

l'histoire de l'invention des crédits dérivés modernes par la JP Morgan

de Gillian Tett

journaliste du *Financial Times*

Au milieu des années 90, au bord d'une luxueuse plage de Floride, un petit groupe de jeunes banquiers diplômés en économie ou en mathématiques de la JP Morgan (parmi lesquels la jeune Anglaise Blythe Masters) se réunit pour inventer de nouveaux produits financiers basés sur les crédits dérivés. Au cours de ce séminaire sera inventé le Credit Default Swap (permutation de l'impayé), aussi « *révolutionnaire* » que destructeur, et qui permettra aux banques de prêter de l'argent à l'infini pendant 15 ans sans se soucier du risque d'impayés. Dans cet ouvrage incroyablement visionnaire, Gillian Tett, la journaliste vedette du *Financial Times*, raconte pas à pas l'enchaînement des événements tels qu'ils ont été vécus en interne au sein de la JP Morgan depuis l'invention des Credit Default Swaps en 1994 jusqu'à l'effondrement de Wall Street le 29 septembre 2008 qui se soldera par des faillites bancaires à la chaîne. Un livre littéralement proche d'un thriller, qui nous montre comment la cupidité des banquiers a scié la branche sur laquelle ils étaient tranquillement assis.

« L'or des fous décrit, pas à pas, comment les banquiers ont creusé leur propre tombe » **La Tribune de Genève** « Gillian Tett a écrit un livre formidable qui est l'histoire des banquiers devenus diaboliques. La traductrice a fait un travail remarquable » **Radio Courtoisie, Didier Rochard** « Le livre sur la crise et la JP Morgan » **L'Express** « Une leçon d'histoire, de politique et d'économie. Un must » **Alternative Economiques** « Un livre littéralement proche d'un thriller, qui nous montre comment la cupidité des banquiers a scié la branche sur laquelle ils étaient tranquillement assis » **Revue de la Banque** « L'Or des Fous se lit comme un thriller. Il s'agit d'une traque des moments redoutables où la cupidité humilie l'intelligence. Car certains avaient perçu le danger, dont l'auteur, certain savaient averti, on leur avait ri au nez. Une petite élite auto-proclamée, méprisante et absolument ignorante du sens de la chose publique a cru trouver une formule mathématique qui permettait aux banques de gagner à tous les coups. La formule en question avait même intégrer les probabilités pour un être humain de décéder, ou plutôt de devenir insolvable, dans les mois qui suivent la perte de son conjoint, d'un enfant, d'un emploi. Aucun n'avait mesuré que l'hypercomplexité des relations humaines ne saurait se mettre en équation sauf à réduire l'humain ce qui caractérise les pensées totalitaires. Car, ce qui frappe à la lecture du travail rigoureux de Gillian Tett est bien que la pensée financière et bancaire est par essence totalitaire » **Lettre du Crocodile**

L'Effondrement du dollar (et de l'euro) et comment en profiter

de James Turk & John Rubino

« *Une crise arrive et elle va causer l'effondrement des montagnes de dettes issues des crédits donnés par toutes les banques centrales. Lisez ce livre et vous comprendrez comment vous protéger tant qu'il reste un peu de temps* » Robert R. Prechter

Le dollar et l'euro ont de plus de plus de difficultés. L'euro a même failli exploser le 12 juillet 2011. La vraie dette des États-Unis est de 210.000 milliards de dollars. Celle de l'Europe n'est guère mieux. Depuis sa création en 1917, le dollar a perdu 98% de sa valeur. Autrement dit, il ne reste que quelques mois, au mieux quelques années avant l'effondrement final. Dans ce livre devenu culte, deux spécialistes totalement visionnaires ont montré comment le dollar est arrivé au bord du précipice, pourquoi il va continuer à plonger et comment vous pourrez profiter de la crise financière qui en résultera, plutôt que d'en être les victimes. Publié bien avant la première crise de 2008, cet ouvrage a effectivement sauvé tous ceux qui l'ont lu et qui ont suivi à la lettre les conseils qui y sont exposés. Et plus que jamais, il est d'actualité avec la destruction constante de l'euro. Les États-Unis sont devenus la nation la plus endettée du monde. Pour financer ses montagnes de dettes, la Réserve Fédérale inonde le reste de la planète avec des dollars imprimés par des planches à billets devenues hystériques : il a été imprimé plus de dollars au cours de ces 4 dernières années que depuis toute son existence... L'Europe, elle, endette tous ses habitants sans vergogne pour sauver des banques et même des pays entiers de la faillite comme la Grèce. En conséquence, la valeur du dollar, comme de l'euro, continuera à baisser, diluée par des centaines de milliards de billets « Monopoly », et cela jusqu'à ce qu'il perde intégralement sa qualité de référence mondiale. En même temps, la valeur des métaux précieux ira en augmentant et l'or réclamera sa couronne de monnaie de référence mondiale et historique, et cela au coeur même de la crise financière. James Turk, célèbre fondateur de la société GoldMoney.com, et John Rubino, éditeur du site DollarCollapse.com, donnent des exemples précis de stratégies de sortie de la monnaie papier.

Le livre visionnaire qui a déjà sauvé des dizaines de milliers de lecteurs.

Le bon de commande est dans les pages suivantes.

Vous pouvez lire encore plus de livres et les commander chez votre libraire ou sur notre site *www.lejardindeslivres.fr*

Achevé d'imprimer en février 2013
pour le compte des éditions
Le jardin des Livres
Boîte Postale 40704
Paris 75827 Cedex 17
Dépôt Légal : février 2013
No d'édition : ESLLDTJ-010213
N° 2069879Z

— 3 et 4 janvier 1973 → négociations entre Américains et Nord-Viet à Gif sur Yvette. (P31)